清华大学车辆与运载学院系列著作

智能车辆人机工程

主　编　袁　泉
副主编　郝　威　彭　勇
　　　　赵晓华　刘　鹏

清华大学出版社
北　京

内 容 简 介

在车辆的智能化、网联化、电动化和共享化日新月异发展的新时代，车辆人机工程的设计思想、研究方法和试验内容出现了新的特征和新的方向。本书在介绍面向车辆领域人机工程设计的内容和方法基础上，突出呈现了智能、网联、电动等新趋势下以及先进的人工智能、大数据、通信等技术的应用发展给人机工程带来的颠覆性变化，包括智能车辆人机界面、智能车辆与行人交互、车路协同人机交互、拟人化驾驶、伦理学设计等内容，并论述智能车辆人机系统的安全性，对其可能发生的事故进行分析讨论，力求为车辆人机工程教学与科研的转型发展提供全新参考，也为智能车辆新型人机系统的研发建立前瞻性的知识体系。

版权所有，侵权必究。举报：010-62782989，beiqinquan@tup.tsinghua.edu.cn。

图书在版编目(CIP)数据

智能车辆人机工程/袁泉主编. —北京：清华大学出版社，2021.1(2025.1重印)
(清华大学车辆与运载学院系列著作)
ISBN 978-7-302-57145-2

Ⅰ. ①智… Ⅱ. ①袁… Ⅲ. ①汽车工程－人-机系统－智能控制 Ⅳ. ①U461

中国版本图书馆 CIP 数据核字(2020)第 263042 号

责任编辑：许　龙
封面设计：傅瑞学
责任校对：赵丽敏
责任印制：沈　露

出版发行：清华大学出版社
　　网　　址：https://www.tup.com.cn，https://www.wqxuetang.com
　　地　　址：北京清华大学学研大厦 A 座　　邮　　编：100084
　　社 总 机：010-83470000　　邮　　购：010-62786544
　　投稿与读者服务：010-62776969，c-service@tup.tsinghua.edu.cn
　　质量反馈：010-62772015，zhiliang@tup.tsinghua.edu.cn

印 装 者：三河市人民印务有限公司
经　　销：全国新华书店
开　　本：185mm×230mm　　印　张：17　　字　数：369 千字
版　　次：2021 年 1 月第 1 版　　印　次：2025 年 1 月第 4 次印刷
定　　价：49.80 元

产品编号：087099-01

前言

　　人机工程学是研究共存于同一系统中人、机、环境的特性及其相互关系的交叉学科,其研究和应用以提升系统中人的安全、健康、舒适和方便为目标。车辆人机工程聚焦车辆人机系统,研究车辆的人机界面与人机交互,注重提高驾乘人员的安全性和舒适性。本书的主题"智能车辆人机工程"是车辆智能化发展大潮之下,对人机工程理论与实践带来的更高的挑战和提升。从人机共驾到无人驾驶,从"互联网＋"到"万物互联",从"智能共享"到"出行即服务",诸多方面的全新目标将驱动人机工程学科在人工智能、互联网和大数据等新技术的作用下,带来更高水平的车辆安全与舒适体验,达到"人机一体化"理念的更高境界。

　　在车辆智能化、网联化、电动化和共享化日新月异发展的新时代,车辆人机工程的设计思想、研究方法和实验内容出现了新的特征和新的方向。本书在介绍面向车辆领域人机工程的理论、实验与设计基础上,突出呈现智能、网联、电动化等新模式以及人工智能、大数据、5G通信、脑机接口等技术的发展应用给传统人机工程注入的新活力、带来的颠覆性变化,包括智能车辆的人机界面与人机交互、智能车辆与行人交互、车路协同人机交互、拟人化驾驶、伦理学设计等内容,并论述智能车辆人机系统的多维度安全性,对智能车辆可能发生的事故及其影响因素进行分析讨论,力求为新形势下车辆人机工程教学与科研的转型发展提供全新的参考资料与实用素材。

　　本书共分9章。第1章"概述"介绍人机工程的发展历程与未来方向、自动驾驶与人机工程、汽车新四化与人机工程、现代交通与人机工程,以及先进技术与人机工程;第2章"人机工程基础"浓缩人机工程学的基础理论与设计方法,包括基本概念、研究方法、人的感知觉特性、人机界面设计、作业空间与环境设计等基础内容;第3章"智能车辆人机界面设计"推出智能车辆的新型人机界面,包括智能车辆人机系统、智能车辆人机界面、智能车辆人机交互、智能车辆人机工程设计;第4章"智能车辆与行人交互设计"展示人工智能与感知基础、智能车辆对行人的感知、智能车辆的外界显示界面、智能车辆与行人的交互;第5章"车路协同系统人机交互设计"凝练驾驶模拟平台、驾驶人的生心理参数采集设备、车路协同人机交互系统实验设计方法、车路协同人机交互环境下的视觉特性、车路协同人机交互环境下的行为服从度；第 6 章"智能车辆拟人化驾驶"阐述拟人化驾驶的概念、驾驶行为与驾驶情绪、驾驶人特性的学习、拟人化驾驶的决策与控制、拟人化驾驶的人机交互应用；第 7 章"智能车辆伦理学设计"讨论自动驾驶的伦理困境、伦理学理论基础、伦理学规范、伦理偏好、其他设计困境；第 8 章"智能车辆人机系统安全性"聚焦多维度安全性的提出、智能车辆功能安全性、智能车辆人机交互安全性、智能车辆信息安全性、智能车辆时空安全性、安全性与其他性能的平衡；第 9 章"智能车辆事故分析"涉及智能车辆事故概述、智能车辆事故因素分析、智能车辆风险场景设计、智能车辆事故调查与处理。全书内容丰富，主题新颖，集成汇编了最新的智能车辆与人机工程的素材资料。

感谢参与内容编撰的赵俊玮、王华、钟文沁、王兴华、张洪浩、吴其育、张兆磊、易可夫、刘理、龚野、邱刚、刘劲廷、李婷婷、杜勇等，感谢参与图片与美工设计的覃川洲、王华等。

本书获得国家自然科学基金项目(52072214)的资助。

由于作者水平有限，对于书中可能出现的问题和纰漏，敬请读者指正。

编　者

2020 年 10 月

目录

第1章 概述 ... 1
引言 ... 1
1.1 人机工程的发展 ... 1
    1.1.1 人机工程的发展简史 ... 2
    1.1.2 人机工程在我国的发展 ... 3
    1.1.3 人机工程的未来 ... 4
1.2 自动驾驶与人机工程 ... 5
    1.2.1 自动驾驶车辆概述 ... 5
    1.2.2 自动驾驶车辆的人机关系 ... 7
    1.2.3 自动驾驶车辆人机工程设计 ... 7
1.3 汽车"新四化"与人机工程 ... 8
    1.3.1 汽车"新四化"的提出 ... 8
    1.3.2 汽车电动化与人机工程 ... 10
    1.3.3 汽车智能化与人机工程 ... 10
    1.3.4 汽车网联化与人机工程 ... 12
    1.3.5 汽车共享化与人机工程 ... 13
1.4 现代交通与人机工程 ... 13
    1.4.1 交通人机工程 ... 13
    1.4.2 人机工程在道路交通领域的应用 ... 14
    1.4.3 人机工程在轨道交通领域的应用 ... 16
    1.4.4 人机工程在航空运输领域的应用 ... 18
    1.4.5 人机工程在水路运输领域的应用 ... 19
1.5 先进技术与人机工程 ... 21
    1.5.1 人工智能与人机工程 ... 21

1.5.2　大数据与人机工程 ……………………………………………………… 22
　　1.5.3　5G通信与人机工程 ……………………………………………………… 23
　　1.5.4　脑机接口与人机工程 …………………………………………………… 25
参考文献 ……………………………………………………………………………… 27

第2章　人机工程基础 …………………………………………………………… 29
引言 …………………………………………………………………………………… 29
2.1　人机工程的基本概念 ………………………………………………………… 29
　　2.1.1　人机工程学的定义 ……………………………………………………… 29
　　2.1.2　人机工程学的研究内容 ………………………………………………… 30
　　2.1.3　人机工程的基本概念 …………………………………………………… 31
2.2　人机工程的研究方法 ………………………………………………………… 32
2.3　人体的机能特性 ……………………………………………………………… 34
　　2.3.1　人的感知觉 ……………………………………………………………… 34
　　2.3.2　视觉特性 ………………………………………………………………… 35
　　2.3.3　听觉特性 ………………………………………………………………… 41
　　2.3.4　皮肤感觉特性 …………………………………………………………… 44
　　2.3.5　生物力学特性 …………………………………………………………… 47
2.4　人机界面：显示装置设计 …………………………………………………… 50
　　2.4.1　显示装置 ………………………………………………………………… 50
　　2.4.2　仪表板设计 ……………………………………………………………… 51
　　2.4.3　听觉信息传递装置设计 ………………………………………………… 53
2.5　人机界面：操纵装置设计 …………………………………………………… 53
　　2.5.1　操纵装置 ………………………………………………………………… 53
　　2.5.2　操纵装置设计 …………………………………………………………… 55
　　2.5.3　典型车辆操纵装置设计 ………………………………………………… 60
2.6　人机系统的空间与环境设计 ………………………………………………… 64
　　2.6.1　作业空间范围设计 ……………………………………………………… 64
　　2.6.2　作业空间布置设计 ……………………………………………………… 65
　　2.6.3　环境设计 ………………………………………………………………… 67
本章涉及的标准 ……………………………………………………………………… 75
参考文献 ……………………………………………………………………………… 75

第3章　智能车辆人机界面设计 ………………………………………………… 76
引言 …………………………………………………………………………………… 76

3.1 智能车辆人机系统 ·· 76
   3.1.1 人机系统概述 ··· 77
   3.1.2 车辆人机系统组成及设计内容 ································· 77
   3.1.3 智能车辆人机系统示例——Tesla Model 3 ·············· 79
3.2 智能车辆人机界面 ·· 83
   3.2.1 人机界面设计内容 ··· 83
   3.2.2 人机界面设计原则 ··· 90
   3.2.3 人机界面设计流程 ··· 92
   3.2.4 智能车辆HUD平视显示界面设计 ···························· 92
3.3 智能车辆人机交互 ·· 98
   3.3.1 智能车辆人机控制方案 ·· 98
   3.3.2 新实体媒介交互方案 ··· 99
   3.3.3 智能车辆个性化交互方案 ······································· 101
   3.3.4 多通道融合交互方案 ··· 103
3.4 智能车辆人机系统设计 ·· 106
   3.4.1 人机系统设计的概念 ··· 106
   3.4.2 智能车辆人机工程设计原则 ·································· 107
参考文献 ·· 109

第4章 智能车辆与行人交互设计 ·· 111
引言 ··· 111
4.1 人工智能与感知基础 ·· 111
   4.1.1 人工智能概述 ··· 111
   4.1.2 人工智能的感知识别 ··· 114
4.2 智能车辆对行人的感知 ·· 116
   4.2.1 数据来源 ··· 116
   4.2.2 感知方法 ··· 118
   4.2.3 行人特征算子 ··· 120
   4.2.4 行人感知检测数据库 ··· 121
4.3 智能车辆的外界显示界面 ·· 124
   4.3.1 设计背景 ··· 124
   4.3.2 设计目标 ··· 124
   4.3.3 设计方向 ··· 124
4.4 智能车辆与行人的交互 ·· 125
   4.4.1 行人意图识别 ··· 125

  4.4.2 轨迹预测 …… 126
  4.4.3 碰撞风险评估 …… 128
  4.4.4 路径规划 …… 130
参考文献 …… 132

第5章 车路协同系统人机交互设计 …… 133
引言 …… 133
5.1 驾驶模拟平台 …… 133
  5.1.1 驾驶模拟平台概述及发展历程 …… 134
  5.1.2 驾驶模拟器组成结构 …… 134
  5.1.3 驾驶模拟器在交通中的应用 …… 136
5.2 驾驶人生心理参数采集设备概述 …… 139
  5.2.1 眼动仪组成及应用 …… 139
  5.2.2 脑电仪组成及应用 …… 141
  5.2.3 心电仪组成及应用 …… 141
5.3 车路协同人机交互系统实验设计方法 …… 142
  5.3.1 车路协同实验平台设计 …… 142
  5.3.2 车路协同系统人机交互终端设计 …… 143
  5.3.3 实验场景设计 …… 147
  5.3.4 实验因素及水平 …… 148
  5.3.5 实验过程设计 …… 149
5.4 车路协同人机交互环境下的视觉特性 …… 150
  5.4.1 车路协同环境下的驾驶人视觉特性 …… 150
  5.4.2 车路协同人机交互环境下视觉指标体系 …… 150
  5.4.3 基于AttenD算法的车路协同环境下视觉分心判别 …… 154
5.5 车路协同人机交互环境下的行为服从度 …… 158
  5.5.1 车路协同环境下的驾驶行为特性 …… 158
  5.5.2 车路协同系统环境驾驶行为影响判别 …… 159
  5.5.3 车路协同系统行为服从度 …… 167
参考文献 …… 168

第6章 智能车辆拟人化驾驶 …… 170
引言 …… 170
6.1 拟人化驾驶相关概念 …… 170
  6.1.1 拟人化驾驶概述 …… 171

6.1.2　拟人化驾驶程度分级 ·· 172
　　　6.1.3　拟人化驾驶研究内容 ·· 173
　6.2　拟人化驾驶行为 ··· 176
　　　6.2.1　驾驶行为 ·· 176
　　　6.2.2　驾驶情绪 ·· 180
　　　6.2.3　融合驾驶行为的驾驶情绪研究 ······································ 181
　　　6.2.4　驾驶决策 ·· 182
　6.3　驾驶人特性的学习 ··· 183
　　　6.3.1　生理特性 ·· 183
　　　6.3.2　面部特性 ·· 184
　　　6.3.3　驾驶行为特性 ··· 184
　　　6.3.4　多源信息融合 ··· 185
　6.4　拟人化驾驶的决策与控制 ·· 186
　　　6.4.1　拟人化驾驶系统的架构 ·· 186
　　　6.4.2　拟人化驾驶自主决策系统 ··· 189
　　　6.4.3　拟人化驾驶控制执行系统 ··· 193
　6.5　拟人化驾驶的人机交互应用 ··· 195
　　　6.5.1　车内助手拟人化 ·· 195
　　　6.5.2　车辆外观拟人化 ·· 197
　本章涉及的标准 ·· 199
　参考文献 ·· 199

第7章　智能车辆伦理学设计 ·· 201
　引言 ·· 201
　7.1　伦理学困境 ··· 202
　　　7.1.1　电车难题 ·· 203
　　　7.1.2　自动驾驶伦理困境 ··· 203
　　　7.1.3　自动驾驶车辆伦理学设计的可能进路 ····························· 205
　7.2　伦理学理论 ··· 206
　　　7.2.1　伦理利己主义 ··· 206
　　　7.2.2　功利主义 ·· 207
　　　7.2.3　义务论 ··· 207
　　　7.2.4　分析和应用示例 ·· 209
　　　7.2.5　小结 ·· 211
　7.3　伦理学规范 ··· 211

        7.3.1　德国自动化和网联化驾驶伦理导则 …………………………… 211
        7.3.2　分析与总结 ……………………………………………………… 217
    7.4　公众伦理偏好 ……………………………………………………………… 217
        7.4.1　伦理实验研究发现 ……………………………………………… 217
        7.4.2　分析与总结 ……………………………………………………… 219
    7.5　其他困境和挑战 …………………………………………………………… 219
    参考文献 ………………………………………………………………………… 222

第8章　智能车辆人机系统安全性 …………………………………………… 225
    引言 ……………………………………………………………………………… 225
    8.1　多维度安全性的提出 ……………………………………………………… 225
        8.1.1　智能车辆的风险因素 …………………………………………… 225
        8.1.2　多维度安全性的概念 …………………………………………… 227
    8.2　智能车辆功能安全性 ……………………………………………………… 228
        8.2.1　感知安全性 ……………………………………………………… 228
        8.2.2　决策安全性 ……………………………………………………… 232
        8.2.3　控制安全性 ……………………………………………………… 234
    8.3　智能车辆人机交互安全性 ………………………………………………… 235
    8.4　智能车辆信息通信安全性 ………………………………………………… 238
    8.5　智能车辆时空安全性 ……………………………………………………… 241
    8.6　安全性与其他性能的平衡 ………………………………………………… 243
    参考文献 ………………………………………………………………………… 244

第9章　智能车辆事故分析 …………………………………………………… 246
    引言 ……………………………………………………………………………… 246
    9.1　智能车辆事故概述 ………………………………………………………… 246
    9.2　智能车辆事故因素分析 …………………………………………………… 247
        9.2.1　智能车辆事故特征 ……………………………………………… 247
        9.2.2　智能车辆事故分析 ……………………………………………… 248
    9.3　智能车辆风险场景设计 …………………………………………………… 249
        9.3.1　场景分类 ………………………………………………………… 249
        9.3.2　事故风险因素提取 ……………………………………………… 251
        9.3.3　风险场景构建 …………………………………………………… 251
        9.3.4　虚拟风险场景搭建 ……………………………………………… 252
        9.3.5　场景库构建方法 ………………………………………………… 253

9.3.6　商用场景库 …………………………………………… 253
9.4　智能车辆事故调查与处理 …………………………………… 255
　　9.4.1　调查内容 …………………………………………… 255
　　9.4.2　调查方式 …………………………………………… 257
　　9.4.3　智能车辆事故处理 …………………………………… 258
参考文献 ……………………………………………………………… 258

第 1 章 概　　述

本章亮点：
- 人机工程的未来发展方向：智能、生态、安全的人-机-环境系统。
- 车辆新四化与人机工程：在智能网联电动共享之上的车辆人机工程。
- 现代交通与人机工程：智慧交通带来全新的出行即服务的人机体验。
- 先进技术与人机工程：看AI、5G、大数据、脑机接口等技术如何振兴人机工程。

引　　言

纵观人机工程学的发展，与人类社会的发展紧密联系、相伴相生，大体经历了原始人机关系、经验人机工程学、科学人机工程学和现代人机工程学几个不同阶段。当前，人工智能、互联网、无人驾驶等技术的深入发展和逐步应用，将人机关系推向一个全新的水平和境界，比如，人机结合在汽车驾驶系统中推陈出新，逐渐逼近无人驾驶的最高级；"人机一体"在医疗和康复领域中作用凸显；以及虚拟现实、智能机器人的应用，等等，这些都是人机工程最初的梦想。未来人机工程的发展方向可以归纳为智能人机工程、生态人机工程、安全人机工程等方面。本章作为开篇，首先追溯人机工程的发展简史，然后大胆憧憬它的美好未来，探讨智能车辆人机工程的设计与发展内涵，关联聚焦车辆新四化与人机工程、现代交通与人机工程、各种先进技术与人机工程，梳理和呈现出最热门的发展方向。

1.1　人机工程的发展

巨变中的时代，"人机工程"已经不再是一个生疏的名字、新兴的学科、冷门的方向，它已经为学术界、产业界和人民群众广泛接受、理解和重视，它的思想已贯通融会到工业、农业、商业、医学、教育、服务业等各行各业，它的理念已潜移默化地蕴含在航空航天、汽车交通、电子电气、土木建筑、服装家具等大宗产品的方方面面。随着工业的发展、社会的进步，人机工程学作为一个特殊的交叉学科始终没有停下前进的脚步，而且它的作用越来越重要，价值越来越凸显,有人的地方就有人机工程,就有人机界面,安全、健康、舒适、方便是人机工程研发追求的永恒目标。让我们再简要追溯一下人机工程学的发展过程。

1.1.1 人机工程的发展简史

纵观人机工程学的发展,与社会与工业的发展相伴相生,大体经历了原始人机关系、经验人机工程学、科学人机工程学和现代人机工程学几个不同阶段。

"人机关系"的存在可以追溯到原始社会,在考古发现的石器、壁画里可以看到人类祖先的生活场景,也能获知当时最原始的人机关系——人与器物之间的关系。为了生存,解决各种现实问题形成了一些朴素的常识和规范。比如原始人类狩猎用的棍棒、石块,其尺寸、重量总是与人的体能大致相适应,人们逐渐开始制作生产工具,烹制食物,设计服装,构建屋舍和家具,如此才能克服恶劣的自然条件,适应复杂的环境,最初简单的人机之间的关系开始形成。

随着人类社会的发展,人类创造和使用的器物和机器不断得到改进,由简单到复杂地逐步完善。这种实际存在的人机关系及其发展,可称为经验的人机工程学。经验的人机工程学自产生起一直延续到第一次产业革命时期。

在西方世界,以蒸汽机的广泛使用为主要标志,以机器为主体的工厂取代了以手工劳动为主体的手工工场。生产技术发生了根本变革,从手工劳动时代进入机械化生产时代,从畜力时代进入蒸汽机时代。以法国人 Jacquard 在纺织机械上使用穿孔卡片进行程序控制和英国人 Watt 设计蒸汽机的调速器为代表,开始实现自动调节和控制。与此相适应,人机工程学开始由经验逐步上升为科学。1884 年德国学者 Mosso 进行了著名的肌肉疲劳试验,该项研究可以说是科学人机工程学的开端。

以内燃机和电机的广泛使用为主要标志,生产技术从机械化时代进入电气化时代。1898 年美国学者 Taylor 进行了著名的铁锹铲煤作业的试验研究。Gilbreth 夫妇首创采用当时先进的电影拍摄方法,研究工人的砌砖作业动作过程。20 世纪初,Taylor 关于操作方法的研究成果在美国和西欧一些国家得到推行,并成为可以极大地提高劳动生产率的"泰罗制",为科学人机工程学的建立奠定了基础。

第一次世界大战期间,各参战国都聘请心理学家解决战时兵种分工、特种人员选拔和训练、军工生产中的作业疲劳等问题。突出的代表是美国哈佛大学心理学教授 Munsterberg,其代表作《心理学与经济生活》和《心理工艺学原理》是人机工程学的最早著作。这一时期的研究者多是一些心理学家,当时的学科名称是"应用实验心理学",其特点是选择和训练人,使人适应机器。战后,心理学的应用推广到非军事领域,学科名称改成了"工程心理学"。

第二次世界大战期间,新式武器和装备的性能大大提高,但由于没有充分考虑人的生理和心理特点,机器的设计不能适应人的要求,结果往往因操作者难以掌握而不能发挥武器或装备的效能,甚至屡屡发生差错和事故。这就迫使人们深刻认识到,人的因素实在是机器设计中不可忽视的重要方面。于是,工程技术设计思想开始发生了一个根本性的转变:由"使人适应机器"转变为"使机器适应人",生理学家、心理学家、医生和工程技术专家共同研究解决武器和装备的优化设计实践,促进了人机工程学作为一门独立的新兴学科的形成和发展。

第三次产业革命(1945 年)开始以来,以电子技术的广泛应用为主要标志。随着工业技术的发展,工程技术设计中与人的因素有关的问题越来越多,人机协调问题越来越显得重要,从而促使人机工程学的研究和应用得到更广泛而迅速的发展。第二次世界大战后,查帕尼斯于 1949 年出版了《应用实验心理学——工程设计中人的因素》一书,总结了第二次世界大战时期的研究成果,系统地论述了人机工程学的基本理论和方法,为人机工程学作为一个独立的学科奠定了理论基础。1957 年麦克考米克发表的《人类工程学》是第一部关于人体工程学的权威著作,标志着这一学科已进入成熟阶段。

1949 年 12 月,Murrell 第一次提出了"Ergonomics"这个词作为人机工程学的学科名称。1950 年成立了英国人机工程学研究协会,1957 年发行了会刊 *Ergonomics*,该刊物现在已成为国际人机工程学学会的会刊。美国在 1957 年成立了人机工程学学会,发行了会刊 *Human Factors*,以后发展很快,出版了不少书刊,成为世界上出版人机工程学书刊最多的国家。

国际人机工程学学会于 1960 年正式成立,1961 年在瑞典的斯德哥尔摩举行了第一届国际人机工程学学术会议,此后每三年举行一次,截至 2000 年,已举行了 14 次国际人机工程学学术会议。自 20 世纪 60 年代开始,苏联(俄罗斯)、日本、德国、法国、荷兰、瑞典、瑞士、丹麦、芬兰等国也都相继成立了人机工程学学会或专门研究机构,从事人机工程学的研究、应用和人才培养工作。

随着人机工程学在工业中应用的日益广泛,人机工程学的标准化问题变得越来越重要,国际标准化组织(International Standardization Organization,ISO)于 1975 年设立了人机工程学技术委员会(TC-159),负责制定人机工程学方面的标准。各国根据自己的具体情况也制定了许多人机工程学的标准和规范。

20 世纪 80 年代开始进入"现代的人机工程学"发展阶段,其突出特点是人-机-环境系统的最优化。这一阶段,可持续发展原则的提出和发展使人机工程学的学术思想又产生了极大的扩展和深化。人机工程学研究的目的是使人"安全、健康、舒适、高效",在未来,这仍然是努力追求的方向,但是必须从更高的视角来把握其含义:产品、设施、环境的创造,既要让人们现今生活得美好,更要有利于人类自身的全面健康发展。

1.1.2 人机工程在我国的发展

虽然《考工记》《天工开物》等著名古籍中包含着朴素的人机工程思想,但人机工程学作为一门科学和新兴学科在我国起步较晚。20 世纪 60 年代,国防科委的有关研究所曾结合飞机设计作过一些实验研究工作。作为一门学科,人机工程学直到 80 年代初才开始确立起来,各大学及研究所开始建立相关研究室。

1980年封根泉编著的我国第一本专著《人体工程学》出版。

1981年,在著名科学家钱学森的指导下,人-机-环境系统工程学科在中国诞生。1993年,中国系统工程学会人-机-环境系统工程专业委员会成立。

1981年,由中国科学院心理学研究所和中国标准化综合研究所共同建立了"中国人类工效学标准化技术委员会",并与国际人机工程标准化技术委员会建立了联系。

1984年,国防科工委成立了军用人-机-环境系统工程标准化技术委员会。

1985年,成立了全国工业造型设计学会,下设有人机工程学专业委员会。

1989年,正式成立了全国性的学术组织——中国人类工效学学会(Chinese Ergonomics Society,CES)。

1990年,国务院学位委员会批准了我国第一个北京航空航天大学人机与环境工程博士学位授权点。

1992年,中国人类工效学学会(CES)被国际人类工效学学会(IEA)接纳为正式成员。

1994年,实施国家标准 GB/T 14776—93《人类工效学 工作岗位尺寸设计原则及其数值》。

2008年,实施国家标准 GB/T 16251—2008《工作系统设计的人类工效学原则》。

20世纪90年代开始,我国各行各业对人机工程学的理论方法及实践应用越来越重视,人机工程学的研究和应用已在我国得到广泛而迅速的发展和推广。我国目前已制定了大量的人机工程学的相关标准,覆盖人体参数及生理特性、人体生物力学、人机界面设计、环境设计评价等方面的内容,在实际的产品设计研发中发挥日益重要的作用。

1.1.3 人机工程的未来

当前,人工智能、无人驾驶等技术的深入发展和逐步应用,将使人机关系达到一个全新的水平和境界,比如,人机结合在汽车驾驶系统中推陈出新,"人机一体"在医疗和康复领域中作用凸显。然而,未来人机之间的关系将如何变化,对于汽车的驾驶功能设计,是人机之间有机结合,还是机完全代替人实现无人驾驶,值得思考也充满期待。

未来人机工程的发展方向主要包括智能人机工程、生态人机工程、安全人机工程等方面。

(1) 人工智能的发展极大地改善了人机工程中的人机界面,智能化人机界面使人机交互变得更加自然、方便,使设计更加人性化。如汽车人机界面,将采用自然语言、手势,甚至眼神等进行人机交流,智能化感知获取人的需求;机器人技术的改进,使机器成为人的智能化助手,延伸人类的感知觉,为人类提供高效的服务;智能化的环境,将拥有智能照明、智能温控和通风、智能的声环境和空气环境,让人-机-环境系统充满宜人性。

(2) 生态人机工程成为今后人机系统发展的重要目标。人机工程的发展包括对环境的改善,人、机与环境三者之间相互作用、关联和影响,一方面,人机系统应为人提供舒适的环境;另一方面,人机对环境的影响也应考虑。在人机系统改进发展的过程中,应建立生态环境系统,考虑能源、环保等问题,注重可持续发展,如能源再生循环利用的绿色人机系统。

(3)安全是永恒的话题。人机系统的安全性是首要的。比如汽车人机系统,首先应保证乘员的安全性,在此基础上实现舒适、健康和方便,汽车安全与交通安全相互促进。智能化、网联化等先进技术理念应用主要的目标就是确保和提升汽车人机系统的安全性。未来的人机工程研究不仅考虑生命安全,也应考虑信息安全、心理安全等方面,构建让人安心、舒心的人机系统。

对于车辆人机工程而言,未来该何去何从?如果说无人驾驶是目前对自动驾驶级别定义上的最高级,那么无人驾驶是人机工程的最高级吗?回答:无人驾驶并不是人机工程发展的最高级。某种程度上,人机工程的终极发展方向是"人机一体化",对于车辆人机工程而言,则是"人-车-路一体化",然而,技术的发展永远超乎人们的想象,人机工程的进步将取决于其他技术的创新和突破,未来总是有更多可能无法在当下进行想象和预言。

1.2 自动驾驶与人机工程

1.2.1 自动驾驶车辆概述

1. 自动驾驶车辆概念

自动驾驶车辆是在普通车辆的基础上增加先进的传感器(雷达、摄像等)、控制器、执行器等装置,通过车载传感装置和信息终端实现车与X(人、车、路、云等)之间的智能信息交换,具备智能的环境感知能力,能够自动规划路径形成行驶路线、自动分析车辆行驶的安全及危险状态,控制车辆到达预定目的地的新型车辆。一般具有智能和网联的功能。

2. 自动驾驶车辆类型

GB/T 3730.1—2001《汽车和挂车类型的术语和定义》中把汽车分为乘用车与商用车两种,我国未来自动驾驶车辆类型应主要包括自动驾驶乘用车辆和自动驾驶商用车辆两种类型。未来的自动驾驶车辆可能会按照传感器组合方式、通信方式以及配备先进驾驶辅助系统的集成度进行车辆类型划分。

目前自动驾驶车辆主要分为基于车载式传感器的自动驾驶车辆、基于网联式的智能互联自动驾驶车辆以及融合车载式传感器和网联式的自动驾驶车辆三种类型。第一种主要使用立体视觉传感器和雷达传感器融合,结合决策单元以及控制单元实现自动驾驶;第二种主要使用短距离无线通信技术实现车辆与车辆(V2V)、车辆与云平台与车辆(V2C2V)、车辆与道路基础设施(V2I)之间的实时通信,实现信息传递达到自动驾驶;第三种是深度融合前述两种方式,实现优势互补,提供更为先进可靠的自动驾驶汽车解决方案。

3. 自动驾驶车辆分级

我国自动驾驶车辆等级分类通常是参照美国SAE标准进行研究讨论的,自动驾驶汽车对等级的界定主要是从驾驶员对车辆控制权的角度出发,可以分为驾驶员拥有车辆全部控制权、驾驶员拥有部分车辆控制权以及驾驶员不拥有车辆控制权三种形式;其次根据ADAS的配备和技术成熟程度,决定驾驶员拥有车辆控制权的多少,ADAS装备越多,技术越成熟,驾驶员拥有车辆控制权越少,自动驾驶汽车等级越高。我国自动驾驶汽车等级分类及对应特征如表1-1和表1-2所示。

表1-1 自动驾驶汽车等级分类及定义

智能化等级	等级名称	等级定义
Level 1（DA）	驾驶辅助	系统根据环境信息执行转向和加减速中的一项操作,其他驾驶操作由人完成
Level 2（PA）	部分自动驾驶	系统根据环境信息执行转向和加减速操作,其他驾驶操作由人完成
Level 3（CA）	有条件自动驾驶	系统完成所有驾驶操作,根据系统请求,驾驶员需要提供适当的干预
Level 4（HA）	高度自动驾驶	系统完成所有驾驶操作,特定环境下系统会向驾驶员提出响应请求,驾驶员可以对系统请求不进行回应
Level 5（FA）	完全自动驾驶	系统可以完成驾驶员能够完成的所有道路环境下的操作,不需要驾驶员介入

表1-2 自动驾驶汽车等级特征及适用工况

智能化等级	等级特征	适用工况
Level 1（DA）	人与系统进行控制 人对车辆进行监视 人来应对车辆失效	车道内正常行驶、高速公路无车道干涉路段行驶、无换道操作
Level 2（PA）	人与系统进行控制 人对车辆进行监视 人来应对车辆失效	变道以及泊车、环岛等市区简单工况; 高速公路及市区无车道干涉路段进行换道、泊车、环岛绕行、拥堵跟车等工况
Level 3（CA）	系统进行控制 系统对车辆进行监视 人来应对车辆失效	高速公路正常行驶工况; 高速公路及市区无车道干涉路段进行换道、泊车、环岛绕行、拥堵跟车等工况
Level 4（HA）	系统进行控制 系统对车辆进行监视 系统来应对车辆失效	有车道干涉路段(交叉路口、车流汇入、拥堵区域、人车混杂交通流等市区复杂工况)进行的全部操作
Level 5（FA）	系统进行控制 系统对车辆进行监视 系统来应对车辆失效	所有行驶工况下进行的全部操作

1.2.2 自动驾驶车辆的人机关系

自动驾驶车辆中的人机之间会是更加和谐、更加多样、更加智能的关系,自动驾驶车辆的设计会注入更多以乘员优质体验为核心的元素,保证乘员在整个驾驶过程中充分享受生理上的舒适度和心理上的安全感。

更加和谐的关系表现在:自动驾驶车辆会降低或消除驾驶人的失误和出错概率,保证行车安全可靠;在行车过程中,充分保证乘员生理、心理等核心需求,体现乘员在自动驾驶车辆的核心作用;合理优化内饰布置,提升乘员满足感和归属感;针对自动驾驶系统的架构方案设计对应的交互方案,实现驾驶负荷最小、安全水平最高、体验最优;乘员和自动驾驶车辆的控制也会达到和谐最优。

更加多样的关系表现在:自动驾驶车辆的设计会充分考虑各种乘员群体,如残疾人等以前驾驶存在困难的群体;会迎合适宜乘员的多样化需求,如改变传统静坐姿势等,同时人机交互方式表现更加多样,乘员在车辆中的活动表现也愈加多样。此外,人机交互不仅要考虑到在座舱内的用户,还将重点考虑他们在进入及离开该移动空间的体验、与周围车和行人进行互动等,那么交互设计的主体将从传统的主要用户如驾驶员和乘坐人员拓展转变为车内的用户、社会化道路上周围的行人以及周围车辆中的人。

更加智能的关系表现在:自动驾驶车辆人机交互界面会减少传统机械控制,取而代之的有手势、语音等多源输入的信息方式;自动驾驶车辆会更精准地量化乘员的核心需求,增值娱乐、商务等非驾驶功能;自动驾驶车辆也会对乘员进行一定的监控,必要时给予相应的辅助措施。

随着自动驾驶车辆技术的不断发展和机器拟人化的进程,人机关系也会发生微妙变化,如何处理好人与自动驾驶车辆之间的关系,如何使自动驾驶车辆更符合乘员新的乘坐习惯,如何保留或者激发乘员对自动驾驶车辆控制的乐趣,这些都需要随着人生活习惯的演变以及科技的进步发展,再重新定义新的人机关系。

1.2.3 自动驾驶车辆人机工程设计

自动驾驶车辆人机工程设计的目标就是在符合制造整个自动驾驶车辆的前提要求下,优化解决好人机功能分配、人机关系协调、人机界面匹配三个基本问题,从而实现人机整体系统的最优化方案,获得安全、健康、舒适、高效的综合效益。更多新技术如智能感知、增强现实、脑机接口等将在自动驾驶车辆中实用化,为乘员提供"出行即服务"。

符合制造要求要做到,在满足技术可能性、性能可靠性、经济可行性的前提下所设计的自动驾驶车辆去注入人的因素,不断协调优化,通过尽可能简单的训练使得人能够对自动驾驶车辆进行操作。为了让驾驶员信任系统,并接受自动驾驶,需要让驾驶员建立信任心理并交接驾驶权给自动驾驶系统,这需要系统给驾驶员可感知的反馈,且反馈符合驾驶员对驾驶决策判断的依赖。

人机功能分配要做到,在驾驶准备阶段、驾驶出行阶段、驾驶结束阶段等不同阶段乘员与自动驾驶车辆之间的控制权合理分配以及相应功能实现,优化乘员的功能与自动驾驶车辆功能的联系,保证行车安全性以及发生不可避免事故时车内乘员的安全性。因此,在进行交互设计时,需要充分明确当前车辆的控制权所属,当系统判断驾驶员对转向盘、加速踏板等装置有操作时,系统应当交接相应的横向、纵向驾驶任务给驾驶员,同时系统要给予驾驶人充足的信息反馈。

人机关系协调要做到,乘员能够有效合理完成对自动驾驶车辆的起始终止控制,自动驾驶车辆能够有逻辑地完成乘员指令,充分考虑自动驾驶车辆的可靠性,能够补偿乘员决策的失误,减轻乘员驾驶负担,乘员与控制器能协调工作,从而顺利完成驾驶/行驶任务。

人机界面匹配要做到,乘员在传递任何信息时的传递方式,自动驾驶车辆要能稳定可靠地接受并以一定的形式给予反馈,具体形式表现在操纵器、显示器的设计、选型以及布置要充分考虑人与其之间的几何位置关系等,同时要在仪表或其他界面显示当前车辆的技术状态、接管状态、风险评估等关键信息,以保证驾驶人充分知晓当前车辆的控制状况,最终目的主要是保证乘员优质体验。

自动驾驶车辆设计的最终目的不是机取代人,而是人机要和谐共存,成为可交流的友好伙伴,人机工程的设计是综合人和自动驾驶车辆的共同智慧,相互优化协调,使人和自动驾驶车辆的优势都能得到最充分的发挥。

从内饰和人机界面的设计角度,作为自动驾驶车辆的最高级——未来的无人驾驶汽车,由于不再需要驾驶员和专门的驾驶操作装置,节省了空间,而更利于人的居住性和娱乐性。人可以在车内休息、娱乐、阅读、观看影视、使用电脑。那么,传统的基于驾驶员和面向驾驶操控的车身人机工程设计将被颠覆还是继承发展是人机工程面临的挑战。

不管怎样,以人为中心、人-机-环境系统的设计思想不会变,安全性和舒适性的本质需求不会变,人机界面、人环界面依然存在,人体的感知特性和影响因素依然是系统设计的主要依据。车内人体乘姿变得多样化,不用再严格依照驾驶员的标准坐姿、视觉特性和操作可达性来设计人机界面和座椅,人机之间的沟通和交互可以有更多方式和维度。然而,乘员的安全性和舒适性仍然是需要优先考虑和保证的。在智能网联发展趋势下,车辆人机工程设计总体上需要根据实际产品及其功能的发展变化而进行相应调整。"出行即服务",向着个性化、虚拟化和智能化的方向发展,期待未来的自动驾驶汽车能带给我们一种全新的、更完美的人机工程体验。

1.3 汽车"新四化"与人机工程

1.3.1 汽车"新四化"的提出

汽车产业的"新四化"是指目前国际公认的电动化、智能化、网联化、共享化四个汽车产品研发的新兴发展方向,近年来成为行业内的热议话题。2019年10月10日,有着"汽车蓝皮书"之称的《中国汽车产业发展报告(2019)》正式发布。它以"面向未来出行的汽车产业变革与协同发展"为主题,聚焦未来出行,对汽车产业的未来变革与协同发展进行了深入探讨。"蓝皮书"提到,汽车产业的"新四化"已由概念转入实际应用。

汽车产业"新四化"势不可挡,而这"四化"的提出顺序也体现了现阶段汽车技术发展的成熟程度。"电动化"目前发展最快,普及最广,中国各大城市的道路上行驶的电动汽车已屡见不鲜。2015年4月10日,北京市公安交通管理部门宣布,纯电动小客车(新能源汽车)将来将不在机动车尾号限行限制范围之内。汽车的电动化将为能源节约、环境保护等做出巨大贡献,是大势所趋。汽车的"智能化"不像汽车电动化那样能快速对原有汽车从驱动原理、总布置等方面产生根本性的改变,但能在潜移默化中循序渐进影响人类的驾驶行为。"网联化"相比电动化和智能化是一个更宏观的概念。事实上,网联化某种程度上是依赖于汽车电动化和智能化的,尤其是智能化。汽车的共享化是一种新的商业模式,是一种新思想、新的交通出行方式和代步工具的使用模式。共享化的成熟,某种程度上也是依赖于"智能化""网联化"的成熟。更准确的识别、定位和信息共享将极大地提高汽车共享的效率,促进汽车共享的普及,提高其社会接受度,产生更加深远的影响。

"新四化"是汽车更加环境友好、更好的服务人类的美好发展愿景,而本质上汽车是解决人类出行方便问题的工具,如果汽车生产出来不适于人的要求,那么追求"新四化"就是舍本逐末。因此无论汽车发展到什么程度,汽车人机工程都是不可忽视的部分。人机工程的研究主体是人、机器和环境,是一门综合性较强的交叉学科。它旨在改善人的工作环境,追求人与机器、环境之间的和谐,获得驾乘人员的舒适、安全、高效。"新四化"和人机工程的关系应该是相宜和促进的关系,即在发展"新四化"的同时要充分考虑人机工程的因素,让"新四化"更好地服务于人。

当技术的发展和应用过程中考虑了与人交互时的方便与高效问题,就是在考虑其中的人机工程学问题,因为人机工程学的学科宗旨就是改善人的劳动条件和舒适性、保护人的身心健康和生命安全、增进工作环境的宜人性和运行效率,提高用户的满意度。

图1-1表现汽车"新四化"的发展和人机工程的关系,"新四化"让车辆人机工程向着安

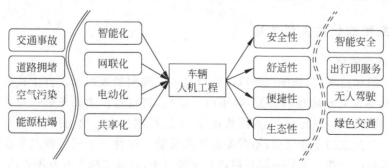

图1-1 汽车"新四化"与人机工程学的关联

全、舒适、便捷、生态的方向更快发展,而在"新四化"应用的过程中更需要考虑人机工程学的因素,才能使汽车产品与交通系统更加以人为本,使高科技更好地服务于人类社会。

1.3.2 汽车电动化与人机工程

1. 汽车的电动化

电动汽车是指全部或部分动力由电机驱动的汽车。按技术路线,电动汽车分为传统混合动力汽车和新能源汽车,其中新能源汽车又分为插电式混合动力汽车、纯电动汽车和燃料电池汽车。传统混合动力汽车由于市场推广起步较早,技术较为成熟,其依然是电动汽车市场的主体,2017年占比达到57.8%;但是随着各大车企及研究机构的深入研发,纯电动汽车和插电式混合动力汽车技术不断升级,市场占比快速提升,2017年两者占比分别达到30.9%和11.1%。

汽车的电动化使得汽车对环境更加友好,污染物排放大大降低。并且在电动化平台下,汽车更易实现智能化、网联化和共享化,例如自动驾驶、远程故障检测、智能充电与共享出行等。汽车的电动化已成为未来汽车发展的必然趋势。

2. 电动汽车人机工程

电动汽车相对于传统燃油车而言主要是汽车总布置和内饰空间方面的改变。没有了体积庞大的燃油发动机,汽车造型可以更加轻薄多样,内饰空间可以大大增加,内饰地板可以更加低矮平整。空间改变后,内饰布置就要重新考虑人最舒适的姿势,例如实现电动化、智能驾驶后,驾驶员脚下不再需要脚踏板,这时地面的曲线就需要联系驾驶员坐姿H点设计最贴合人体的弧度。

电动车还有一个较大的改变就是仪表显示,电池电量表取代了油表,转速表、车速表的显示也逐渐电子化,大屏逐渐成为中控区的流行元素。

汽车电动化主要是汽车驱动模式的改变,它使汽车行驶更平稳,驱动汽车产生的振动更小,且噪声更低。但电动汽车行驶得过于安静不利于行人发现车辆的靠近,也不利于驾驶员发现电动汽车驱动方面可能存在的问题,故需要设置合适的提示音,保护行人和提醒驾驶者。

1.3.3 汽车智能化与人机工程

1. 汽车的智能化

按照技术路线的不同,智能汽车可以分为自主式和网联式两种。自主式是通过其自身携带的各种传感器对环境进行感知,收集电子信号,将信息传递到车载控制器进行决策判断,并向操控装置(如控制转向、车速的装置等)下达控制指令。换句话说,整个自动驾驶的流程全部由一台独立的车体完成,不需要有外部帮助。这种自主式智能汽车也是目前各大车企研究开发最广泛的。另外一类是网联式智能汽车,它除了依靠自身携带的传感器,还通过车车通信、车路通信等方式获取环境信息,还可通过云计算产生控制决策指令下发到汽车终端,以此控制汽车的行驶。这种智能驾驶技术的好处就是它可以实现各交通要素之间的信息共享,更加优化车辆行驶路线和状态。但由于其需要足够的智能设备、基础建设的支持,在智能化普及并未甚广、技术成本仍较高的现阶段还无法普及。

其实并非只有科技感十足的屏幕、人文关怀十足的人体感应相关设计才是智能化的体现,汽车的智能化在很早就开始体现,例如电子底盘稳定系统、气囊系统与安全带系统、自动感应大灯以及防抱死刹车系统等都已经是汽车智能化的体现。21世纪初,车载卫星电话开始在一些豪华车上出现,汽车上显示屏的安装使得汽车开始具备娱乐功能。中控台的变化及智能化使得人和汽车之间的交互随之改变,自动驾驶的引入对汽车内饰布置(例如转向盘布置、座椅朝向、内饰格局等)甚至外饰(例如后视镜的布置)产生颠覆性影响,新兴技术在汽车上的应用发展有着未来的无限可能。汽车的智能化改变不会是独立的,它必将和驾驶者及乘坐人产生联系。

2. 智能化对人机交互体验的提升

人机交互方式的进化是汽车智能化产生的重要变化。中控、仪表、抬头显示、语音控制、手势控制等均是人机交互的范畴。上述方面的智能化综合起来的结果就是座舱的智能化。座舱智能化有多种体现:中控与车辆深度结合,使得用户在中控上就可以完成包括开关车灯、车锁、天窗等汽车控制操作;车辆与手机的深度结合,除了可以方便用户在开车时接拨电话,还可以实现利用手机对汽车空调的远程控制、车况的实时掌控等目标;数字仪表的使用可以使显示更加多样、更加人性化,等等。

除了上述这些基础设施的智能化,一些新兴技术的引用增加了人机交互的可能。例如抬头显示技术(HUD),其最早应用在航天领域,近些年慢慢应用在了汽车上。再如语音交互技术。基于终端大规模数据的收集和深度学习技术的出现,语音交互技术慢慢走向成熟。它可以帮驾驶员解放双手,避免出现分散地完成驾驶次任务,提高效率,增加驾驶乐趣。国际上知名的研究语音交互的公司Nuance大中华区研究部副总裁吴建雄用了一个形象的比喻描绘语音交互发展的三个层次:首先是打字员,可以记录下用户的话,交给合适的人来做;然后是办公室文员,已经有能力帮助用户完成一个具体的任务;最终是秘书,许多事情即使用户不说,也可以"心领神会"主动帮用户完成。目前的研究还处于第一个阶段,后面还有很长的路要走。还有一个重要的技术就是手势控制。这项技术更加复杂,研发难度更大。它需要依赖于快速、便携、高精度的三维测量技术才能实现。

此外还有很多人机交互相关的新兴科技,例如意念控制、眼球追踪、指纹识别、360°全景等,这些都成为颠覆传统汽车人机交互模式的技术。

3. 智能化带来的人机工程学方面的隐患

我们在享受智能化带给我们的方便与全新体验的同时也不能忽视其带来的问题。智能化的座舱大大丰富驾驶体验,但也对"车辆驾驶"这个主任务带来了安全隐患。例如有批评者指出HUD会显示很多App信息,尽管驾驶者目光投放在路面上,大脑的精力却没有集中,会分散驾驶员注意力,产生行车安全隐患。20世纪30年代,第一个被指认为分散驾驶员注意力的车载信息系统(In-vehicle Information System,IVIS)是收音机。随着车载系统越来越丰富,功能越来越强大,驾驶员的注意力被各种 IVIS 驾驶次任务所分散。视觉、听觉和触觉是驾驶中需要用到的最主要的三种感官,其中视觉又是最为重要的。

除了视觉认知上存在的隐患,智能座舱在听觉认知上也存在着隐患。有研究显示,语言交流会使驾驶操作的稳定性下降,其中语言理解比说话产生的影响更大,而语音通话被认为是车辆驾驶的典型认知次任务。尽管通话任务是听觉输出,而驾驶任务更多的是视觉输入,表面上二者互不干扰,但当通话内容引起驾驶员对于视觉的相关记忆时,视觉输入就会被干扰,在驾驶员的视觉上产生盲区。智能座舱的车载电话、语音控制等功能固然解放了驾驶员的双手,但也分散了驾驶员的认知注意。

根据 Neale 等 2005 年的 100 车自然研究,高达 78% 的驾驶事故可以归咎于驾驶疏忽,包括注意力分散、反应延迟、驾驶疲劳等。根据美国国家高速公路交通安全局的统计估算,美国每年有 25%～30%约 1200 万起的事故是因为驾驶员在驾驶时注意力被分散。驾驶员的注意力很容易被各种驾驶次任务分散,故在座舱智能化的设计中必须考虑其对驾驶任务的影响,不能喧宾夺主,为驾驶安全带来隐患。

1.3.4 汽车网联化与人机工程

随着现代通信技术的快速发展,一个个个体都被网络信号连接起来。在智能汽车的联网需求推进下,车联网孕育而生。2010 年 10 月 28 日,"车联网"一词在中国国际物联网(传感网)博览会暨中国物联网大会上首次被提出。目前国内车联网正处于起步阶段,完整的产业链尚未形成,但是部分车载信息服务(如车载导航)已经形成了一定规模。从本质上来讲,车联网的概念始于互联网。互联网是将两台或多台电脑终端、客户端、服务端通过信息技术手段联系起来。移动互联网发展起来后,互联网的信息节点由 PC 慢慢转变为智能手机,通信方式不再是原先的以太网,而是由移动通信网络来代替。而对于车联网而言,其信息节点即为车载电脑 ECU 等车载电子设备,并同样通过移动通信网络实现通信。

车联网通过信息的采集、传递、处理,大大提高了用户及管理者效率,及时共享信息。例如 4S 店可以通过车联网及时知道售出车辆的位置和状态,为故障排除和道路救援等提供便利。车联网还可以服务物流行业,让智能物流解放人力劳动。此外,车联网还可以在车与车之间分享道路信息,帮助驾驶员规避拥堵路段,优化行车路线。

车联网的出现,为智慧交通带来新的可能,它将使出行变得更加智能高效。

汽车的网联化是信息化时代下人们生活更便捷、智能、高效的体现。在汽车人机界面上体现出网联的特色,网络化的信息服务与交互成为主流,出行的路径规划、交通安全、拥堵提示,社交、导航和娱乐等方面都成为人机交互的内容,而这些一方面都是来自车联网;另一方面充分服务于人的需求。

1.3.5 汽车共享化与人机工程

汽车的共享是指用户通过在线平台或市场、以一定时间段为单位计价租赁平台提供的车辆的行为模式。汽车共享服务可以分为营利性、非营利性以及合作社组织,就共享汽车发展趋势来看,营利性组织在行业中占绝对主导地位。

共享汽车是近些年才兴起的概念。根据罗兰贝格公司的研究,截至 2014 年 6 月,全球机动车市场规模达到 5.5 万亿美元,但汽车租赁仅在其中占到 350 亿美元,而汽车共享市场在其中的占比则更小,只有 10 亿美元。汽车共享的理念虽然包含环境友好、提高资源利用率等优点,但由于其良好运营环境的创造关系到用户需求、用户用车素质、企业维护与盈利等诸多问题,目前仍只在汽车市场中占较小的部分。

但共享汽车的发展前景还是十分乐观的。根据 Statista 网站的统计,世界范围内的共享汽车服务用户在 2006—2014 年间由不到 100 万人增长到 500 万人,且有继续增长的趋势;根据 Frost&Sullivan 公司的预测,到 2020 年,共享汽车用户将达到 3200 万人,共享汽车的数量将达到 50 万辆。共享汽车的理念越来越被大众所接受,并且随着汽车智能化、网联化的发展,汽车共享愈发便捷,用户享受共享汽车服务将越来越方便。

汽车的共享为用户提供了一种新的出行方式。但汽车的共享也浮现出许多问题。例如共享汽车的个性化需求和人身安全保障,面向新冠病毒等预防的空气清洁消杀等问题。2019 年 11 月 20 日,《2019 汽车"新四化"安全趋势白皮书》在中国安全产业大会上正式发布,提出了诸多以人为本的安全发展趋势。《白皮书》中提到,从发生的共享出行安全事件看,应该针对女性提供特殊安全防护。随着共享出行快速发展,用户的个人信息从住址、姓名等个人信息甚至到银行信息都暴露给了共享汽车平台的后台,在这个大数据时代,个人信息的保护也成了重点与难点。除了交通安全,信息安全是共享化需要解决的难题。因此,要想做到共享汽车中的人、机、环境的和谐,还有很多地方有待探索和改进。

1.4 现代交通与人机工程

1.4.1 交通人机工程

交通系统中蕴含着大量的人机工程问题,表 1-3 所示为典型问题列举,其中大部分都成为当前的热点研究内容,需要基于人机工程学的理论和方法进行深入研究和探索。

表 1-3 交通人机工程学问题列举

研究领域	人机工程学问题列举
交通系统类型	(1)道路交通人机工程;(2)轨道交通人机工程;(3)航空运输人机工程;(4)水路运输人机工程等
交通工具设计	(1)交通工具人机系统布置及评价;(2)交通工具人机界面的设计及优化匹配;(3)交通工具内部人性化设计;(4)交通工具人-机-环境系统综合设计

续表

研究领域	人机工程学问题列举
交通安全	(1)弱势道路使用者保护与人车交互；(2)车内乘员保护技术；(3)驾驶适宜性和驾驶疲劳；(4)交通安全影响因素及评价；(5)交通事故研究；(6)交通伤害及预防
出行方便性	(1)交通设施的人性化；(2)共享车辆及共享出行方式；(3)出行安全风险及预防；(4)最后一公里的接驳；(5)共享单车设计及管理方式；(6)智能跟随小车设计
人-车-路系统	(1)人-车-路系统的综合优化；(2)智能交通系统；(3)车路协同与人机交互

交通人机系统是典型的人-机-环境系统，交通系统中的很多问题都涉及人的因素，交通人机工程已成为非常重要的交叉学科，对交通人机系统的研究和改进有助于提升交通系统的安全、便捷和生态等方面性能，未来的"出行即服务"系统也是人机工程的发展目标。

交通人机工程学是综合人类科学、交通科学和相关社会科学之上的一门交叉学科，交通人机工程学的研究对象是"交通系统中的人机环境"，或称交通人机环境系统。交通人机工程需要研究交通系统中包含的人、机、环境各因素，更要从系统的角度着重研究人-机-环境系统的总体属性，以及它们之间相互关系的规律。

交通人机工程设计的对象是交通系统中的各种人机界面、人机交互和人机关系，涉及解剖学、生理学、心理学等人的因素，要达到的目标是实现人类出行的安全、舒适、方便、高效。概括起来，交通人机工程是基于人的因素（包括人的几何尺寸、生理和心理特性）研究交通人-机-环境系统的安全性、便捷性和舒适性。

人机工程的问题广泛蕴含在各种交通运输系统中，包括公路、铁路、航空、水路等系统，以下对各领域人机工程的研究和应用情况分别进行介绍。

1.4.2 人机工程在道路交通领域的应用

1. 道路交通的人性化设计

在道路交通中分布着各种软硬件设施、标志、标线和各种信息。这些内容的设计无不与人的视认性、理解性有关，关乎在使用道路及设施时是否舒适、方便，进而影响安全。同时，在设计这些内容的同时也要考虑与整体景观、城市风格的协调统一。

1) 道路设计

道路设计包括道路的基本尺寸，道路的线形、曲率、坡度等参数设计，需要考虑车辆行驶的通过性、车辆在道路上的操纵稳定性、乘员的舒适性，以及特殊天气条件下道路的能见度，综合考虑车辆人机系统安全性。此外，在设计过程中，设计者们还应该根据人的生理及心理特点不断进行设计方案的修改，以实现最大限度地满足人的需要。

2) 道路设施设计

包括隔离带、减速带、绿植、景观等设施的设计，防眩板、路灯、路肩、过街天桥、港湾等，影响到交通使用者的舒适性、安全性和便捷性，需要综合考虑人的感知觉特性、人体的几何尺寸、生物力学特性等方面。同时，一些道路交通附属设施的设计建设合理性也会对城市整体结构以及观赏性产生一定影响。进行规划设计时，需要整合路灯、指示牌、公交站牌以及电话牌等设置的选取以及位置规划，满足功能、突出造型特征的同时，做到与环境相协调。

3) 道路标志标线设计

包括道路标志标线、警示信息等。标志标线要符合人的视认性和理解性，按照人机界面的设计原理进行设计，实现信息显示的最优视野；信号灯配时还需要考虑人的反应时间、人的速度，满足交通使用者安全性和便捷性的实际需求；交通标志应力求简洁明了，尤其是禁令标志不能同其他标志混杂，以使道路出行者及时辨别。

2. 道路交通安全防治与事故深入分析

交通安全是道路交通系统最重要的性能目标。大多数的交通事故是由人的因素引发，对交通事故的原因进行分析，了解其主要的影响因素，为事故预防和伤害减轻提供参考，以进一步改善交通安全。

1) 基于人-车-路基本要素研究交通安全的改善

在道路交通系统中，人、车、路、环境之间相互影响，进而影响到整个系统的安全。其中，人的因素是最重要的且最易发生可能性和可靠性的问题。交通安全的改善，需要从人的因素出发，并兼顾车、路和环境因素，考虑它们的相互作用特点，刻画人、车、路要素和交通安全关联关系，进行综合优化和治理。

2) 交通事故的深入数据分析

对交通事故进行深入调研，对碰撞引起的人体伤害及相关因素进行深度分析，实现道路交通事故风险的量化，进而研究人、车、路之间的相互作用特点及人体保护措施，为交通事故预防和人体伤害减轻提供重要参考。

3) 车辆安全带、儿童安全座椅与自行车头盔的使用

车辆的安全带与儿童安全座椅是车内乘员被动安全保护的基本措施和首要条件，关系到车内乘员的生命安全和伤害程度，不管车辆的智能化发展情况如何，基本的被动安全措施应该始终受到重视；自行车的头盔可以减轻发生事故时骑车人受到的伤害，头盔的设计需要考虑人的因素进行完善，改进宜人性和方便性，以利于兼顾安全性和舒适性；车辆座椅安全带、儿童安全座椅更应该充分考虑乘员的使用特性，避免在事故发生时其本身对乘员造成伤害并避免二次伤害。

3. 驾驶员特性研究

驾驶员的因素是交通安全中最主要的因素。对于传统的人工驾驶车辆来说，驾驶员的特性直接影响汽车的安全性能甚至交通安全，因此对于驾驶员特性的研究也是现代人机工程的重要内容。

1) 基本生理特性

包括人的年龄、性别、体质、反应能力等方面，不同的年龄和性别，其反应时间、操纵力和

耐力等都存在较大差异,需要人机界面提供不同的交互模式,保障人机交互的正常进行和系统的安全运行。

2) 心理学特性

包括人的感知觉特性、安全意识、驾驶经验、性格特点等。驾驶经验直接影响紧急情况的应急处理措施,不同的驾龄有不同的事故引发概率,因此关系到安全性,需要有相应的驾驶辅助和提示。

3) 应用研究内容

与驾驶员特性相关的研究包括驾驶疲劳的检测和预防、驾驶适宜性、驾驶能力的评价等,这些研究一般可以通过驾驶模拟实验、计算机仿真和实车场地测试等方式开展。

4) 特殊/弱势人群研究

如老年人、女性、残障人员等特殊人群,其驾驶行为和特性通常有弱化的趋势或相对处于弱势,如反应时间等,需要特别关注。

此外,面向未来的智能车辆人机系统,对人机共驾模式、无人驾驶车辆的人机关系和宜人性等方面的研究,都是亟待开展的研究内容。

4. 交通伦理学问题

伦理学是对道德、道德问题及道德判断所做的哲学思考。伦理学研究的是伦理:人伦之礼、做人之理。人的交通行为包含伦理学的内容,如驾驶人的道德素养和行为规范。交通伦理学是交叉学科,亟待深入研究。

工程的设计、管理和使用涉及众多人为因素。土木工程中包含各种风险、安全与责任。作为综合交叉学科,交通工程伦理学必然涉及人、车、路、环境的各种人为因素,交通伦理牵涉系统研发与应用管理各个环节,伦理道德关系到交通人-机-环境系统的全周期和谐运行。

当前,车辆电动化智能化的发展日新月异,交通系统及其风险场景也随之变化。基于当前的事故状况提取典型的风险场景,可以为改善汽车与交通安全提供参考依据。无人驾驶车辆是由人来设计服务于人,在应用中可能遇到各种伦理道德问题,而上述种种耦合,使可能发生的风险更加复杂化。

现有的伦理风险及对策研究没有对应用级的自动驾驶技术的汽车车主或驾驶员给予格外关注,但事实上,汽车公司希望用这些技术减少事故。然而,在目前没有具体研究和规范的情况下,汽车公司由于顾虑到自动驾驶本身可能会承担的责任,导致自动驾驶的应用被拖延,即使这是符合社会发展需要的。所以本书所探讨的问题有着巨大的必要性。

1.4.3 人机工程在轨道交通领域的应用

1. 轨道交通车辆客舱人机工程学设计

轨道交通车辆客舱具有乘客多、空间大、全封闭等特性。轨道交通车辆客舱人机工程学设计主要包括客舱布局设计、部件设计和人机交互界面设计。这些设计内容直接影响乘客乘坐满意度、舒适度及安全性。具体内容如下:

(1) 座椅人机工程学设计：结合生物力学理论，从心理、生理、物理多源信息特征出发，分析乘员与座椅的相互关系和相互作用，以安全性及乘坐舒适性为目标，对座椅外形、结构及材料进行优化设计。

(2) 客舱光环境人机工程学设计：通过运行线路的照度测试、广义舒适度模拟实验以及光环境仿真研究，对客舱照明系统光源布局、照明水平进行设计，提升乘员照度舒适度，避免乘员出现过亮/过暗光感及眩光等光不适感。

(3) 客舱热环境人机工程学设计：通过模拟实验和热环境仿真方法，对客舱暖通空调系统出风口布置、风量大小进行设计，提出有效的个性化热环境调节方案，保障乘员热感觉良好，提高乘员舱热舒适性。

(4) 客舱布局安全性设计：客舱布局影响乘员乘降效率，特别是突发事故后乘员疏散效率，乘员乘降行为发生于人-车辆-站台的人机系统中，受到乘客属性、车辆属性、站台布设不同程度的影响。考虑站台布局、站台和车厢连接处、列车车辆空间及布局参数各相关因素，优化乘员乘降行为和疏散行为效率。

2. 轨道交通车辆驾驶员疲劳检测

轨道交通车辆运力大、载客多，驾驶员工作压力较大，即使在轨道车辆自动驾驶技术高度发展的今天，驾驶员仍需承担应急处理的关键任务，其保持清醒状态是保障安全的前提。采用主观量表、生理信号、视觉方法多角度检测驾驶员疲劳，并即时预警，对提升轨道交通安全性具有重大意义。

(1) 基于主观量表的驾驶员疲劳检测：主观量表法主要依赖于自我评价的评分量表，评分量表主要包括斯坦福嗜睡量表(SSS)、Karolinska 嗜睡量表(KSS)、视觉模拟量表、Epworth 困倦量表(ESS)和睡眠-觉醒活动问卷(SWAI)。

(2) 基于生理信号的驾驶员疲劳检测：驾驶员在疲劳状态下，生理信号会发生极为明显的变化，神经功能、肌肉激活度、心脏功能及其他有关功能均发生相应变化。通过检测脑电、肌电、心电、皮电可以评价驾驶员疲劳状态。

(3) 基于视觉方法的驾驶员疲劳检测：驾驶员在疲劳状态下，眨眼频率增多，出现点头、闭眼、沉肩等肢体动作，通过视觉方法提取视频图像中驾驶员表情和肢体动作，检测驾驶员疲劳状态。

3. 轨道交通乘员乘坐舒适度分析

根据不适感来源，可将乘坐舒适度分为静态舒适度、振动舒适度、噪声舒适度以及热舒适度。

静态舒适度是指无外界激励下乘员舒适度感受，体现以座椅为主的车辆部件本身结构、材料、尺寸、外观等因素的作用。振动舒适度是指在外界振动、倾斜等工况下的舒适度感受，体现座椅、悬架自身减震特性的好坏。噪声舒适度是指车外环境、车辆自身部件产生的噪声传递至车内，对车内乘员舒适性的影响。热舒适度是指车内的空气温度、相对湿度、气流速度等环境因素下乘员的热舒适响应与热感觉评价。

轨道交通乘员乘坐舒适度分析方法，可分为主观评价法、物理评价法和生理评价法。

(1) 主观评价法：利用主观评价表对受测者的舒适性感受进行记录和描述，通过统计分析方法对数据进行分析得出评价。常见的主观评价量表包括 ASHARE-55 标度、通用舒适度尺度(GCR)、身体部位不舒适度(BPD)等。

(2) 物理评价法：以振动幅值、频率、噪声分贝、温度、湿度等环境参数为计算指标的各类舒适度标准，包括振动舒适性(ISO-2631)、噪声舒适性(UIC660-2002)、热舒适性(ISO-7730)等。

(3) 生理评价法：通过生理记录仪器对乘员的各项生理指标进行实验测试，并结合主观感受最终获得具体的评价指标，包括脑电、心电、肌电、皮电、脉搏等。

1.4.4 人机工程在航空运输领域的应用

1. 人机工程在载人飞行器上的应用

载人飞行器人机工程学是运用人体测量学、生理学和生物力学等研究手段和方法，综合研究人体结构、功能、心理工程学和生物力学等问题，借以设计优良驾驶和乘坐体验的飞行器，特别是飞行器驾驶舱和民航座椅的设计。

1) 驾驶舱显控系统设计

(1) 显示操纵设备的布局：显示器、操纵器的布局与排列应考虑人的视觉特性、使用频率及重要性等，显示操纵设备布局时应遵循人机工效准则。

(2) 显示信息内容的展示：对于显示器的功用，应采用任何一条显示信息都应考虑飞行员是否需要的原则。以提供关键飞行阶段有用的信息为前提，根据不同飞行任务的方法来确定各特定任务下所需的相关信息，并考虑在紧急情况下是否有足够的关键信息被显示。

(3) 显示方式的设计：一个好的显示方式必须符合飞行员的认知特点和感知运动操作的特性，以及直观感知到的显示信息更易被认知的事实，采用图形数据格式信息的显示界面，达到认知反应时间短、操作错误少、心理负荷低，以及情境意识增强的目的。

2) 民航客机座椅设计应用

座椅是民航客机的重要组成部分之一，好的座椅不仅可以给乘客提供一个舒适温馨、安全可靠的乘坐环境，还可以缓解乘客对高空飞行的恐惧感，保护乘客在飞机发生突发状况时的人身安全。民用航空座椅一般从安全性、形态、颜色和材料四方面进行设计。

(1) 安全性：民用航空座椅主要从水平和垂直冲击进行测试，座椅需要同时通过以上两个实验完成能量吸收工作，且符合人体生理指标。

(2) 形态：形态主要受产品自身形状尺寸的影响，是产品思维的重要表现方式，产品的形态设计对于用户的满意度具有较大的影响。

(3) 颜色：颜色是影响整个视觉感受的关键性因素之一。色彩是传递个性和情感的直观表达方式，能展示整个产品的理念和内在潜力，吸引市场消费者的眼光。

（4）材料：材料是产品的一个关键组成部分。民用航空在座椅材料选择时，既要考虑用户的体验感受，同时建立在安全环保的基础上，选择具有较好质量的材料。

2. 人机工程在航空管制中的应用

1）航空保障系统

航空保障系统是围绕飞行器飞行安全实施的高效服务保障系统，满足各类通航飞行器从飞行前准备到离场起飞、空中航行、归航引导、着陆、航后维护六大阶段的全面保障服务的要求，包括助航灯光系统、移动加油站、通航塔台服务系统、一站式保障系统、航空应急保障系统、机场信息化系统、通航企业信息化系统等。

2）航空监视与服务系统

航空监视与服务系统基于北斗及 ADS-B 技术，提供低空飞行器的实时位置监控及飞行服务解决方案，实时掌握飞行器及地面车辆位置，借助信息化系统使业务开展更具效率，包括远程塔台系统、无人值守系统、航空服务站系统、区域监视与服务系统、机载监视终端。

3）航空管理与指挥系统

航空管理与指挥系统是以安全性和效率等为目标，利用空间信息等资源对系统所辖空中交通活动进行监视、控制、协同等一系列管理活动的总称。航管系统还会提供航线天气、流量、机场特别公告等资料，以协助飞行员做出必要的反应。

3. 人机工程在航空安全中的应用

1）北斗在航空安全领域的应用

北斗系统兼具连续导航、定位报告、报文通信等功能，具有自主可控、安全保密、组网方便、性能优越等优势，具备在我国及周边地区航空领域推广的条件。

2）人工智能（AI）在航空安全中的应用

（1）AI 技术帮助实现智能航空：跑道超限保护（ROPS）软件可以快速计算飞机进近速度和重量，将得到的物理模型与公布的跑道长度和当地的天气进行比较。如果检测到不安全的情况，系统会广播警示信息。ROPS 还可计算最佳的进近下滑道或轨迹，帮助飞行操作。

（2）AI 指导精准全面的监测：机械故障是飞行事故最大的诱因之一，在引入了人工智能系统之后，这一切将在很大程度上得以避免。比如，人工智能系统可以更快、更准确地分析数据，对飞机进行健康和使用周期监测，从而传达预防措施。随着技术的进一步发展，人工智能可以应用于飞机的各项系统及零部件中，进行全面精准的分析和监测。

1.4.5 人机工程在水路运输领域的应用

1. 水路运输设施的人性化设计

（1）船舶人机工程设计：作业程序简单化、良好通信机制、标准统一化人机接口、空间布局合理化、良好的人机界面、良好的环境设计、色彩设计与安全标识。

(2) 工艺布置设计：工艺设计是集控台设计中涉及人机工程学的非常重要的一部分。在集控台的设计中，工艺部分具体包括元器件安装布置、开门开孔的具体布置、元器件后期维修拆卸的方便程度。

(3) 水路交通人-机-环一体化设计。

2. 船舶事故研究中的应用

交通安全也是水路运输系统的最重要性能目标。从人机工程学角度，船舶事故因素可以概括为五大类：自然、交通、船舶、管理、操作者，其中以操作者(人)因素为基本因素。

(1) 自然因素：船舶停泊、航行水域气象、水路、潮汐、地理能见度及危险障碍物的状况。

(2) 交通因素：船舶航行水域中的交通密度、流量方向、交通秩序和交通局面以及保障航行安全的航道设施状况对事故的影响。交通因素经常成为碰撞或搁浅事故的主要诱因。

(3) 船舶因素：船舶机械设备、操纵性能、人员、资料、货载配置等方面状况。事故中船舶本身的原因是不应忽视的。船舶因素可从两方面考虑：一方面是配置不当，包括人员、货载、资料、设备等配置来使船舶达到适航状态；另一方面是机械缺陷、船体、主机、舵机、驾驶仪器等失灵损坏、性能不佳或带"病"航行等。

(4) 管理因素：影响船舶安全航行的航道、航政、企业、港口、社会管理方面的因素。管理因素可从航道管理缺陷、船舶管理缺陷和港岸管理缺陷三方面考虑。

(5) 操作者因素：即人为因素，包括人的责任感、技术、心理、能力、身体等方面的情况。人的心理素质和技术水平、船员的工作责任心、精神状态等在事故中起着关键的作用。

3. 船舶人员特性研究

海员长期生活、漂泊在海上，不能过正常人的社会生活和家庭生活，特别是海上气象情况复杂多变，对个人安危的担忧会造成焦虑与抑郁，众多研究证实生理、心理问题是海员中最常发生也是容易造成不良结果的严重问题之一。

1) 生理特性

(1) 特殊的工作制度：航行过程中，海员需要进行一日两次，每次 4 小时，中间间隔 8 小时的值班。夜里值班过程中工作效率低，船舶在海上往往跨越若干个时区，容易引起海员生理节律不调。

(2) 艰难的工作环境：海上生活缺少生活必需品、淡水资源、食物供给的不足会造成船员心理、生理产生负担，加上船舶工作环境充满了高温、噪声与振动等危害，会对海员造成一定的生理伤害。

(3) 身体缺少锻炼：海员在船上生活容易造成身体素质下降，体内积蓄的不良情绪上升，缺少适当的运动发泄，只有通过吸烟饮酒等方式发泄，这将影响其正常工作而引起事故。

2) 心理特性

(1) 缺少正常的社交：海员在船舶的有限空间中更多的是与任务打交道，得不到必要的社会生活,绝大多数的船员希望早日能够返航过正常生活。

(2) 枯燥的生活环境:船上的海员多以男性为主,在这样的生活环境中会让人产生焦躁感;同时,船舶生活区域固定狭小,让海员很难将角色从工作转换到休闲娱乐当中。

3) 应用研究内容

包括船舶操作能力、生理心理健康、道德素质、职业素养。

1.5 先进技术与人机工程

人机工程的发展离不开各种先进科学技术的进步,当前,各种新的工业技术层出不穷,比如人工智能、大数据、5G通信以及信息安全等技术,近年来正日新月异,突飞猛进,引领着车辆与交通领域的高速发展,也推动着广大用户的人机工程体验在不同方面的提升和拓展。

1.5.1 人工智能与人机工程

1. 人工智能概述

人工智能自20世纪50年代诞生以来,随着科学技术的发展,其被赋予不同的内涵。目前,维基百科将其定义为是研究、开发用于模拟、延伸和扩展人的智能的理论、方法、技术及应用系统的一门新的科学技术。该定义将人工智能视为计算机科学的一个分支,指出其企图了解智能的实质,并生产出一种新的能以人类智能相似的方式做出反应的智能机器。随着大数据的积累、理论算法的革新、计算能力的提升,人工智能在很多应用领域都取得了突破性进展。特别地,人工智能的发展,将深刻影响人机工程(包括人机交互、人机界面和人机关系等)的方方面面。

2. 人工智能与人机工程的联系

人机交互是一门研究系统与用户之间交互关系的科学。随着人工智能技术的发展,人机交互从最初的用户适应系统逐渐演变为系统不断地适应用户,交互的信息也由精确的输入/输出信息演变为非精确的输入/输出信息。相应地,人机界面也从最初的命令行界面发展为图形用户界面。如今,人机界面设计更进一步强调交互的自然性,即用户的交互行为与其生理和认知习惯应相吻合,与之相伴的主要的人机交互界面形式为触摸交互界面和三维交互界面。具体涉及触控技术、声控交互、动作交互、眼动交互、虚拟现实、多模态交互和信息无障碍智能交互技术。

3. 人工智能对人机工程的影响

随着人工智能的发展,自主和主动是未来人机交互中人机关系的主旋律。自主应该包括以下几方面:①自主应具有记忆的功能,而不是存储,记忆是灵活的,能够通过相关/无关的事物产生直觉,而存储则无法产生直觉,它只是符合逻辑的东西;②自主应具有选择性,而选择性是单向性的;③自主应具有匹配性,匹配和选择最大的区别,就是匹配是双向性的;④自主应可以控制,没有控制和反馈,自主很难建立起来。未来的人机交互至少是人-机-环境系统的自主耦合,形成一个认知智能。认知即信息的流动过程,包括输入、处理、输出和反馈四个环节。如对智能车辆而言,其借助车载或路侧传感器获取外界交通环境信息,再结合用户需求,经智能系统处理后将信息有选择性地反馈至用户,一方面尽可能地降低用户的驾驶压力;另一方面也尽可能地拓展用户对周边交通环境的视、听、触能力。

1.5.2 大数据与人机工程

1. 大数据技术概述

1) 大数据技术基本内涵

大数据(big data)或称巨量资料,指的是需要新处理模式才能具有更强的决策力、洞察力和流程优化能力的海量、高增长率和多样化的信息资产。大数据具有 Volume(大量)、Velocit(高速)、Variety(多样)、Value(价值密度)、Veracity(真实性)5V 特点。

2) 大数据发展阶段

(1) 大数据萌芽阶段:1980—2008 年。这一阶段,各行各业已经意识到,行业服务的提升需要更大量的数据处理,而且这种处理的数据量超出了当时主存储器、本地磁盘,甚至远程磁盘的承载能力,呈现出"海量数据问题"的特征,"大数据"概念开始提出。

(2) 大数据发展阶段:2009—2011 年。这一阶段,对海量数据处理已经成为整个社会迫在眉睫的事情,全球范围内开始进行大数据的研究探索和实际运用。

(3) 大数据爆发阶段:2012—2016 年。这一阶段,大数据成为了各行各业讨论的时代主题,世界范围内开始针对大数据制定了相应的战略和规划,并尝试社会的各个领域探索与落地实践。

(4) 大数据成熟阶段:2017 年至今。以数据共享、数据联动、数据分析为基本形式的数字经济和数据产业蓬勃兴起,市场上逐渐形成了涵盖数据采集、数据分析、数据集成、数据应用的完整成熟的大数据产业链,以数据利用的服务形式贯穿到生活的方方面面,有力提高了经济社会发展智能化水平,有效地增强了公共服务和城市管理能力。

2. 大数据技术与人机工程的联系

1) 大数据环境下的人机关系

大数据时代,每天面对纷至沓来的海量信息(卫星云图、数字照片、交易记录等),从各种各样的数据中,快速获得有价值的信息的能力,就是大数据技术。如果将大数据比喻为一座富矿,那么人机交互系统就是我们需要的导航,可以及时捕捉所需的关键信息。通过人机交互系统,可以利用计算机为我们储备并挖掘大数据信息。人向计算机输入指令,计算机经过处理后把输出结果呈现给用户,让设计师和开发人员甚至是用户可以方便自如地使用,使我们的工作更加便捷、高效,有理有据。大数据是新一代信息技术的集中反映,是一个应用性很强的服务领域,是具有无穷潜力的新兴产业领域。人机交互的发展,技术与信息处理的成熟必然意味着工业设计存在巨大的变革。

2）大数据时代下的大交互模式

交互模式包含数据自交互、人-机-环境之间的交互以及人与人之间的交互三大类。在大数据信息时代，生态环境通过计算能力的提升而不断进化发展。大交互模式在内涵上表现为从传统交互、再到智能环境的交互、进而发展到情感与心灵的交互。大交互模式在性质上表现为从少数简单功能发展到多种复杂功能，在分类上表现为从单一低维通道向多向高维通道演进。在架构应用层面则表现为从专项孤立功能内容向多方关联变化体系聚合，在范式模型方面，交互设计从独立个体非智能产品向智能生态环境系统发展。在信息通信技术的发展方面，交互技术从闭源大型公司所有转变为社会计算开源网络的形式网聚人力，计算方法也从收集小数据进行计算转变为计算大数据。

3. 大数据技术对人机工程的影响

大数据技术在人机工程领域的应用非常广泛，如卫星图像监测、石油勘探、天文学、经济和历史研究等需要对大量数据进行分析的领域。而在商店、博物馆、图书馆和音乐会等人流量大的地方，可以基于大数据人机系统实时收集用户反馈数据并做出反应。

1.5.3 5G通信与人机工程

1. 5G通信技术

第五代移动通信技术（5th generation mobile networks 或 5th generation wireless systems、5th-Generation、5G）是最新一代蜂窝移动通信技术，是4G(LTE-A、WiMax)、3G(UMTS、LTE)和2G(GSM)系统后的延伸。5G的性能目标是高数据速率、减少延迟、节省能源、降低成本、提高系统容量以及连接大规模设备，5G特点如下所述：

（1）峰值速率需要达到Gb/s的标准，以满足高清视频、虚拟现实等大数据量传输；

（2）空中接口时延水平需要在1ms左右，满足自动驾驶、远程医疗等实时应用；

（3）超大网络容量，提供千亿设备的连接能力，满足物联网通信；

（4）频谱效率要比LTE提升10倍以上；

（5）连续广域覆盖和高移动性下，用户体验速率达到100Mb/s；

（6）流量密度和连接数密度大幅度提高；

（7）系统协同化、智能化水平提升，表现为多用户、多点、多天线、多摄取的协同组网，以及网络间灵活地自动调整。

5G与前几代移动通信区别在于其从技术为中心逐步向以用户为中心转变，目前5G正朝着网络多元化、宽带化、综合化、智能化方向发展。随着各种智能终端的普及，其移动数据流量将呈现爆炸式增长，而对于车联网与自动驾驶技术经历了利用有线通信的路侧单元（道路提示牌）以及2G/3G/4G网络承载车载信息服务的阶段，5G技术将加速自动驾驶与车联网快速实现。宝马在2020 CES（国际消费类电子产品展览会）展会上展示了Vision BMW i Interaction EASE自动驾驶人机交互概念座舱，并宣布将与三星携手共同开发新一代5G远程信息通信模块；华为对外发布全新5G多模终端芯片——巴龙5000，巴龙5000是全球首个支持 V2X 的多模芯片,可用于车联网、自动驾驶。目前智能车辆正依托高速移动的 5G 通信技术,向自动驾驶时代快速迈入。

2. 5G 通信与人机工程的联系

2019 年 6 月,工信部向中国电信、中国移动、中国联通、中国广电 4 家公司发放 5G 正式商用牌照,标志着我国正式进入 5G 商用元年。而 5G 技术的极快速率、极低时延是对人与时间、空间关系的一次变革,尤其是汽车行业,中国工程院院士邬贺铨认为 L3 级以上自动驾驶需要 5G 技术实现远程驾驶、自动泊车、高密度自动编队等场景要求,其中端到端的时延不超过 5ms,可靠性要求大于 99.999%,而智能车辆与 5G 通信技术的联合应用使未来智能车辆在交通系统中发生颠覆性变化。随着 5G 技术的成熟与商业化运用,搭载 5G 网络的汽车不仅仅是简单的出行运载工具,更是一个高智能、多场景、人机高度协同的"智慧移动空间"。

5G 技术的革新为现实社会和虚拟网络空间中的人机传播以及传播机制、传播效应带来了新的挑战,同样也带来了物联网、移动互联、人工智能、云计算等技术的新发展,并深刻改写人的社会性连接、认知与决策行为。而在 5G 时代,"人与人、人与物和物与物之间原有的互联互通界限将被重新整合",所有"人"与"物"都将共存于一个技术所建构的有机数字生态系统之中,内容与信息将通过最优化方式进行传播。而由于目前技术、道德伦理等因素制约,自动驾驶将长期处于简单驾驶辅助与高级自动驾驶发展阶段,其中人与智能车辆将共同享有对汽车的决策权与控制权。在以往的 4G 时代,由于信号传递、即时反应速度过慢限制了无人驾驶车辆的快速发展,汽车行驶时遇到行人等障碍物,无法及时实现有效避让,使事故发生的概率急剧增加。在相互交互过程中,5G 通信技术可以使人-车-路-网-云等智能设备快速实现互联互通,通过提升车辆对外通信数据能力和数据开放能力,使不同驾驶场景与交通环境之间相互无缝衔接。如:人工智能+5G+车辆,可以使人不再需要通过固定按键控制车辆功能,司乘人员可以直接与车辆对话来操控汽车,同时,通过 5G 快速通信技术实现信息的即时接收与理解,及时定位 400m 视距内以及 100m 非视距内的所有静、动态风险信息;此外,5G 通信可以使交通动态大数据突破车辆处理器的算力困境,利用 5G 云端实现大数据快速运算和敏捷性分析,从而使人享受更加舒适便捷的用车体验,同时,也提升了驾驶过程的安全性。因此,5G 时代将使人与车辆关系从传统以人为绝对主体的关系转向人机交互、人机接管、人机协同、人机共存等新型人机关系方向发展。

3. 5G 通信对人机系统/人机交互的影响

5G 时代的到来将影响人对于空间、时间的认知思维,人机耦合、人机交互、人机互补等人机新型关系的发展改变,其中,人机耦合将操纵者和机器视为闭环反馈系统,当机器做出动作后,人根据机器状态反馈优化操纵机器,将人的作用视为反馈环节中的一个输入/输出系统,输入为人体验到的机器工作状态,输出为根据人的想法优化调整后的机器指令;人机交互功能主要靠可输入/输出的外部设备与相应的软件来完成,可供人机交互使用的设备主要有转向盘、触摸屏以及各种模式识别设备等,在智能车辆行驶环境中,在不影响用户执行主要驾驶任务的情况下提供人机交互功能,尤其注意人机交互对人的注意力、应用场景以及交互可靠性;智能车辆人机互补是指驾驶员和智能控制系统同时在环,协同完成驾驶任务,其目是通过人机智能的混合增强与协作,在满足驾驶员主观感受的同时,提高车辆的操控性、安全性、经济性和舒适性等性能指标。

与单车智能相比,基于 V2X 的智能网联汽车优势在于获得视距外的当前交通场景和参与者的全局信息,从而采取避让等措施,减少交通事故的发生。V2X 交互的信息模式包括车与车(V2V)、车与路(V2I)、车与行人(V2P)、车与网络(V2N)等信息交互。人类驾驶员与智能控制系统之间存在很强的互补性,一方面,与智能控制系统的精细化感知、规范化决策、精准化控制相比,驾驶员的感知、决策与操控行为易受心理和生理状态等因素的影响,呈现随机、多样、模糊、个性化和非职业性等态势,在复杂工况下极易产生误操作行为;另一方面,智能控制系统对比人而言,学习和自适应能力相对较弱,环境理解的综合处理能力不够完善,对于未知复杂工况的决策能力较差。因此,借助人的智能和机器智能各自的优势,通过人机协同控制,实现人机智能的混合增强,形成双向的信息交流与控制。面对未来智能车辆将充分利用 5G 网络技术将自车与周围环境静、动态实时变化上传至云端平台,云平台经过充足的算力对智能车辆位置及风险状态进行实时计算并通过 5G 技术将数据传输至车辆处理器,从而使车辆及时应对周边环境状态,使车辆更加安全、节能、高效。对于 4G 通信技术可以使得车内智能设备实现局域连接,使用 5G 技术可连接包括汽车在内的周围静、动态物体。通信技术的快速发展对人机交互产生了颠覆性的影响,5G 技术与智能车辆技术的碰撞,是对车辆拟人化情感满足的一次突破,借助信息通信技术,实现车与人、车与车、车与路、车与云端服务平台之间建立全方位网络连接的综合服务,从而实现车联万物。

1.5.4 脑机接口与人机工程

1. 脑机接口发展现状

脑机接口(brain-computer interface,BCI),有时也称作"大脑端口"或者"脑机融合感知",它是在人或动物脑(或者脑细胞的培养物)与外部设备间建立的直接连接通路。在单向脑机接口的情况下,计算机或者接收脑传来的命令,或者发送信号到脑(例如视频重建),但不能同时发送和接收信号。而双向脑机接口允许脑和外部设备间的双向信息交换。

脑机接口按电极所处的位置可以分为植入型脑机接口和非植入型脑机接口。其中植入式 BCI 需要通过手术将信号采集探针放入颅内,从而采集脑电信号。植入型脑机接口采集的是皮层脑电,主要有峰电位和局部场电位两种采集方式。考虑到长期放置探针具有很高的风险,一般主要用于癫痫患者和动物被试。非植入式 BCI 则是直接采集头皮脑电,其所带的信息比植入式所采集到的脑电信号所带的信息量要少,分辨率也更低。信号采集的方式主要有脑磁图、头皮脑电、稳态视觉诱发电位(SSVEP)、皮层慢电位、α 节律及基于运动想象的 μ 节律和 β 波等。因为其无创性的特点,所以便捷性和安全性更高。

目前,脑机接口主要应用于临床研究、神经康复、游戏设计及虚拟环境交互等领域。脑机接口的研究初衷就是为了实现大脑对外界事物的直接控制,所以这一技术在医学方面的前景最为广阔。脑机接口可以让特定人群实现依靠自己的想法来运动、交谈,该技术在保证准确性和实用性的同时在理想检测环境中得到了普及。脑机接口技术不仅被应用在医学领域,也为机器控制提供了一个思路,即意念控制。脑机接口机器人采用 BCI 进行人机交互,由人的思维控制机器人从事各种工作。这种非接触式控制会成为机械控制领域继体感控制之后的又一便捷快速的控制方式。

2. 脑机接口与人机工程的联系

当前,脑科学处于全球科技的风口浪尖。从 1946 年世界上第一台计算机"ENIAC"诞生至今,人机距离在不断拉近。近年来神经接口技术的兴起,也意味着人机交互的终极形式:互融式人机交互的大发展时代已经到来。脑机接口在大脑和机器之间建立起一个通道,人与机器的主要交互方式,除了手工输入、人工智能语音交互之外,还可以直接通过大脑向机器发指令。大脑思维活动提供了可检测的反映心理或行为特征的神经电生理信号(可经头皮电极、皮层表面电极或皮层内部植入式等多种传感器拾取)。BCI 通过解码这些特征脑电信号获得大脑思维意图信息,再由工程技术手段将其转换成可用于控制外部设备工作的指令信号,从而实现无须常规外周神经与肌肉系统参与、按大脑思维意图照办的对外信息交流与互动。因此,BCI 技术的出现与发展不仅为残障人群带来了全新的功能康复希望,而且也为健康人士开拓了前所未有的人机交互新天地。

近十几年来,脑机接口在医疗、军事、航天等领域发挥了不可替代的优势作用。在神经康复或辅助医学领域,脑机接口机器人可以帮助肢体运动障碍患者提高他们的生活质量,如:①信息交流——BCI 机器人可以帮助残疾人使用电脑、拨打电话等;②环境控制——BCI 机器人可以帮助残疾人或老年人控制轮椅、家庭电器开关等;③康复护理——BCI 康复机器人可以帮助残疾人或失去运动能力的病患或老年人进行主动康复训练,BCI 护理机器人可以从事基本护理工作,提高残疾人或老年人的生活质量。此外,脑机接口技术还对航空航天等领域有巨大的应用价值,能够为航天员等特殊人群提供肢体约束环境下的"第三只手"和神经功能层面融合的自适应自动化人机协作,帮助他们完成更多更复杂的工作任务。2016 年在我国"天宫二号"与"神舟十一号"载人飞行任务中,天津大学神经工程团队与中国航天员训练中心合作开展了世界首次脑机交互实验即是为实现这一目标的成功尝试。我国在 BCI 方面的研究虽起步稍晚,但得力于国家大力支持,近些年来发展势头良好、速度迅猛,研究涌现了一批突出的技术成果,与国际保持同步发展,部分领域甚至处于国际领先地位。

3. 脑机接口与人机工程未来展望

BCI 技术最重要的长远发展趋势将是从目前脑机单向"接口"(interface)进化为脑机双向"交互"(interaction)并最终实现脑机完全"智能"融合(intelligence),将生物智能的模糊决策、纠错和快速学习能力与人工智能的快速、高精度计算及大规模、快速、准确的记忆与检索能力结合,从而发展出更先进的人工智能技术,并组建由人脑与人脑及与智能机器之间交互连接构成的新型生物人工智能网络。

21世纪是脑科学的时代,世界主要科技强国均启动了目标宏大的"脑计划",脑机接口技术将伴随脑科学的发展而成长壮大,相信未来BCI将成为新一代颠覆性信息技术,成为融合人脑智能和人工智能不可分割与替代的坚固桥梁。未来,脑机接口技术可以定义新一代的人机交互模式和人与人沟通的方式(例如脑脑交互),实现高精度、低功耗、支持海量数据的自由交互,可以想见未来BCI将如现在的鼠标、键盘一样非常普遍地应用于各种需要人机交互的场合,尤其是融合了人工智能的自动驾驶领域,为人类生活带来更多的体验和更多的可能性。

参考文献

[1] 袁泉. 汽车人机工程学[M]. 北京:清华大学出版社,2018.
[2] 李亦萌. 中国汽车蓝皮书:"新四化"已由概念转入实际应用[EB/OL]. (2019-10-10)[2019-10-12]. https://www.jiemian.com/article/3567426.html.
[3] 品略图书馆. 2017年全球电动汽车发展现状及未来趋势[EB/OL]. [2020-1-11]. http://www.pinlue.com/article/2020/01/1111/079891401128.html.
[4] 车云,陈卓. 智能汽车:决战2020[M]. 北京:北京理工大学出版社,2018.
[5] 李晓玲,李卓. 车辆人机工程设计与实践[M]. 西安:西安交通大学出版社,2017.
[6] 沈纪余. Nuance为什么在中国突然爆发?它的声龙驾驶又是几个意思?[EB/OL]. [2017-3-28]. http://www.cheyun.com/content/15528.
[7] 王颖. 基于人机交互仿真的驾驶次任务研究[D]. 北京:清华大学,2009.
[8] 孙向红. 言语交流对汽车驾驶行为的影响[D]. 北京:中国科学院心理研究所,2001.
[9] BEEDE K E, KASS S J. Engrossed in conversation: The impact of cell phones on simulated driving performance[J]. Accident Analysis and Prevention, 2006, 38(2): 415-421.
[10] NEAL V L, DINGUS T A, KLAUER G S, et al. An overview of the 100-Car naturalistic study and findings: NHTSA[C]//In Proceedings of 19th International Conference on Enhanced Safety of Vehicles. ESV, 2005, 19: 1-10.
[11] LEE J. Along for the Ride: Reducing Driver Distractions[C]//National Conference of State Legislatures. Denver, 2002.
[12] 青岛英谷教育科技股份有限公司. 车联网导论[M]. 西安:西安电子科技大学出版社,2016.
[13] 王言. 汽车共享模式研究——以中外典型案例为例[D]. 北京:清华大学,2015.
[14] 史文杰. 《2019汽车"新四化"安全趋势白皮书》正式发布,重磅解读未来三大领域安全趋势[EB/OL]. [2019-11-20]. http://www.cheyun.com/content/31180.
[15] 刘旎,顾世敏. 基于人机工程学的驾驶舱显控系统优化设计[A]. 中国科学技术协会、天津市人民政府. 第十三届中国科协年会第22分会场-中国通用航空发展研讨会论文集[C]. 中国科学技术协会、天津市人民政府:中国科学技术协会学会学术部,2011,6:153-158.
[16] 鞠峰. 飞机驾驶舱人机工程设计研究[D]. 西安:西北工业大学,2007.
[17] 刘枫. 基于人机工程的民航座椅设计研究[D]. 西安:西安工程大学,2018.

[18] 李静,陈刘成.北斗在航空安全领域的应用研究[J].科技经济导刊,2019,27(23):3-5.
[19] 白继嵩.舰桥视觉环境人机工程设计及其应用[D].哈尔滨:哈尔滨工程大学,2011.
[20] 许可锋.人机工程学在船用集控台的应用[J].上海船舶运输科学研究所学报,2010,33(2):164-168.
[21] 王坚敏.人机工程学理论在船舶事故研究中的应用[J].中国航海,1993(2):42-52.
[22] 雇永健.航海心理学[M].北京:人民交通出版社,1990.
[23] RUSSELL S J,NORVIG P.人工智能:一种现代的方法[M].殷建平,祝恩,刘越,等译.北京:清华大学出版社,2013.
[24] 罗颖博,马宏宇.汽车内饰设计的人机交互前沿技术及设计趋势研究[J].设计,2019,32(13):38-41.
[25] 彭兰.智媒趋势下内容生产中的人机关系[J].上海交通大学学报(哲学科学版),2020,28(1):31-40.
[26] 袁辉.大数据发展研究综述及启示[J].网络空间安全,2019,10(12):54-61.
[27] 任彦.大数据时代需要有"神器"[N].人民日报,2014-10-14(22).
[28] 覃京燕.大数据时代的大交互设计[J].包装工程,2015,36(8):1-5+161.
[29] 金博,胡延明.C-V2X车联网产业发展综述与展望[J].电信科学,2020,36(3):93-99.
[30] 喻国明,杨雅.5G时代:未来传播中"人-机"关系的模式重构[J].新闻与传播评论,2020,73(1):5-10.
[31] 彭建,周钰哲,孙美玉,等.5G十大细分应用场景研究[N].中国计算机报,2019-07-15(12).
[32] 程洪,黄瑞,邱静,等.人机智能技术及系统研究进展综述[J].智能系统学报,2020,15(2):386-398.
[33] 胡云峰,曲婷,刘俊,等.智能汽车人机协同控制的研究现状与展望[J].自动化学报,2019,45(7):1261-1280.
[34] 中国新闻社.浙江大学将大白鼠变"机器人"能读懂人类的语言[EB/OL].(2013-05-24)[2020-08-02].http://www.chinanews.com/edu/2013/05-24/4855250.shtml.
[35] 尧俊瑜,邹长杰.脑机接口技术研究综述[J].现代计算机(专业版),2017(27):80-84.
[36] 贺文韬.脑机接口技术综述[J].数字通信世界,2018(1):73+78.
[37] 中国指挥与控制学会.融合人脑智能与人工智能,脑机接口开启"黑科技"新风口[EB/OL].(2017-09-01)[2020-08-02].https://m.sohu.com/a/168765566_358040.

人机工程基础

本章亮点：
- **人机工程的基本概念**：包括学科所聚焦的系统、平台、因素及其作用方式。
- **人机工程的研究方法**：从调研到设计，从物理实验到虚拟仿真，从微观到宏观。
- **人机界面设计**：一方面是显示，一方面是操纵，人机之间的信息交流非常重要。
- **人机系统的空间与环境设计**：空间与环境的布置设计关系到人机系统的宜人性。

引 言

人机工程的定义五花八门，其内涵日益明确和经典，包括人机系统、人机界面、人机交互等基本概念，是其所聚焦的系统、平台，涉及的因素及其作用方式。针对人机工程方面进行研究的方法多种多样，应用广泛，当前更多采用虚拟实验来设计人机系统的场景，预测人机界面的舒适性和场景适合度；对于传统的人机界面设计，通常分为显示和操纵两个方面，目前两者倾向于合二为一，如触屏式的设计；另外更加广义的显示，可以通过视觉之外的听觉、触觉等方式来进行；对于人机系统的设计，需要考虑作业空间如何布置设计，符合人的手脚操作的方便性，同时兼顾人眼的视认性。人机系统的环境因素包含对人的舒适、健康发生影响的光、热、声、振动以及空气的环境状况，都非常重要，而且与系统的安全性息息相关。

2.1 人机工程的基本概念

2.1.1 人机工程学的定义

人机工程学20世纪40年代起源于欧洲，是一门跨越不同学科领域，应用多种学科的理论、方法和技术发展起来的新兴交叉学科。

关于人机工程学的定义，世界各国的专家也有各自的看法，但其基本内涵大体相近。

国际人机工程学会（International Ergonomics Association，IEA）：人机工程学是研究

人在某种工作环境中的解剖学、生理学和心理学等方面的各种因素;研究人和机器及环境的相互作用;以及在工作中、家庭生活中和休假时怎样统一考虑工作效率,人的健康、安全和舒适等问题的学科。

《中国企业管理百科全书》:人机工程学是研究人和机器、环境的相互作用及其合理结合,使设计的机器和环境系统适合人的生理、心理等特点,达到在生产中提高效率、安全、健康和舒适的目的。

《辞海》:人机工程学是运用人体测量学、生理学、心理学和生物力学以及工程学等学科的研究方法和手段,综合地进行人体结构、功能、心理以及力学等问题研究的学科。

我国著名科学家钱学森曾经这样阐述:"人机工程是一门非常重要的应用人体科学技术,它专门研究人和机器的配合,考虑到人的功能能力,如何设计机器,求得人在使用机器时整个人和机器的效果达到最佳状态"。这一论断比较全面地揭示了人机工程学最初的宗旨。随着交叉学科领域的不断发展完善,人机工程学更倾向于以人为中心,人、机器、环境三者的一体化为主导思想,以实现"人-机-环境系统"的安全、健康、舒适和方便为目标的基本内涵。

综上所述,人机工程学是研究共存于同一系统中人、机、环境的特性及其相互关系的交叉学科,其研究和应用以提升系统中人的安全、健康、舒适和方便为目标。车辆人机工程聚焦车辆人机系统,研究车辆人机界面与人机交互,注重提高驾乘人员的安全性和舒适性。智能车辆人机工程是建立在车辆智能化基础上的人机工程,将使车辆人-机-环境系统的安全性、舒适性和便捷性达到全新的更高的水平。

2.1.2 人机工程学的研究内容

人机工程学是建立在人类科学、工程科学和社会科学之上的一门综合性交叉学科,它与相关的其他学科之间的联系如图 2-1 所示。

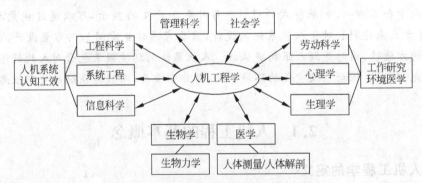

图 2-1 人机工程学与相关学科的关系

人机工程学的研究对象是"人-机-环境系统",简称"人机系统"。因此,人机工程学既要研究人、机、环境各因素的属性,更要着重研究人-机-环境系统的总体属性,以及人、机、环境之间相互关系的规律。

人机工程设计的对象是人机界面,涉及解剖学、生理学、心理学等人的因素,要达到的目标是生活、工作的安全、舒适、高效。

概括起来,人机工程学是基于人的因素(包括人的几何尺寸、生理和心理特性)研究人-机-环境系统的安全性、舒适性和高效性。

2.1.3 人机工程的基本概念

1. 人机系统

人机系统指"人"与其所对应的"物"共处于同一时间及空间所构成的系统。"人"指的是在所研究的系统中参与系统过程的人,包括人的身体和主观参与。"机"则泛指一切与人处于同一系统中并与人交换着信息、物质和能量的、供人使用的"物";"环境"指的是"人""机"共处其中的、对"人"和"机"有直接或间接影响的周围外部条件。图 2-2 所示为人机系统的组成及其与周围环境之间的相互关系。以车辆人机系统为例,人为车内的驾乘人员,机为车辆本身,环境包括车内和车外的环境条件。

2. 人机界面

人机系统中,"人"与"机"之间能够相互施加影响、实现相互作用的区域,称为人机界面。主要包括三类:

第一类:控制系统人机界面。

第二类:直接作用型人机界面。

第三类:间接作用型人机界面,通过环境来彼此施加作用。

第一类人机界面通常包含第二类,第三类人机界面会间接影响人的操纵能力。因此,一个典型的人机系统中通常包含上述三类人机界面,它们相互关联共同影响人机系统。

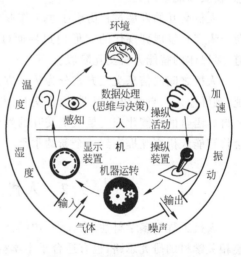

图 2-2 人机系统与人机关系

车辆的人机界面包括显示装置(仪表板和中控台等)和操纵装置(转向盘、换挡杆、脚踏板和各种控制按键等),其中,驾驶操控系统总体上为第一类人机界面,其中包含的转向盘、脚踏板等为直接作用型界面,而机器的振动、噪声等属于第三类界面,必须通过时空环境才能对人、机施加影响。

根据人体参与系统过程的不同类型感知器官,还可以分成相应的人机界面,如视觉显示界面、听觉显示界面、触觉操纵界面等。

3. 人机关系

人机关系包括两个方面:

(1) 机宜人:使机器系统尽量满足使用者的体质、生理、心理、智力、审美以及社会价值观念等素质条件的要求。

（2）人适机：对人的因素予以限制和训练，尽量发挥人的因素有一定可塑性这一特点，让人去适应机器的要求，以保证人机系统具有最优效能。

机宜人是有条件的，人适机也是有限度的。人机系统中的机宜人与人适机是相对的。任何一个人机系统都必然是既要尽量做到机宜人，也要设法做到人适机。调整这种人机相互匹配关系最根本的制约条件就是人的可能性与人的可靠性。

人的可能性是指基于人的几何尺寸、生理和心理性能，可能达到或实现的功能。人的可靠性是指人的行为存在出错的概率。随着熟练程度的提高，可靠性逐渐提升，而理论上依然有出错的存在，在不利的环境条件下使得人的可靠性下降。

4. 人机交互

为完成确定任务的信息交换过程，人与机器系统之间以一定的方式进行交互，包括信息、物质和能量的交互。

人机交互的发展过程历经了手工作业阶段、机械式阶段、机器语言阶段（作业控制/交互命令语言），发展到现代的图形用户界面（GUI）阶段、网络用户界面阶段，以及未来的多通道、多媒体的智能人机交互阶段。

人机之间的信息交互方式分为传统方式（机器语言）、图形化系统（键鼠输入）、图形化系统（触屏输入）、自然语音识别（语音交互）和非接触交互（状态检测、智能感知）等。非接触式和自然语言的智能化交流是人机交互的发展趋势，将来基于脑电、表情、手势的感知和交互会将智能人机交互提高到一个新的水平。

2.2 人机工程的研究方法

人机工程学多学科性、交叉性、边缘性的特点决定了其研究方法也具有多样性，既有借鉴相关学科的研究思路，也有适合于本学科的独特的研究方法。常用的研究方法列举如下。

1. 实际观察法

实际观察法是在一定理论指导下，根据一定目的，利用人的感官或借助仪器技术进行观察、测定、记录自然现象的方法。采用的仪器包括照相机、录像机、录音笔、计时器等。按照观察的特点可以分为参与观察、非参与观察，直接观察、间接观察，公开观察、暗中观察。实际观察的主要特点是简单方便、直观一手，然而其较难获取大量的样本，量化描述也相对困难。

2. 实际调查法

实际调查法是指通过实际调查交流获取数据资料信息，通常包括访谈调查法和问卷调查法。针对驾驶员特性开展的系列问卷调查，包括乘员影响调查、驾乘舒适性调查、手机使用习惯调查、驾车时听音乐调查等。调查问卷的制作是该方法的关键，通常包括被调查者的基本信息与核心题目问答两部分。题目应尽量少而精、全而深，文字不宜过多，一般先试做、试用，面向适合人群，获取足量样本，并且要方便后续统计，问卷数量及覆盖的人群应具有统计意义，适当回报礼物，并注意保护隐私。

3. 心理测验法

心理测验法是以心理学个体差异理论为基础，对被试个体在某种心理测验中的成绩与常模作比较，分析心理素质。按测量的规模分为团体测验、个体测验，按测量的内容分为能力测验、智力测验、个性测验。需要满足的条件包括必须建立常模（标准化样本的平均得分），测验必须具备一定的信度和效度。

4. 统计研究法

无论针对哪种人机系统，统计研究是最基本的研究方法。对于任何系统，首先都必须获取较为丰富的材料和数据，利用统计方法探明系统中蕴涵的内在规律，对获取的数据进行归纳、统计、分析。

按照统计的不同层面分为直观统计、深入统计、宏观统计、微观统计。数据的来源包括观察、试验、调查等方面。如宏观数据、微观数据。常用的统计工具包括最基本的数据记录软件 Excel，以及建模分析软件 SPSS 和 R 等。近年来，随着大数据技术在各领域的应用，人机工程学的相关研究也应基于大数据深入开展。

5. 实际测量法

利用仪器设备系统进行实际测量，获取实际数据。人机工程学中的测量按其内容分为对人、机、环境的测量，人体的几何测量和生理测量；按测量方式分为接触测量和非接触测量。测量工具按照测量的对象分类，如人体、机器、环境，按自动化方式分为手工、自动、半自动等。实际测量广泛应用于各领域的人机工程研究中。

6. 实验研究法

在人为设计的环境中测试实验对象的行为或反应的一种研究方法，包括客观仪器测试和感观评价实验法两种。参加实验的人可以是真人，也可用假人或人体模型。其测试结果一般不宜直接用于生产实际，应用时需结合真人实验进行修正和补充。一般在实验室进行，也可在作业现场进行，即在作业现场借助工具、仪器设备进行测量。

实验研究法可以在人为控制条件下，系统地改变一定量因素，以引起研究对象相应变化来做出因果推断和变化预测。其特点包括可以系统控制变量、控制自变量（照度、负荷等），引发因变量变化，排除干扰因素，容易重复研究，反复观察，过程更主动。

实验研究又分为实际实验、模拟和模型实验。模拟实验有利于开展复杂系统和危险情况下的实验或进行预测研究，如利用驾驶模拟实验方法进行驾驶员特性的研究。

7. 仿真研究法

利用计算机软件系统进行仿真，对某些操作系统进行逼真的试验，可得到所需要的更符合实际的数据的一种方法,例如训练模拟器、各种具体模型、虚拟样机模型等。在进行人机环系统研究时常常采用这种方法。这种方法的特点是可以在设计阶段进行预测,对系统中人机相互作用关系进行虚拟分析,预测性能和改进设计,容易重复研究,反复观察,过程可视化和虚拟现实等。模拟研究通常采用计算机软件系统,如人机工程分析软件、汽车三维设计软件和交通仿真软件等(图2-3)。

图 2-3　汽车人机系统软件仿真效果图

目前广泛应用于计算机辅助造型及人机工程设计的软件系统主要包括 RAMSIS、CATIA、JACK、ICIDO、Anybody 等。

2.3　人体的机能特性

2.3.1　人的感知觉

人的感知响应系统由感觉器官、传入神经、大脑皮层、传出神经和运动器官组成。人通过各种感觉器官接受外部刺激,经传入神经传给大脑皮层进行信息处理,神经中枢做出的决定经传出神经下达给运动器官(如手、脚)做出人体运动响应,这就是人的感知响应过程。

1. 感觉

感觉是人脑对直接作用于感觉器官的客观事物的个别属性的反映。感觉也反映人体本身的活动状况。例如,正常的人能感觉到自身的姿势和运动,感觉到内部器官的工作状况,如舒适、疼痛、饥饿等。感觉可以分为三大类:

(1) 外感受器:接受外部刺激,反映人体对外界事物属性的感觉,如视觉、听觉、嗅觉、味觉和皮肤感觉;

(2) 内感受器:接受人体内部刺激,反映内脏器官不同状态的内部感觉,如饥、渴等内脏感觉;

(3) 本体感受器:在身体外表面和内表面之间,反映身体各部分的运动和位置情况的本体感觉,如运动觉、平衡觉等。

2. 知觉

知觉是人脑对直接作用于感觉器官的客观事物和主观状况整体的反映。知觉是在感觉的基础上产生的,表现为对事物的整体认知,或者对事物的综合属性的判别,或者对事物的意义做出的初步解释。知觉是一个主动的反应过程,它比感觉更加依赖于人的主观态度和过去的知识经验。人常常根据实践活动的需要和自己的心理倾向去主动地收集信息,甚至提出假设、检验假设,从而清晰、完整地辨认物体及其属性。知觉就是当我们感知事物时,大脑在积极地进行着选择和组织,并把感觉信息整合为关于世界的一幅幅图片或一个个模型。

知觉分为空间知觉、时间知觉和运动知觉三大类。其中,空间知觉包括形状、大小、距离和方位等方面的知觉;时间知觉是对客观现象的延续性和顺序性的反映;运动知觉是对物体空间移动和速度方面的知觉。

感觉和知觉不可分割,心理学上统称为人的感知觉。人体的各种感觉器官都有各自最敏感的刺激形式,这种刺激形式称为相应的感觉器官的适宜刺激。人体各主要感觉器官的适宜刺激及其识别外界的特征如表 2-1 所示。

表 2-1 适宜刺激及其识别特征

感觉类型	感觉器官	适宜刺激	刺激来源	识别外界的特征
视觉	眼	光	外部	形状、大小、位置、远近、色彩、明暗、运动方向等
听觉	耳	声	外部	声音的强弱和高低、声源的方向和远近等
嗅觉	鼻	挥发的和飞散的物质	外部	香气、臭气等
味觉	舌	被唾液溶解的物质	接触表面	甜、咸、酸、辣、苦等
皮肤觉	皮肤及皮下组织	物理和化学物质对皮肤的作用	直接或间接接触	触压觉、温度觉、痛觉等
运动觉	肌体神经和关节	物质对肌体的作用	外部和内部	撞击、重力、姿势等
平衡觉	半规管	运动和位置的变化	内部和外部	旋转运动、直线运动、摆动等

2.3.2 视觉特性

1. 视觉器官

人的眼睛是视觉的感受器官,其基本结构如图 2-4 所示。

视觉器官的功能是识别视野内发光物体或反光物体的轮廓、形状、大小、远近、颜色和表面细节等情况。自然界形形色色的物体及文字、图像等信息,主要通过视觉通道在人脑中得到反映。据估计,对于正常人来说,人脑获得的全部信息中,约有 95% 以上来自视觉输入。因此,视觉器官是人体最重要的感觉器官。

人的视觉是指眼睛在光线的作用下,对物体的明暗(光觉)、形状(形态觉)、颜色(色觉)、

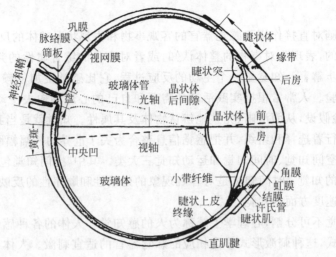

图 2-4 人眼的基本结构

运动（动态觉）和远近深浅（立体知觉）等方面的综合感觉。人的视觉是由光刺激、眼睛、神经纤维和视觉中枢共同作用的结果。

物体发出的光射入眼睛后，由于眼的折光作用而在视网膜上形成物像，在物像所及的部位，由感受细胞吸收光能而发生化学反应，使感受细胞产生一系列的电脉冲信息；这些信息经视神经纤维传送到大脑的视觉域进行综合处理后，形成视觉映像。这种视觉映像的一部分存储在脑细胞中，另一部分消失或刺激其他脑细胞，引起某种行为。

2. 视距、视角、视力

视距是指眼睛至被观察对象的距离。人在观察各种显示仪表时，视距过远或过近，对认读速度和准确性都不利。一般应根据被观察对象的大小和形状在380～760mm选择最佳视距。视角是瞳孔中心到被观察对象两端所张开的角度：

$$\alpha = 2\arctan(D/2L)$$

式中，α——视角，以分（′）为单位表示；

D——被观察对象上下两端点的直线距离；

L——视距。

在一般照明条件下，正常人的眼睛能辨别5m远处两点间的最小距离所对应的视角为$1'$，定义此视角为最小视角。此时视网膜上形成的物像两点间的距离仅为4～5μm，相当于一个视锥细胞的直径。当视角小于$1'$时，人眼对观察对象就难以分辨。如果物体很亮，或者当物体与背景的亮度对比极为明显时，则能看清被观察对象的最小视角可略小于$1'$；而如果照明不良，即使视角为$1'$或略大于$1'$也不易看清。

视力是描述人眼对物体细节识别能力的一个生理尺度，其定义为临界视角的倒数也即

$$\text{视力} = 1/\text{临界视角}$$

临界视角是人眼能辨别一定距离处的目标所对应的最小视角(′)。此式的意义可用图 2-5 加以说明。若被观察对象上下两端点的直线距离 D 处在刚能识别与不能识别的临界状态,则此时被视两端点与人眼瞳孔中心之间连线所构成的夹角称为临界视角,该视角的倒数即等于视力。规定当临界视角为 1′,视力等于 1.0,此时视力为正常。当视力下降时,临界视角显然要大于 1′,于是视力用相应的小于 1.0 的数值表示。

图 2-5　视角、视距示意图

通常所说的视力,是指视网膜的黄斑中央凹处注视点的视力,称为中心视力。在中央凹处以外视网膜上各点的视力则称为周边视力。视网膜上视力的分布主要与视觉细胞的分布状态有关。中央凹处视力最高,偏离中央凹处的视力急剧下降。

3. 视线与视野

视野是指人的眼睛观看正前方物体所能看到的空间范围,常以角度来表示。

人的视线是指黄斑中心最敏锐的聚焦点与注视点之间的连线。正常视线是指头部和两眼放松状态,头部与眼睛轴线夹角 105°~110°时的视线,在水平视线之下 25°~35°。眼睛观看物体可分为直接视野、眼动视野、观察视野三种状态。直接视野是在头部固定、眼球静止不动的状态下自然可见的范围(水平方向±25°,竖直方向±15°);眼动视野是指头部固定而转动眼球注视某中心点时所见的范围(水平方向±30°,竖直方向±25°);观察视野是身体固定、头部与眼睛转动时的可见范围。图 2-6 所示为正常人的双眼正常视野范围。

正常人双眼的综合视野在垂直方向约为 130°(视水平线上方 60°,下方 70°),在水平方向约为 180°(两眼内侧视野重合约 60°,外侧各 90°),在垂直方向 6°和水平方向 8°范围内的物体,映像将落在视网膜的最敏感部分——黄斑上。黄斑是位于颞侧 3~4mm,直径 2~3mm 的黄色区域。在垂直和水平方向均为 1.5°范围内的物体,映像将落在黄斑中心——中央凹部分。映像落在黄斑上的物体,看得最为清晰,该区域称为最优视野。尽管最优视野范围很小,但实际观看大的物体时,由于眼球和头部都可转动,因而被看对象的各部分能轮流处于最优视野区,快速转动的眼球使人看清整个物体形象。

人机工程学中,通常以人眼的视野为依据设计有关显示装置,以提高视觉效果,降低视认负担,减轻人眼的疲劳。基于视野特性进行人机界面显示装置的视觉设计。

4. 明暗适应

人眼对光亮程度的变化具有适应性。眼睛从亮度大的观察部位转移到亮度小的观察部位,或者人从光亮的地方进入黑暗的地方,眼睛不能一下子就看清物体,需要经过一段适应时间后才能看清物体,这个适应过程称为暗适应。相反的情况和适应过程,称为明适应。

暗适应时,眼睛的瞳孔放大,进入眼睛的光通量增加;明适应时,眼睛的瞳孔缩小,进入眼睛的光通量减少。暗适应时间较长,要经过 4~6min 才能基本适应,需要在暗处停留

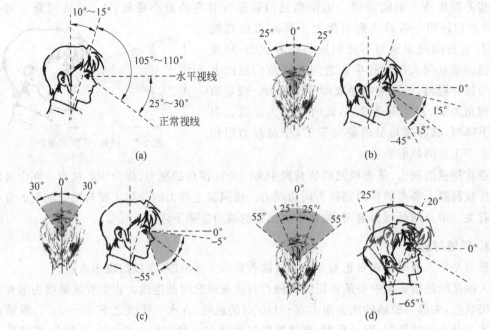

图 2-6 人的正常视野

(a) 人的正常视线；(b) 人的直接视野；(c) 人的眼动视野；(d) 人的观察视野

30min 左右才能完全适应。明适应时间较短，1min 左右便可完全适应。图 2-7 是用白色试标在短时间内达到能看清程度所需的最低亮度界限曲线，即引起人眼光感觉的最小亮度随暗适应时间而变化的曲线。

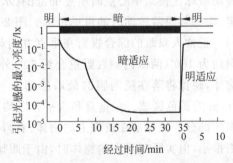

图 2-7 暗适应与明适应过渡曲线

暗适应曲线主要表示人眼视网膜上参加工作的视锥细胞与视杆细胞数量的转变过程，即转入工作的视杆细胞逐渐增加的过程。由于视杆细胞转入工作状态的过程较慢，因而整个暗适应过程大约需要 30min 才能趋于完成。而明适应时，视杆细胞退出工作，视锥细胞数量迅速增加。由于视锥细胞的转换较快，因而明适应时间较短，大约 1min 即趋于完成。

人眼在明暗急剧变化的环境中，因受适应性的限制，视力会出现短暂下降。若频繁出现这种情况，则会产生视觉疲劳，并容易引起事故。为此，在需要频繁改变亮度的场所，可采用缓和照明，以避免光线的急剧变化。

人眼的明暗适应性对车辆的行驶安全性影响很大。例如，车辆从明亮的公路驶入隧道时，由于隧道内的光线远比外边弱，眼睛不习惯，约有 10s 时间看不清道路和周围环境，这时若行驶速度为 50km/h，则 10s 时间内，车辆将向前驶过 140m 左右，这段路程极易发生撞车事故。为了行驶安全,应降低行驶速度并在进入隧道前打开车辆的前照灯。通常在隧道入口处常采用一段缓和照明,减少明暗交替突变,让视觉更容易适应。由于明适应的时间很短,在隧道出口处可不做其他处理。

5. 眩光

物体表面产生刺眼和耀眼的强烈光线,称为眩光。由天然光或强烈的人工光源直接照射物体表面而引起的眩光,称为直接眩光;由视野内天花板、墙壁、机器或其他表面反射而引起的眩光,称为反射眩光。眩光的形成多起因于物体表面过于光亮(如电镀抛光或有光漆表面)、亮度对比度过大、直接强光照射。眩光的危害在于导致不舒适的视觉条件:

(1) 使眼睛的瞳孔缩小,在视野内亮度一定的条件下,降低了视网膜上的照度。

(2) 眩光在眼球媒质内散射,减弱了被看对象与背景间的对比度。

(3) 视觉细胞受强光刺激,引起大脑皮层细胞间产生相互作用,使得对被看对象的观察呈现模糊。

减少直接眩光的方法:减少引起眩光的高亮度面积,增大视线与眩光源之间的角度,提高眩光源周围区域的亮度等。

减少反射眩光的方法:降低光源的亮度、改变光源的位置或改变作业对象的位置、使反射眩光避开观察者的眼睛、改变刺眼物体表面的性质,使之不反射或少反射、提高周围环境的照度,以减弱反射物与背景间的亮度对比等。

6. 视错觉

人观察外界物体的形状、大小、位置和颜色时,所得映像与实际情况发生差异,称为视错觉。当视网膜受到光刺激时,光线会在横向产生扩大范围的影响,这在生理学范畴称为视网膜诱导场。诱导场的存在使视物时得到的视觉映像与物体的实际状态存在差异,产生视错觉现象。视错觉可归纳为形状错觉、色彩错觉和物体运动错觉三大类。常见的形状错觉有线段长短错觉(图2-8)、面积大小错觉(图2-9)、方位错觉(图2-10)、对比错觉(图2-11)、分割错觉(图2-12)、方向错觉、远近错觉及透视错觉等;色彩错觉包括对比错觉、大小错觉、温度错觉、重量错觉、距离错觉及疲劳错觉等。视错觉的形式多种多样,情形复杂。色彩错觉同色彩的心理功能或感情效果密切相关。例如,两个尺寸、形状、重量完全一样的包装箱,一个白色,一个黑色,搬运者却感觉白色的略轻,这就是色彩的重量错觉。

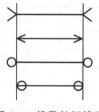

图 2-8 线段长短错觉

图 2-9 面积大小错觉

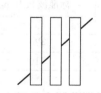

图 2-10 方位错觉

图 2-11 对比错觉

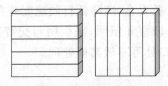
图 2-12 分割错觉

视错觉是人的生理和心理原因引起的对外界事物的错误知觉,在人机工程设计中可以利用或夸大视错觉现象,以产生一定的心理效应。例如,交通工具客舱或操纵室的内部装饰设计,常利用横向线条划分所产生的视错觉来改善内部空间的狭长感,使空间显宽;利用纵向线条划分所产生的视错觉来增加内部空间的透视感,使空间显长。为保证道路交通安全,高速公路出口处路面可设计人形线,以此产生驾驶员速度错觉,从而降低真实速度,避免交通事故发生。另外,"视错觉 3D 减速带"既能起到降低车速的作用,同时又保证了汽车的通过性和舒适性。

在另一些情况下,人机工程设计又需要避免产生视错觉现象,以达到宜人效果。例如,色彩过强,则对人眼刺激太大,使人易于疲劳;许多颜色混在一起,明度差或彩度差较大,也易使人疲劳,称为色彩的疲劳错觉。在各种工作、学习或休息环境的色彩设计中,必须注意避免产生对色彩的疲劳错觉现象。如将车辆内饰设计为米色或灰色等较浅的颜色,可以让乘客感觉明亮不压抑。

7. 颜色视觉

如图 2-13 及表 2-2 所示,光具有不同的能量和波长,光的能量大小表现为人对光的明暗感觉;光波的长短表现为人对光的颜色感觉。三原色学说认为视网膜上有三种视锥细胞,分别感受红、绿、蓝三种基本颜色。三种视锥细胞受到同等程度的刺激时引起消色的感觉,同等强刺激产生白色效果,同等中等程度的刺激产生灰色效果,同等弱刺激产生黑色效果。三种视锥细胞受到不同程度的刺激时,则引起其他各种颜色感觉,红、绿、蓝三种色光适当混合,可以构成光谱上任何一种颜色。

图 2-13 色光混合示意图

表 2-2 各种色光的波长及其范围

颜色	标准波长/nm	波长范围/nm	颜色	标准波长/nm	波长范围/nm
紫	420	380～450	黄	580	575～595
蓝	470	450～480	橙	610	595～620
绿	510	480～575	红	700	620～760

根据美国光学学会(Optical Society of America)色度学委员会的定义,颜色是光的一种特性,即光的辐射能刺激视网膜引起观察者通过视觉而获得的景象。

物体在光线照射下呈现不同颜色,是因为物体具有对落在其表面的光谱成分有选择地透射、吸收和反射的特性(光谱特性)。物体吸收光源发出的部分光谱成分,反射其余光谱成分,则呈现不同颜色(选择性吸收),如吸收了 450~480nm 的蓝光和 480~500nm 的绿光,仅反射 649~750nm 的红光,则物体呈现红色。

颜色视觉(简称色觉)是一种复杂的物理-心理现象。人的色觉并不是一成不变的,而是随各种外界条件和内部条件的变化而变化的。

8. 视觉的运动规律

根据视觉的需要,眼球的运动通常包括三种类型:

(1)注视运动:把眼睛的中央凹对准某一目标。

(2)追踪运动:平稳地注视运动物体使其持续成像在中央凹处。

(3)跳跃运动:当视标位置快速变化时,眼球离开了平稳的追踪运动。

视觉的运动规律包括如下几个方面:

眼睛的水平运动比垂直运动快,往往先看到沿眼睛水平运动方向放置的物体,后看到沿眼睛垂直运动方向放置的物体;眼睛沿水平方向运动也比沿垂直方向运动更不易疲劳。很多机器的仪表板外形设计成横向长方形就是这个道理。

视线的移动习惯于从左到右、从上往下和顺时针方向运动。人的眼睛对水平方向的尺寸和比例的估计比对垂直方向估计要准确得多。当眼睛偏离视中心时,在偏离距离相等的情况下,人眼对左上象限的观察最优,其次为右上象限、左下象限,右下象限最差。此外,两眼的运动总是协调、同步的。

2.3.3 听觉特性

1. 听觉器官

听觉器官的功能是分辨声音的强弱和高低,以及环境中声源的方向和远近。人耳的基本结构如图 2-14 所示,包括外耳、中耳和内耳。

外界声波通过外耳道传到鼓膜,引起鼓膜的振动,随后经听骨链(锤骨、砧骨和镫骨)的传递,引起耳蜗内淋巴液和基底膜的振动,刺激耳蜗科蒂施器官中的毛细胞产生兴奋,听神经纤维分布在毛细胞下方的基底膜中,机械能在此处转变为神经冲动,经过编码由听神经纤维传送到大脑皮层的听觉中枢,产生听觉。

2. 听觉的频率响应特性

具有正常听力的青少年(年龄在 12~25 岁)能够觉察到的频率范围是 16~20000Hz,一般人的最佳可听频率范围是 20~20000Hz,频率比为

$$f_{min}/f_{max} = 1/1000$$

人到 25 岁左右,对 15000Hz 以上频率声波的听觉灵敏度开始显著降低,听阈开始向下移动,而且随着年龄的增长,频率感受的上限逐年降低。听力损失曲线如图 2-15 所示。可

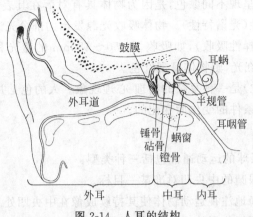

图 2-14 人耳的结构

听声不但取决于声音的频率,而且取决于声音的强度。若以声强(W/m^2)描述声音的强度,则一个听力正常的人刚刚能听见的、对应于给定频率的纯音的最低声强,称为相应频率下的"听阈值";对应于感受给定频率的纯音,刚刚开始产生疼痛感的极限声强,称为相应频率下的"痛阈值";由听阈与痛阈两条曲线所包围的区域,称为"听觉区"(阴影线部分)。由人耳的感音机构所决定的这个"听觉区"中包括了标有"音乐"与"语言"标志的两个子区域。根据各个频率与其对应的最低声强和极限声强,绘制出的标准的听阈曲线和痛阈曲线,如图 2-16 所示,可以看出:

(1) 800~1500Hz 频率范围内,听阈无明显变化;

(2) 低于 800Hz 时,可听响度随着频率的降低而明显减小;

(3) 在 3000~4000Hz 达到最大的听觉灵敏度,若以 1000Hz 时测得的听觉灵敏度作为"标准灵敏度",则在该频率范围内,听觉灵敏度可高达标准值的 10 倍;

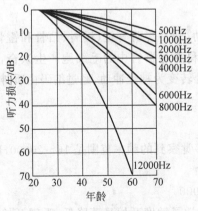

图 2-15 听力损失曲线

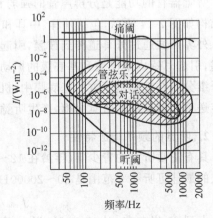

图 2-16 听阈、痛阈与听觉区域

(4) 超过 6000Hz 时,听觉灵敏度再次下降,大约在 17000Hz 时,听觉灵敏度降至标准值的 1/10;

(5) 除 2000~5000Hz 有一段谷值外,开始感到疼痛的极限声强几乎与频率无关;

(6) 在 1000Hz 时的平均听阈值 I_0 值为 10~12W/m²,痛阈 I_{max} 约为 10W/m²,由此可以得出人耳能够处理的声强比为

$$I_0/I_{max} = 1/1013$$

这种阈值虽然是一种"天赋",却非常接近于适合人类交换信息的有用极限。

3. 对声音高低强弱的辨别能力

人耳对频率的感觉很灵敏,表现为辨别音调高低的能力。这是由于不同频率的声波使不同长度的基底膜纤维产生共振,而不同长度的基底膜纤维上的听觉细胞产生的兴奋,将沿不同的神经纤维传送到大脑皮层的不同部位,因而能产生高低不同的音调感觉。

人耳对声强的辨别能力同人的主观感觉的音响成对数关系,即当声强增加 10 倍时,主观感觉的音响只增加 1 倍;声强增加 100 倍时,主观感觉的音响只增加 2 倍,等等。

4. 对声源方向和距离的辨别能力

人耳的听觉,绝大部分涉及所谓"双耳效应",或称"立体声效应",是正常的双耳听觉具有的特性。

人听到声响时,根据声音到达两耳的时间先后和强度差别来判定声源的方向。根据声音响度差别辨别高声,根据声音到达先后之差来判定低声。

判定声源的距离,主要靠人的主观经验来估计。

由于头部的障碍作用,造成声音频谱的改变。靠近声源的那只耳朵几乎接收到形成完整声音的各频率成分;离声源较远的那只耳朵接收到的却是被"畸变"了的声音,特别是中频与高频部分或多或少地受到衰减。这也是人的双耳能辨别声源方向的机理之一。

5. 听觉的掩蔽效应

一个声音被另一个声音所掩盖的现象,称为掩蔽。一个声音的听阈因另一个声音的掩蔽作用而提高的效应,称为掩蔽效应。

在设计听觉传递装置时,应当根据实际需要,有时要对掩蔽效应的影响加以利用,有时则要加以避免或克服。

听觉掩蔽效应具有如下特性:

(1) 掩蔽声越强,掩蔽效果越大,被掩蔽声的听阈提高得越多。

(2) 掩蔽声对频率同自己的频率邻近的被掩蔽声之掩蔽效应最大。但与掩蔽声的频率十分相近的纯音,其振幅受到低频调制,声音响度增强,使掩蔽效应曲线出现"低谷",听阈值反而低于邻近频率;在掩蔽声很强的情况下,不仅在掩蔽声频率附近,且在其谐波频率附近也出现"低谷"现象。

(3) 低频掩蔽声对高频被掩蔽声的掩蔽效应较大,而高频掩蔽声对低频被掩蔽声的掩

蔽效应较小。

（4）掩蔽声越强，被掩蔽的频率范围越大。

由于人的听阈的复原需要经历一段时间，掩蔽声去掉以后，掩蔽效应并不立即消除，这个现象称为残余掩蔽或听觉残留，其量值可表示听觉疲劳。掩蔽声对人耳刺激的时间和强度直接影响人耳的疲劳持续时间和疲劳程度，刺激越长、越强，则疲劳越严重。听觉的掩蔽通常包括时域掩蔽和频域掩蔽，掩蔽的效应可以用于 MP3 音乐压缩制作、乐队的排列组合、音乐的编曲配器，以及耳鸣的治疗（耳鸣掩蔽助听器）等。

掩蔽现象在人的各种感知觉中普遍存在，除了听觉的掩蔽，视觉、味觉、嗅觉等均存在掩蔽现象。

2.3.4 皮肤感觉特性

人体皮肤内分布着多种感受器，能产生多种感觉。主要的感受器包括触觉感受器、温度感受器和痛觉感受器，分别产生触觉、温度觉和痛觉。

1. 触觉

触觉是微弱的机械刺激兴奋了皮肤浅层的触觉感受器而引起的，压觉是较强的机械刺激导致深部组织变形而引起的感觉，两者在性质上类似，故统称为触-压觉。

皮肤表面感受区的触点分布密度与该部位对触觉的敏感程度成比例。皮肤在接受 5~40 次/s 的机械刺激时，还会引起振动觉。

根据对触觉信息的性质和敏感程度的不同，分布在皮肤和皮下组织中的触觉感受器有游离神经末梢、触觉小体（图 2-17）、触盘、毛发神经末梢（图 2-18）、梭状小体等。

图 2-17 触觉小体微观

图 2-18 毛发神经末梢结构

不同的触觉感受器决定了对触觉刺激的敏感性和适应出现的速度。

对触觉感受器的适宜刺激是皮肤位移（变形）的梯度和接触界面皮肤变形的曲率，由皮肤变形引起感受器和神经末梢的变形，从而产生触觉。

对皮肤施加适当的机械刺激，在皮肤表面下的组织将产生位移，在理想情况下，小到 0.001mm 的位移就足够引起触觉。皮肤的不同区域对触觉的敏感性差别相当大，差别主要取决于皮肤的厚度和神经分布状况。用毛发触觉计测定身体不同部位对刺激的触觉感受性和触觉阈限,结果表明,身体不同部位的触觉绝对感受性,从高到低依次为:鼻部、上唇、前额、腹部、肩部、小指、无名指、上臂、中指、前臂、拇指、胸部、食指、大腿、手掌、小腿、脚底、足趾。身体两侧的触觉感受性没有显著差别;女性的触觉感受性略高于男性。Van Frey 对皮肤触压觉刺激阈限的实验结果见表 2-3。

表 2-3 皮肤触压觉刺激阈限

身体部位	舌尖	指尖	指背	前臂腹侧	前臂背侧	手背	小腿	腹部	腰部	足掌后部
刺激阈限	2	3	5	8	36	12	16	26	48	250

触觉感受器引起的感觉是非常准确的,触觉的生理意义是能辨别物体的大小、形状、硬度、光滑程度以及表面机理等机械性质的触感。

人机系统的操纵装置设计中,可利用人的触觉特性,设计具有各种不同触感的操纵装置,使操作者能够靠触觉准确地控制各种不同功能的操纵装置。触觉不但能够感知物体的长度、大小、形状等特征,还能够区分出刺激作用于身体的部位,这项功能称为触觉定位。

实验结果表明,身体不同部位的触觉定位准确性是不一样的。头部、面部和手指的触觉定位准确性较高,躯干和肢体的触觉定位准确性较低。刺激指尖和舌尖,能非常准确地定位,其平均误差仅 1mm 左右。而在身体的其他部位,如上臂、腰部和背部,对刺激点定位的准确性就比较差,其平均误差几乎达到 10mm 左右。一般来说,身体有精细肌肉控制的区域,其触觉比较敏锐。视觉参与的程度对触觉定位的准确性有很大的影响,视觉参与越多,触觉定位就越准确。若允许被试者看着进行定位,则触觉定位最准确。

触觉编码通常包含如下几种类型:

1) 大小编码

辨别物体的大小是触觉的重要空间识别功能,包括通过触觉辨别物体的长度、面积、体积等。其中,长度辨别是最基本的因素,通常,触觉感知较大的长度要比感知较小的长度更精确些。当用手指触摸物体表面感知其长度时,手的运动方向不同,对长度的感知结果将会有所不同,沿垂直方向运动时,对物体的长度往往容易高估。

2) 形状编码

图 2-19 所示的 11 种形状的手柄是经过实验优选出来的,能通过触觉准确辨认而不会发生混淆,甚至用戴手套的手把握 1s 就可以识别。

为了提高辨认的准确率,还可以采用形状加大小的复合编码方式,或者附加适当的符号、字母、数字、颜色等辅助识别。

3) 位置编码

人对空间相对位置的记忆,是以人的躯干作为参照系,通过手或脚的主动触觉,将所获

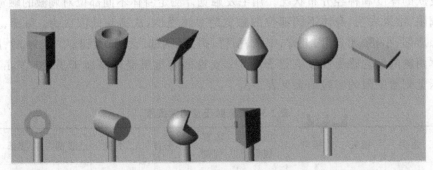

图 2-19　触觉容易辨认的手柄形状

信息输入大脑,经大脑综合分析后形成的。若对许多形状、大小相同或相近的操纵器(例如按钮)单独采用触觉位置编码方式进行布置,则相邻操纵器之间必须保持某一最适宜的距离,才能得到最高的辨认准确率。若采用视觉与触觉复合编码,则相邻按钮间的距离要小得多。

人的触觉特性的应用,关键问题在于如何选择合适的形状或压力作为触觉的适宜刺激,与此相关的一些实际应用中的技术要领,也需严格掌握。根据许多学者的研究成果,对触觉特性的应用,需要考虑操纵器的形状与轮廓、启动压力、触觉的刺激信号、物体的尺寸形状和外廓、相邻操纵器的布置和距离、控制面板的位置等。

2. 温度觉

人体的温度觉对于保持体内温度的稳定与维持正常的生理过程是非常重要的。温度觉分为冷觉和热觉两种,是由两种不同范围的温度感受器引起的,冷感受器在皮肤温度低于30℃时开始发放冲动,热感受器在皮肤温度高于30℃时开始发放冲动,到47℃时为最高。温度感受器分布在皮肤的不同部位,形成所谓冷点和热点。每 1cm^2 皮肤内,冷点有 6～23 个,热点有 3 个,温度觉的强弱取决于温度刺激强度和被刺激部位的大小。在冷刺激或热刺激不断作用下,温度觉也会产生适应。

3. 痛觉

体表受到的各种剧烈性的刺激,不论是冷、热、压力等,都可能对皮肤引起痛觉。人体各个组织的器官内,都有一些特殊的游离神经末梢,在一定刺激强度下,就会产生兴奋而出现痛觉。神经末梢在皮肤中分布的部位,称为痛点。每平方厘米皮肤表面约有 100 个痛点,整个皮肤表面,痛点的数目可达 100 万个。痛觉的中枢部分位于大脑皮层。人体不同部位的痛觉敏感度不同,皮肤和外黏膜有高度痛觉敏感性,角膜的中央具有人体最痛的痛觉敏感性。痛觉有很大的生物学意义,因为痛觉的产生,将使机体产生一系列保护性反应来回避刺激物,动员人的机体进行防卫或改变本身的活动来适应新的情况,防止受到伤害或产生病变,如与生俱来的缩手反射。

2.3.5 生物力学特性

1. 人体运动系统

人体运动系统由骨、骨连接和骨骼肌三部分构成。骨是人体运动的杠杆,骨连接是支点,骨骼肌是动力。

2. 人体的关节

1) 关节的分类

人体关节包括单轴关节、双轴关节、多轴关节、联合关节。

关节的灵活性以其关节面的形态为主要依据。首先取决于关节的运动轴,轴越多,可能进行的运动形式越多;其次取决于关节面的差,面差越大,活动范围越大。

2) 关节的运动

(1) 角度运动 邻近的两骨间产生角度改变的相对转动。通常有屈、伸和收、展两种运动形态。

(2) 旋转运动 骨绕垂直轴的运动,称为旋转运动。由前向内的旋转称为旋内,由前向外的旋转称为旋外。

环转运动 整根骨绕通过上端点并与骨呈一角度的轴线的旋转运动,称为环转运动,运动的结果形成一个圆锥体。

3) 关节的活动范围

骨与骨之间除了通过关节相连外,还由肌肉和韧带连接在一起。韧带除了有连接两骨、增加关节稳固性的作用以外,还有限制关节运动的作用。

人体各关节的活动有一定的限度,超过限度,将会造成损伤。人体处于各种舒适姿势时,关节必然处在一定的舒适调节范围之内。关节的活动范围受到关节本身的特点、关节之间的运动叠加和关系协调,以及人的年龄及体态、灵活性等身体状况的影响。有多个关节的一串骨骼中,若干角度相叠加会产生更大的总活动范围(例如低头、弯腰)。

3. 人体的出力

人体的出力来源于肌肉的收缩,肌肉收缩时所产生的力,称为肌力。

肌力的大小取决于单个肌纤维的收缩力、肌肉中肌纤维的数量与体积、肌肉收缩前的初长度、中枢神经系统的机能状态、肌肉对发生作用的机械条件等生理因素。研究表明,一条肌纤维能产生 100~200mg 的力量,因而有些肌肉群产生的肌力可达上千牛顿。表 2-4 所列为我国中等体力的 20~30 岁青年男、女工作时,身体主要部位的肌肉所产生的力。

一般地,女性的肌力比男性低 20%~35%;右手的肌力比左手约强 10%;而习惯左手的人(左利者),其左手肌力比右手强 6%~7%。

在生产劳动中,为了达到操作效果,操作者身体有关部位(手、脚及躯干等)所产生的一定量的力,称为操纵力。

表 2-4 人体所能发挥的操纵力（我国 20～30 岁）

肌肉的部位		力/N		肌肉的部位		力/N	
		男	女			男	女
手臂肌肉	左	370	200	手臂伸直时的肌肉	左	210	170
	右	390	220		右	230	180
肱二头肌	左	280	130	拇指肌肉	左	100	80
	右	290	130		右	120	90
手臂弯曲时的肌肉	左	280	200	背部肌肉（屈伸躯干）		1220	710
	右	290	210				

人的操纵力有一定的数值范围，是设计机械设备的操纵系统所必需的基础数据。人体所能发挥的操纵力的大小，除了取决于上述人体肌肉的生理特性外，还取决于人的操作姿势、施力部位、施力方向、施力方式以及施力的持续时间等因素。只有在一定的综合条件下的肌肉出力的能力和限度，才是操纵力设计的依据。

1) 坐姿时手臂的操纵力

坐姿时手臂的操纵力，右手大于左手，向下用力大于向上用力，向内侧用力大于向外侧用力。

2) 立姿时手臂的操纵力

图 2-20 为直立姿势手臂伸直操作时，在不同方向、角度位置上拉力和推力的分布情况。手臂在肩下方 180°位置上产生最大拉力，在肩上方 0°位置产生最大推力。因此，推拉形式的操纵装置应尽量安装在上述能产生最大推、拉力的位置上。

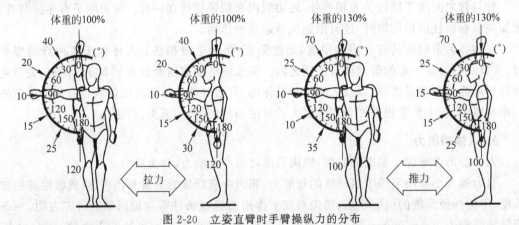

图 2-20 立姿直臂时手臂操纵力的分布

图 2-21 为直立姿势手臂弯曲操作时，在不同方向、角度位置上的力量分布情况。前臂在自垂直朝上位置绕肘关节向下方转动大约 70°位置上产生最大操纵力，这正是许多操纵装置（例如车辆的转向盘）安装在人体正前上方的根据所在。

3) 手的握力

一般青年人右手平均瞬时最大握力为 556N(330～755N)，左手平均瞬时最大握力为

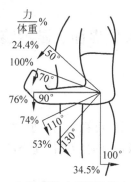

图 2-21 立姿直臂时手臂操纵力的分布

421N。右手能保持1min的握力平均为275N，左手为244N。握力大小还与手的姿势有关：手掌向上时的握力最大，手掌朝向侧面时次之，手掌向下时的握力最小。

4）坐姿时的足蹬力

图 2-22 中的外围曲线表示足蹬力的界限，箭头表示施力方向。最大足蹬力通常在膝部弯曲 160°位置上产生。

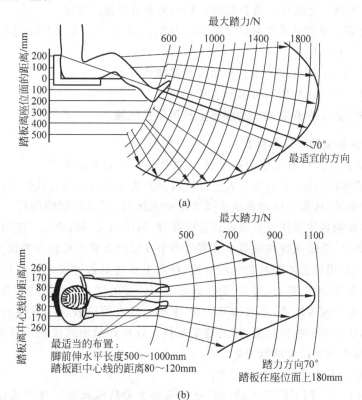

图 2-22 坐姿不同体位下的足蹬力分布

2.4 人机界面：显示装置设计

2.4.1 显示装置

1. 显示方式的类型

人机系统中,显示装置的功能通过可视化的数值、文字、曲线、符号、标志、图形、图像、可听的声波及其他人体可感知的刺激信号向"人"传递"机"的各种运行信息。

1) 按信息传递的通道分类

有视觉传递、听觉传递、触觉传递三种方式。其中视觉传递是最主要的方式。

2) 按显示参数分类

通过显示装置向操作人员传递机器的工作条件、工作状态、系统的输入和输出参数信息。根据所显示的参数性质的不同,系统的工作状态参数的显示方式又可分为下列三种:

(1) 定量显示:显示系统所处工作状态的参数值。

(2) 定性显示:显示系统的工作状态参数是否偏离正常位置,一般不要求显示参数值的大小,而只要求便于让操作人员观察清楚其偏离正常位置的程度。

(3) 警戒显示:显示系统所处的工作状态范围,通常显示正常、警戒、危险三种状况。

3) 按显示形式分类

(1) 模拟式显示:用刻度和指针指示有关参量或状态。

(2) 数字式显示:用数码直接显示有关参数。

(3) 屏幕式显示:在有限面积的屏幕上显示各类信息。

2. 视觉显示装置的功能和类型

视觉显示装置是人机系统中功能最强大、使用最广泛的显示装置。

视觉显示装置的功能,是向操作人员提供机器系统运行过程的有关信息,使操作人员及时、合理地进行操纵,从而使机器系统按预期的要求运行,完成预定的工作。对视觉显示装置的要求,最主要的是使操作人员观察认读既准确、迅速而又不易疲劳。应当根据具体的使用目的和使用条件,合理选择视觉显示装置的类型及提出人机工程设计的技术要求。

机动车辆上使用最普遍的视觉显示装置,目前主要还是各种仪表和信号灯。按仪表的功能,基本上可分为读数、检查、警戒、追踪和调节用。有的仪表综合了几种功能,如车速表,包含读数、检查和警戒等功能,要求认读迅速、准确。检查用仪表指示各种参数和状态是否偏离正常位置,要求突出指针位置,使之清晰醒目。以指针运动式仪表为最优,操作者一眼便可看出指针偏离正常位置的情况。

按仪表的显示方式可分为下列三类:

(1) 指针式仪表:用不同形式的指针来指示有关参数或状态。具体式样、形状和结构的差别很大。机动车辆上用得最多的是指针运动型的仪表。

(2) 数字式仪表：常用的有条带式数字仪表（如机械式里程表）、液晶显示和数码管显示。

(3) 图形式仪表：用图形来形象化地显示机器系统的运行状态,需要按照规范标准设计。

3. 视觉显示装置设计的人机工程学问题

可概括为下列三个方面：

(1) 确定操作人员与显示装置之间的观察距离。

(2) 根据操作人员所处的位置,确定显示装置的最优布置区域。

(3) 选择有利于传递和显示信息、易于准确快速认读的显示器形式及其相关的匹配条件(如颜色、照明条件等)。

2.4.2 仪表板设计

1. 仪表板的空间位置

仪表板离人眼的距离最好是 710mm 左右,其高度最好与眼平齐,板面上边缘的视线与水平视线的夹角不大于 10°,下边缘的视线与水平视线的夹角不大于 45°。

仪表板应与操作者的视线成直角,至少不应小于 60°,当人在正常坐姿下操作时,头部一般略自然前倾,所以布置仪表板时应使板面相应倾斜,如图 2-23 所示。通常,仪表板与地面的夹角为 60°～75°。一般的仪表板都应布置在操作者的正前方。

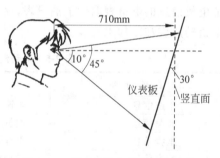

图 2-23　仪表板的空间位置与视线

2. 仪表的分区布置

根据视觉运动规律,仪表板面一般应呈左右方向为长边的长方形形状,板面上的仪表排列顺序最好与它们的认读顺序一致。相互联系越多的仪表应布置得越靠近,仪表的排列顺序还应考虑它们彼此间逻辑上的联系。最常用、最主要的仪表应尽可能安排在视野中心 ±3°范围内,这是人的最优视区。一般性仪表允许安排在 20°～40°视野范围内。40°～60°视野范围只允许安排次要的仪表。各仪表刻度的标数系统应尽可能一致。仪表的设计和排列还需照顾到它们与操纵装置之间的相互协调关系。当仪表很多时,应按照它们的功能分区排列,区与区之间应有明显的差异。各区之间可用不同颜色的背景；也可用明显的分界线或图案加以区分。性质重要的仪表区,在仪表板上要有引人注目的背景。在仪表板上划出各分区仪表之间功能上的关系,也有助于认读。

3. 仪表的照明

1) 照度设计

一般来说,周围环境的光照度与仪表照明区的光照度相近时,观察效率较高。周围环境的光照度不宜大于或小于仪表照明区光照度的10倍。夜间行驶的车辆,为了保证对车外环境观察的视觉效率,仪表照明的光照度应在能看清指示的前提下尽可能低。

2) 照明方式

(1) 外照明用灯光照射仪表板。

(2) 透射光光线由仪表内部照射,透过仪表面而形成发光的仪表面或发亮的刻度。

(3) 仪表壳内侧照射用小灯泡,从仪表壳的内侧、仪表面的上方和侧面照射仪表面。

(4) 仪表刻度线和指针使用荧光涂料,能产生不影响夜间视力的荧光。

(5) 蚀刻式刻度的侧面光照用灯光从玻璃仪表面的侧面照射,光线在蚀刻的刻度线上产生折射和反射,使仪表面上的刻度表现为发光似的记号,而仪表的其他部分则很暗。

3) 照明颜色

最接近日光的光线,视觉效率最高。红光是一种对暗适应影响极小的光照,但它也有一些缺点。近年来又明显地倾向于使用弱的白色光。

4. 电动汽车仪表板

电动汽车的仪表盘与传统的燃油汽车有较大的区别,见表2-5。传统燃油汽车上的发动机转速表、油量表、发动机冷却水温表等仪表都不再出现,在电动汽车的仪表盘上,反映电池电量信息的电量表取代了油量表,反映电机工作状况和温度的专用仪表取代了传统的发动机转速表和冷却水温表。

表2-5 电动汽车与传统汽车仪表板信息对比

信息分类	传统汽车	电动汽车
车速信息	车速表	车速表
能源信息	油量表	电量表
里程信息	里程表	里程表
动力信息	发动机转速表、水温表	电机工况
能源转化信息	无	能量回收利用曲线

有关电动汽车仪表的研究方向,目前的研究重点在信息的显示技术和收集技术层面。比如,在显示技术层面,电动汽车的仪表更多应用液晶屏和触摸显示屏实现的虚拟仪表取代了传统的机械式仪表。在信息的收集技术方面,研究的主要方向在于如何能够更加准确地收集电动汽车的电机工况和电池电量等信息。而对于如何设计才能使得电动汽车仪表盘、中控台上的人机交互界面,更好地为驾驶员提供所需信息这一角度,还较少有研究涉及。包括仪表盘应该如何重新布局、信息如何呈现才能更好地满足电动汽车驾驶员的心理需求和感受、保障驾驶安全,电动汽车驾驶员在驾驶过程中通过什么方式操纵中控台才最安全有效等问题还亟待解决。互联网信息的介入又为仪表的人机交互增加了新的内容和复杂度。

根据电动汽车信息的重要性和驾驶员的关注程度,结合人的视野特点,对电动汽车的仪表板进行布置。其中特别关注信息应分布于驾驶员的最优视野范围内(视角±5°),而一般信息可以分列在驾驶员的一般观察视野范围内。

2.4.3 听觉信息传递装置设计

听觉信息传递具有反应快、方向任意和交流方便的特点,应用场合包括信号简单简短、迅速传递、不利视觉等。传递装置的类型包括两种:

1. 音响报警装置

包括铃、蜂鸣器、枪声、汽笛、哨音等,设计时应考虑:频率选择在噪声掩蔽效应最小的范围;断续信号、变频、结合信号灯更能引起注意;传送距离远时采用低频、高强度的声波;小范围内使用时避免相互干扰,分清主次。

2. 言语传递装置

包括广播、电视、电话、报话机等,设计时应考虑的要点是:言语的清晰度、强度、噪声环境中的通信等,其优点为:内容多、表达准确、表达力强、传输效率高、符合人的习惯。常用听觉传递装置声强范围如表 2-6 所示。

表 2-6 不同听觉传递装置的声强范围

装 置 名 称	声强范围/dB	装 置 名 称	声强范围/dB
蜂鸣器	50~70	汽笛	100~110
铃	65~90	语言	60~80
喇叭	90~100		

2.5 人机界面:操纵装置设计

2.5.1 操纵装置

在人机系统中,操纵装置是指通过人的操作(直接或间接)来让机器启动、停止或改变运行状态的各种元件、机构以及它们的组合等环节。其基本功能是把操作者的响应输出转换成机器设备的输入信息,进而控制机器设备的运行状态。

1. 操纵装置的类型

常用的操纵装置的形态如图 2-24 所示。

按人体操作部位的不同,分为手控操纵装置和脚控操纵装置两大类。

按运动方式,手控操纵装置又分为三类:

(1) 旋转式操纵器:有手轮、旋钮、摇柄等,可用来改变机器的工作状态,实行调节或追踪操纵,也可用来将机器的工作状态保持在规定的运行参数上。如汽车的转向盘等。

(2) 移动式操纵器:有操纵杆、手柄、扳钮开关等,可用来把机器从一个工作状态转换

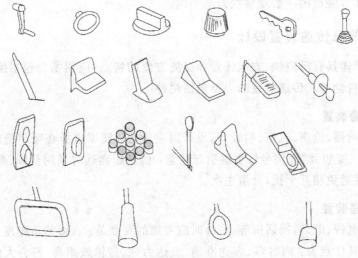

图 2-24 常用的操纵装置形态

到另一个工作状态,或作紧急停车操纵之用。如汽车的换挡杆、驻车制动操纵杆等。

(3) 按压式操纵器:主要是各式各样的按钮、按键,其特点是占据面积小、排列紧凑。但它们一般只有两个工作位置:接通、断开,故常用于机器的开动、制动、停车等操纵上。随着微型计算机控制技术的发展,按键式操纵器(鼠标、键盘等)的应用越来越广泛;当前,以手机触屏为代表的虚拟触屏式手动操作,可以通过手指在屏幕上的轻触、按压、滑动、旋转等方式来实现不同的功能,成为流行的操作模式。

按操纵器实现的功能不同,可分为以下四类:

(1) 开关式操纵器:用于实现开关、接合或分离、接通或切断等功能,如按钮、开关等。

(2) 转换式操纵器:用于把系统从一个工况转换到另一个工况,如选择开关、旋钮等。

(3) 调节式操纵器:用于使系统的工作参数稳定地改变,如手柄、旋钮、踏板等。

(4) 紧急停车操纵器:要求在最短时间内产生效果,启动必须十分灵敏。

2. 操纵装置的选择

根据操纵器的功能特点和使用条件(如使用要求、空间位置、环境因素等)初步选择工作效率较高的几种形式,然后考虑经济因素进行筛选确定。典型操纵器的主要特点列举如下。

(1) 曲柄适用于费力、移动幅度大而精度要求不高的调节;

(2) 手轮适用于细微调节和平稳调节;

(3) 旋钮适用于用力较小且变化细微的连续调节或三种状态以上的分级调节;

(4) 按钮只允许有两个工位;

(5) 按键只允许有两个工位。

脚踏板适用于动作简单、快速、用力大的连续调节,通常在坐姿条件下使用,能较长时间保持在调节位置上,用于两个或几个工位的无级调节。

2.5.2 操纵装置设计

操纵装置的设计,应使操作者能在一定作业周期内,安全、准确、迅速、舒适、方便地持续操纵而不至产生早期疲劳。为此,设计时必须充分考虑人体的体形、尺度、生理特点、运动和心理特性以及人的体力和能力的限度,才能使所设计的操纵装置达到高度宜人化。

操纵装置设计中需要考虑的人机工程问题主要包括操纵器的形状、大小、安装位置、操纵力、操纵位移、运动方向、显示-操纵比、操纵器编码。

1. 一般原则

(1) 操纵器要适应于人的生理特点,便于大多数人使用操作。如操纵器的操纵力、操纵速度等,都应按操作人员的中、下限能力进行设计(表 2-7,表 2-8)。

表 2-7 常用操纵器所允许的最大用力

转动型操纵器的操作特征	最大用力/N	转动型操纵器的操作特征	最大用力/N
用手操作的操纵器	<10	用手以最高速度转动的操纵器	9~23
用手和前臂操作的操纵器	23~40	要求精度高的操纵器	23~25
用手和臂操作的操纵器	80~100		

表 2-8 平稳转动各种不同操纵器所需要的最大用力

操纵器形式	允许的最大用力/N	操纵器形式	允许的最大用力/N
轻型按钮	5	重型转换开关	20
重型按钮	30	前后动作的杠杆	150
脚踏按钮	20~90	左右动作的开关	130
转向盘	150	手轮	150
轻型转换开关	4.5		

(2) 操纵器的运动方向要同机器的运行状态相协调。

(3) 操纵器要容易辨认。无论数量多少、排列布置及操作顺序如何,都要求每个操纵器均能明确地被操作者辨认出来。

(4) 尽量利用自然的操纵动作或借助操作者身体部位的重力进行操纵。对重复或连续的操纵动作,要使身体用力均匀而不要只集中于某一部位用力,以减轻疲劳和单调厌倦的感觉。

(5) 在条件许可的情况下,尽量设计多功能的操纵器。

操纵器的造型设计,要求尺寸大小适当、形状美观大方、式样新颖、结构简单,并且给操作者以舒适的感觉。

2. 操纵器的形式

操纵器的形状同它的功能之间最好有逻辑上的联系,以利于辨认和记忆。操纵器的式样应便于使用,有利于操作者用力。

3. 操纵器的大小

操纵器的大小应适合于人的手或脚进行操作。

操纵器的尺寸应符合 GB/T 10000—88 中有关操作者动作肢体的人体测量学指标。常用操纵器的尺寸范围及优先选用规范,可查阅 GB/T 14775—93《操纵器一般人类工效学要求》中的 5.2 节及相应的图、表数据。

操纵器的适宜大小同它的使用目的和使用方法有着密切的关系。操纵杆的直径不能太小,以免操作时引起肌肉紧张而容易疲劳。

4. 操纵器的布置

(1) 操纵器的排列应适合人的操作习惯,按照合理的操作顺序和逻辑关系进行安排。

(2) 操纵器应优先布置在人的手或脚活动最灵敏、辨别力最好、反应最快、用力最强的空间范围和合适的方位上。当这些空间范围不够用时,则按操纵器的重要性和使用频率依次布置在较好或次要的位置上。

(3) 联系较多的操纵器应尽可能安排在邻近位置,并同操纵器的编码相适应。

(4) 当操纵器很多时,应按照它们的功能分区布置,各区之间用不同的位置、颜色、图案或形状进行区分。

(5) 同一台机器的操纵器,其操作运动方向要一致。

(6) 操纵器应尽可能布置在人的视野范围内,借助视觉进行识别。

(7) 紧急操作用的操纵器必须与其他操纵器分开布置,安排在最显眼而又最方便操作的位置,以确保操纵准确及时。

(8) 操纵器与显示器配合使用时,两者之间应有优良的协调性。

(9) 操纵器的总体布置要力求简洁、明确、易操作及造型美观。

(10) 操纵装置的空间位置和分布应尽可能做到在盲目定位时有较高的操纵工效。

为了避免误操作,在同一平面相邻且相互平行布置的操纵器必须保持一定的、不产生干涉的内侧间隔距离。

5. 操纵力和操纵位移

1) 操纵阻力

操纵装置的操纵阻力主要由摩擦阻力、弹性阻力、黏滞阻力、惯性阻力等部分构成。摩擦阻力的特性是运动开始时阻力最大(即静摩擦力),运动发生后阻力显著减小。静摩擦阻力可用以减少操纵器的偶发启动,但控制准确度低,不能提供操纵运动的反馈信息。弹性阻力的大小与操纵器的位移量成正比,可作为有用的反馈源。弹性阻力的控制准确度高,放手时,操纵器可自动返回零位,故特别适用于瞬时触发或紧急停车等操作,也可用以减少操纵器的偶发启动。

黏滞阻力的大小与操纵器的运动速度成正比。黏滞阻力的控制准确度高,运动速度均匀,有助于实现平稳的控制,可用以防止操纵器的偶发启动。

惯性阻力的大小与操纵器的运动加速度成正比,有助于实现平稳的控制,可用以防止操纵器的偶发启动。但惯性可阻止操纵运动的速度和方向的快速变化,易引起操纵器的调节过度和操作者的疲劳。

适宜操纵阻力的选定与操纵装置的功能及其操纵方式密切相关。只要求操纵速度而不要求操纵精确度的场合,操纵阻力应越小越好。而对于要求较高控制准确度的场合,则必须使操纵装置具有一定的操纵阻力。

2) 最大操纵力

最大操纵力既取决于操纵器的工作要求,又受限于操作者在一定姿势下能产生的最大出力。常用操纵器的操纵力要求可查阅 GB/T 14775—93《操纵器一般人类工效学要求》中的数据。

3) 最优操纵力

最优操纵力的大小同操纵器的性质和操作方式密切相关。一般推荐最优操纵力的范围为:手操纵 5～20N;手指操纵 2～5N;脚操纵 45～90N;脚尖操纵 20～45N。

最优(或最适宜)操纵力的选定应兼顾能量消耗、操纵精确度、操纵速度及获取操纵量的反馈信息四方面的要求,谋求最高的操纵工效。从能量利用的角度考虑,在不同的用力条件下,以使用最大肌力的 1/2 和最大收缩速度的 1/4 操作,能量利用率最高,人较长时间工作也不会感到疲劳。

影响最优操纵力的主要因素:

(1) 操纵器的结构形式及其位置

脚控操纵器的最优操纵力大于手控操纵器。变速杆的最优操纵力在 20～140N 范围内;直径 200mm 手轮的最优操纵力不大于 100N;手柄的最优操纵力不大于 80N。

(2) 人体的姿势

对于坐姿与立姿、手或脚的位置和用力方向、左与右等不同情况,最优操纵力的大小均有所不同。

(3) 操纵器的性质和使用要求

对于只求动作快而对操纵精确度要求不高的操纵器,其最优操纵力应当是越小越好。要求操纵精确度较高的操纵器,则必须要有一定的操纵力,以便取得操纵量的反馈信息。

(4) 静态施力操纵

有些操纵器的操作,要求人的施力部位始终保持在特定的位置,这类操作称为静态操纵。静态施力操纵的特点是肌肉的工作不变,主动肌与对抗肌协同收缩,使相应的关节固定在空间某一确定位置。由于肌肉持续紧张,时间长了,会出现抖动,负荷越大,越易抖动,肢体越外伸,越易抖动。这是静态疲劳的外表现象。静态施力时,肌肉供血受阻的程度与肌肉收缩产生的力成正比,当施力的大小达到最大肌力的 60% 时,血液输送几乎会中断,施力较小时,仍能保证部分血液循环。为使必要的静态施力能持续较长时间而不致疲劳,施力大小最好保持在人体最大肌力的15%～20%。

(5) 操纵器的用力梯度

由于希望从手或脚的用力大小取得操纵量大小的信息,所以操纵用力的大小应与操纵量的大小成一定比例关系,称为操纵器的用力梯度或用力级差。人的手或脚在分辨用力的大小时,必须在力的大小差别达到或超过一定数值的情况下才能分辨,差别太小就难以区别,这个可分辨的力的最小差值,称为"操纵用力的差别阈值"。在操纵器的动作量较小的情况下,用力级差的相对值宜取偏大;而在操纵器动作量较大的情况下,用力级差却不宜太大。

4) 操纵位移与操纵器的增益

操纵器的运动方向与其操纵功能之间的对应关系要符合常规的习惯定型,见表2-9。

表2-9 操纵器运动方向与其操纵功能之间的习惯对应关系

功能	运动方向	功能	运动方向
开通	向上,向前,向右,拉,提起,顺时针	关闭	向下,向后,向左,推,按下,逆时针
增加	向前,向上,向右,顺时针	减少	向后,向下,向左,逆时针
向左	向左,逆时针(左旋)	向右	向右,顺时针(右旋)
前进	向上,向右,向前	后退	向下,向左,向后
向上升	向上,向后	向下降	向下,向前
开车	向上,向右,向前,顺时针	刹车	向下,向左,向后,逆时针

操纵器位移参数的设计,主要是确定操纵器的适宜增益。操纵器的增益,也即系统的放大倍数。

在人机系统中有两种具体的含义:

(1) 显示-操纵比:显示器的指示量与操纵器的操纵量之间的比值;

(2) 响应-操纵比:机器系统的实际变化量与操纵器的操纵量之间的比值。

显示-操纵比的数值越大,操纵器移动同样的距离时,所对应的显示器的指示量就越大。显示-操纵比相对较大的操纵器,适用于粗调或要求快速调节到预定位置的场合,调节操作过程时间较短,但不容易控制操纵的精确度。显示-操纵比相对较小的操纵器,适用于细调或要求操纵准确的场合,调节操作过程时间较长。适宜的显示-操纵比,随操纵响应的频率和操纵的时迟而变化,大部分情况下,人的操纵增益随输入信号频率(即要求做出反应的频率)的增高而线性减小。为了弥补人的操纵响应的这一特点,在需要频繁进行操纵调节的情况下,应适当增大操纵器的增益。增益的设计对系统的安全性和舒适性都有影响。

6. 操纵器的编码

将操纵器进行合理编码,使每个操纵器都有自己的特征,以便于操作者确认不误,是减少操作差错的有效措施之一。编码的方法一般是利用形状、大小、位置、颜色或标志等不同特征对操纵器加以区别。

(1) 形状编码：是一种容易被人的视觉和触觉辨认的、效果较好的编码方法。形状编码要注意尽可能使各种形状的设计反映操纵器的功能要求，使人能看出此种形状的操纵器的用途；还要尽可能考虑到操作者戴手套也能分辨形状和方便操作。

(2) 大小编码：若想仅凭触觉就能正确辨认出不同尺寸的操纵器，则相互之间的尺寸差别必须足够大（如圆形旋钮的尺寸必须相差 20% 以上）。对于旋钮、按钮、扳动开关等小型操纵器，通常只能划分大、中、小三种尺寸等级。因此，大小编码方式的使用效果不如形状编码有效，使用范围也有限。

(3) 位置编码：操纵器的安装位置也常被用来起编码作用。例如，汽车上的离合器踏板、制动器踏板和加速踏板，就是以位置编码相互区分的。相邻操纵器间应有一定的间距以利于辨别，此间距一般不宜小于 125mm。

(4) 颜色编码：操纵器的颜色编码，一般不单独使用，而要与形状或大小编码合并使用。颜色只能靠视觉辨认，而且只有在较好的照明条件下才能看清楚，所以它的使用范围也就受到限制。用于操纵器编码的颜色，一般只使用红、橙、黄、蓝、绿五种颜色，防止发生混淆。操纵器的功能与其颜色之间有一定的匹配关系。停止、断开功能的操纵器宜用红色；启动、通电功能的操纵器宜用绿色、白色、灰色或黑色；起、停两用功能的操纵器忌用绿色和红色。

(5) 标志编码：在操纵器上面或旁边，用文字或符号做出标志以标明其功能。标志编码要求有一定的空间和较好的照明条件。标志本身应当简单明了，易于理解。文字和数字必须采用清晰的字体。

7. 操纵器与显示器的协调关系

操纵器与显示器之间应协调设计，主要包括空间关系的协调性、运动关系的协调性、概念关系的协调性。

1) 空间关系的协调性

要求操纵器与显示器在空间位置上有良好的对应关系。

2) 运动关系的协调性

显示器指针或光点的运动方向与操纵器的运动方向应当互相协调。

(1) 直线运动显示器与直线运动操纵器在相同平面内运动，其相互关系服从一致性准则。

(2) 直线运动显示器与旋转运动操纵器在相同平面内运动，其相互关系的准则是：显示器指针的运动方向应当同旋钮上最靠近显示器的点的运动方向一致。

(3) 旋转运动显示器与旋转运动操纵器在相同平面内运动，显示器指针与旋钮的运动方向应当一致，均以顺时针方向旋转为增加，逆时针方向旋转为减少。

(4) 直线运动显示器与旋转运动操纵器在不同平面内运动，原则上操纵器的旋转方向与显示器指针的移动方向之间的关系应当服从右手螺旋运动的规则。

3) 概念关系的协调性

针对文字、符号、数字、灯光、图像、颜色等抽象信息，应使显示的信息与操纵器的动作之间在逻辑、概念上互相协调,符合人的观念、知识和习惯。例如,机器设备上使用的旋钮,人们一般都习惯于顺时针转动表示数值增大,逆时针转动表示数值减小,倘若相反,就很容易产生误操作。

此外,操纵器的操作方向与受控对象物的运动方向应当协调一致,而且要达到控制效果协调一致。

2.5.3 典型车辆操纵装置设计

1. 转向盘的设计

1) 回转直径

手轮的直径通常根据用途来选定,一般为 80～520mm。机床上用的小手轮直径为 60～100mm;汽车、拖拉机、工程机械转向盘的直径为 330～600mm;汽车的转向盘尺寸常用规格包括 350mm、380mm、400mm、425mm、450mm、475mm、500mm、550mm 等直径参数。手轮和曲柄上握把的直径为 20～50mm。手轮和曲柄在不同操作情况下的回转半径为:转动多圈 20～51mm,快速转动 28～32mm,调节指针到指定刻度 60～65mm,追踪调节用 51～76mm。

2) 操纵力

单手操作时的操纵力为 20～130N,双手操作时不得超过 250N。

3) 常见车辆产品的转向盘

目前转向盘的形状大致可分为三种:圆形、方形、异形。其中圆形转向盘是目前使用最为普遍的造型,因为圆形的转向盘驾驶人在进行操作时可保证动作的连续性,自然方便的操作模式使驾驶人对其有较高的接受度,如图 2-25 所示。

圆形转向盘A　　　　　　　　　　　　　圆形转向盘B

图 2-25　圆形转向盘

转向盘下缘为平直的形状,既可获得较好的腿部空间,同时方便驾驶人进出座椅。这种下缘平直的转向盘依然属于圆形转向盘,如图 2-25 所示。

很多概念车上出现了异形转向盘,甚至采用模拟飞机操作杆等其他方式来实现对行驶方向的控制。很多概念车的控制方式和体验感受与标准乘用车转向盘都有很大的不同,而考虑到汽车行业的法规政策与人们的驾驶习惯,在短时间内很难见到其在量产车上推广的可能性,如图 2-26 所示。

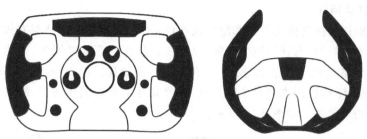

图 2-26　异形转向盘

2. 操纵杆设计

操纵杆的自由端装有手柄,另一端与机器的受控部件相连。操纵杆可设计成较大的杠杆比,用于阻力较大的操纵。操纵杆常用于一个或几个平面内的推、拉式摆动运动。由于受行程和扳动角度的限制,操纵杆不适宜大幅度地连续控制,也不适宜精细调节。

1) 形态和尺寸

操纵杆的粗细一般为 22～32mm,球形圆头直径为 32mm。若采用手柄,则直径不宜太小,否则会引起肌肉紧张,长时间操作容易产生痉挛和疲劳。常用操纵杆执握手柄的直径一般为 22～32mm,最小不得小于 7.5mm。操纵杆的长度与其操纵频率有关,操纵杆越长,动作频率应越低。当操纵杆长度为 30mm、40mm、60mm、100mm、140mm、240mm、580mm 时,对应的最高操纵频率应为 $26min^{-1}$、$27min^{-1}$、$27.5min^{-1}$、$25.5min^{-1}$、$23.5min^{-1}$、$18.5min^{-1}$、$14min^{-1}$。

2) 行程和扳动角度

应适应人的手臂特点,尽量做到只用手臂而不移动身躯就可完成操作。对于短操纵杆(150～250mm),行程为 150～200mm,左右转角不大于 45°,前后转角不大于 30°;对于长操纵杆(500～700mm),行程为 300～350mm,转角为 10°～15°。

通常操纵杆的动作角度为 30°～60°,不超过 90°。

3) 操纵力

最小为 30N,最大为 130N,使用频率高的操纵杆,操纵力最大不应超过 60N。例如,汽车变速杆的操纵力为 30～50N。

4) 操纵杆的位置

当操纵力较大、采用立姿操作时,操纵杆手柄的位置应与人的肩部等高或略低于肩部的高度;当采用坐姿操作时,操纵杆手柄的位置应与人的肘部等高。

5) 汽车换挡杆

(1) 手动换挡杆

"非"字式手动挡是目前大多数手动挡车型采用的换挡方式,根据不同车型,其倒挡布置位置可能会有所差别,但是大致结构保持一致。这种换挡方式简单明了,成本低,可靠性高。如图 2-27 所示。

(2) 传统自动挡杆

传统自动挡杆包括直排式挡位和阶梯式挡位,是普及率最高的换挡方式。直排式的优点是挡位简洁清晰易操作,挂挡较为流畅,但因在盲操作时容易挂错挡,因此在操作上直排式的挡位通常要搭配锁止按钮来进行挡位的切换;而阶梯式换挡槽呈现弯曲蛇形,换挡过程并非一步到位,不同挡位之间有位置差别,因此其并不存在锁止按键,缺点是换挡时的顺畅度较直排式相对欠缺。如图 2-28 所示。

图 2-27 手动换挡杆　　　　图 2-28 传统自动挡杆(直排式挡位和阶梯式挡位)

(3) 电子挡杆

电子挡杆式换挡保留了传统的换挡杆造型,但省去了机械连接,全部采用电子信号进行操作,因此占用空间较小,换挡灵活,降低了误操作的可能,同时增强了对变速箱的保护。如图 2-29 所示。

(4) 怀挡式

起源于美国的换挡方式,最大的优点是不会占用中控空间;缺点是由于占据了一侧控制杆的位置,导致另一侧的控制杆操作起来比较复杂,同时如果车辆发生碰撞时转向盘可能会发生塌陷,而这时换挡可能会失效。如图 2-30 所示。

 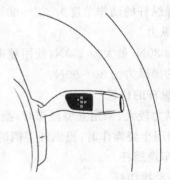

图 2-29 电子挡杆　　　　图 2-30 怀挡式挡杆

(5) 旋钮挡杆

采用旋钮换挡的车型越来越多,尤其受到新能源车型的青睐。这种换挡方式占用空间小、布局方便,且高档感十足。如图 2-31 所示。

其他换挡方式还有按键式换挡、拨片式换挡。

图 2-31 旋钮式挡杆

3. 脚踏板设计

1) 脚踏板的形式和操纵特点

脚踏板分直动式、摆动式和回转式(包括单曲柄式和双曲柄式)。常用手动挡汽车的三个脚踏板,加速踏板为直动式,以足跟为支点;汽车的制动踏板和离合踏板为脚悬空的踏板。

图 2-32(a)表示座位较高,小腿与地面夹角很大,脚的下蹬力不宜超过 90N;图 2-32(b)表示座位较低,小腿与地面夹角比图 2-32(a)小,脚的下蹬力不宜超过 180N;图 2-32(c)表示座位很低,小腿与地面夹角很小,脚的蹬力可达到 600N。

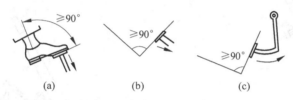

图 2-32 脚悬空形式的踏板

当操纵力较大时,脚踏板的安装高度应与座椅面等高或略低于座椅面。

2) 脚控操纵装置的适宜用力

脚控操纵装置在坐姿操作的情况下,当脚蹬用力小于 227N 时,腿的弯折角以 107°为宜;当脚蹬用力大于 227N 时,腿的弯折角以 130°为宜。用脚的前端进行操作时,脚踏板上的允许用力不宜超过 60N;用脚和腿同时进行操作时,脚踏板上的允许用力可达 1200N;对于快速动作的脚踏板,用力应减少到 20N。

在操纵过程中,操作者往往会将脚放在脚踏板上,为了防止脚踏板被无意接触而发生误操作,脚踏板应有一定的启动阻力,该启动阻力至少应当超过脚休息时脚踏板的承受力。

3) 脚踏板的推荐设计

脚控操纵装置的设计应以脚的使用部位、使用条件和用力大小为依据。具体还应考虑操作者工作鞋的特征。脚踏板多采用矩形或椭圆形平面板,脚踏钮多采用圆形或矩形。

脚控操纵装置的空间位置直接影响脚的施力和操纵效率。

对于蹬力要求较大的脚动操纵装置,其前后位置应设计在脚所能及的距离范围之内,左右位置应设计在人体中线两侧各 10°~15°范围内,应当使脚和腿在操作时形成一个施力单元。为此,大、小腿间的夹角应在 105°~135°范围内,以 120°为最优。这种姿势下,脚的蹬力可达 2250N，是轿车驾驶室脚踏板空间布置的推荐设计，如图 2-33 所示。

4）汽车油门踏板

汽车油门踏板主要分为悬吊式油门踏板、地板式油门踏板。

悬吊式油门的转轴以及支点位于支架顶端，结构非常简单，工作时驾驶员以脚后跟为中心，脚掌前后移动以控制油门深浅。占用的空间较小，适用于踏板区域空间小的紧凑车上。

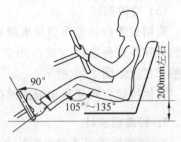

图 2-33　轿车驾驶室脚踏板的空间布置

地板式油门也叫风琴式油门，转轴位于踏板底部车辆的地板上。踏板从地板伸出，与地板形成一定的角度。地板式油门的踏板面积较大，同时阻尼比悬吊式大，所需力度也更大，所以比较适合坐姿较矮、踏板区域空间较大的车型。如图 2-34 所示。

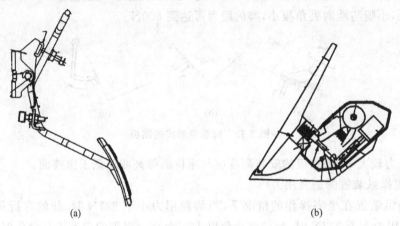

图 2-34　汽车油门踏板
(a) 悬吊式油门踏板；(b) 地板式油门踏板

悬吊式油门踏板往往用于 SUV 或是普通家用车上，而地板式油门踏板往往用于跑车或一些豪华轿车上。

2.6　人机系统的空间与环境设计

人机系统的空间与环境设计的基本目标是使人机系统以最有效、最合理的方式满足作业要求和人的需求，实现作业空间的安全、舒适、经济、合理。

2.6.1　作业空间范围设计

操作者坐姿或立姿作业时，手和脚在水平面和垂直面内所能触及的运动轨迹范围，称为作业范围。作业范围是构成作业空间的主要部分,它有平面作业范围和空间作业范围之分。当需要连续和较长时间操作、需要精确而细致操作、需要手足并用操作时,宜采用坐姿。

坐姿近身作业范围是指作业者在坐姿操作时,其四肢所及范围的静态尺寸和动态尺寸。近身作业范围的尺寸是作业空间设计与布置的主要依据。它主要受功能性臂长的约束,而臂长的功能尺寸又由作业方位及作业性质决定。近身作业范围还受衣着的影响。

坐姿作业通常在作业面以上进行,其作业范围为操作者在正常坐姿下,手和脚可伸及的一定范围的三维空间。随作业面高度、手偏离身体中线的距离及手举高度的不同,其舒适的作业范围也发生变化。

若以手处于身体中线处考虑,直臂作业区域由两个因素决定:肩关节转轴高度及该转轴到手心(抓握)的距离(若为接触式操作,则到指尖)。

坐姿操作时,操作者的手臂运动在水平面上所形成的运动轨迹范围,称为水平平面作业范围,如图 2-35 所示;手向外伸直、以肩关节为轴心在水平面上所划成的圆弧范围,称为最大平面作业范围(图中虚线所示);手臂自如弯曲(一般弯曲成手长的 3/5)、以肘关节为轴心在水平面上所划成的圆弧范围,称为正常平面作业范围(图中细实线所示)。由于操作者在作业时肘部也是移动的,所以实际上的水平平面作业范围是图中粗实线所围成的区域。

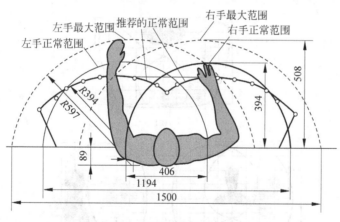

图 2-35　坐姿的手部作业范围

脚的作业范围以脚能够移动的距离来确定。男子坐姿操作时手和脚在垂直平面内的最优作业范围如图 2-36 中阴影线区域所示。

坐姿操作时手的空间作业范围如图 2-37 所示,图中圆弧实线表示正常作业范围,圆弧虚线表示最大作业范围,阴影线表示右手的最优作业范围。

2.6.2　作业空间布置设计

1. 作业空间的布置

作业空间的布置是指在作业空间范围限定之后,确定合适的作业面及显示装置、操纵装

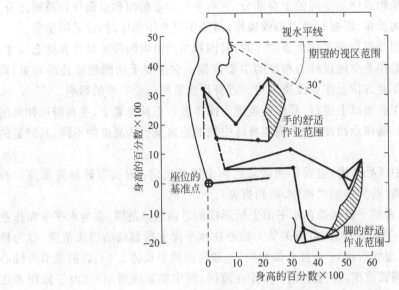

图 2-36 手和脚在垂直平面内的最优作业范围

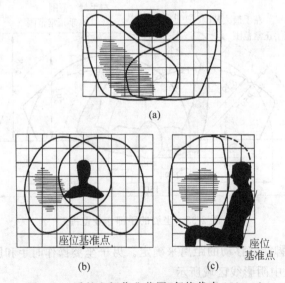

图 2-37 手的空间作业范围(每格代表 152mm)
(a) 水平平面；(b) 正面垂直平面；(c) 侧面垂直平面

置的位置。人机系统中,作业空间的布置不仅要考虑人与机之间的关系,还要考虑机与机、人与人之间的关系。

1) 作业空间布置的原则

(1) 重要性原则：优先考虑对于实现系统目标最为重要的元件,即使使用频率不高,也要将其中最重要的元件布置在离操作者最近或最方便的位置。这样可以防止或减少因误操作引起的意外事故或伤害。

(2) 使用频率原则：显示装置与操纵装置应按使用频率的大小划分优先级。经常使用的元件应置于作业者易见、易及的部位。

(3) 功能原则：在系统作业中，应按功能性相关关系对显示器、操纵器以至于机器进行适当的分区排列。

(4) 使用顺序原则：在机器或设备的操作中，为完成某动作或达到某一目标，常按顺序使用显示器与操纵器。这时，元件应按使用顺序排列布置，以使作业方便、高效。

进行系统中各元件布置时，不可能只遵循一个原则。通常，重要性原则和使用频率原则主要用于作业场所内元件的区域定位，而使用顺序原则和功能原则侧重于某一区域内各元件的布置。在上述原则都可使用的情况下，按使用顺序原则布置元件执行时间最短。

2) 作业空间布置的顺序

对于包含显示器与操纵器的个体作业空间，还可以按一定的先后顺序考虑布置问题，以便于给出合适的折中方案。

对不同类型的元件，推荐按以下顺序进行布置：

主显示器→与主显示器相关的主操纵器→有协调性要求的操纵器与显示器→按顺序使用的元件→将使用频繁的元件置于方便观察、操纵的部位→按布局一致的原则协调本系统内及其他相关系统的布置方案之间的关系。

2. 工作台设计

工作台是包含操纵装置和显示装置的作业单元，主要用于以监控为目的的作业场所，如汽车的中控台等。图 2-38 所示为一种推荐的工作台作业面布置区域，是依据第 2.5 百分位的女性操作者的人体测量数据得出的。按照图中的阴影区的形状设计工作台，可使操作者具有良好的手-眼协调性能。

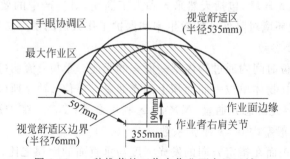

图 2-38　一种推荐的工作台作业面布置区域

2.6.3　环境设计

作业环境对系统的影响是人机工程研究的一个重要方面。人机系统所处的环境因素涉及热环境、光环境、声环境、振动环境、空气环境等方面。根据人体对作业环境的舒适性感受和适应程度,可以将作业环境分为最舒适区、舒适区、不舒适区和不能忍受区。图 2-39 描述了人体在各种环境下的舒适程度范围。在系统设计时,应尽量为人体设计一个舒适的环境,但在很多情况下,难以达到舒适性要求,为此,还需要采取一定的防护措施来减小环境因素对人体的不利影响。

图 2-39 各种环境因素的人体舒适程度范围

1. 光环境设计

1) 光环境的重要性

视觉是人体最重要的感觉,光环境对视觉的影响最为显著,因此光环境设计通常是首要的任务。作业场所的光环境,包括天然采光和人工照明,对生产中的效率、安全和健康都有重要作用。良好的光环境对降低事故发生率和保护工作人员的视力具有明显的效果。

2) 光环境的主要参数

(1) 光通量:单位时间内通过物体某一面积的光能。单位:流明(lm)。

(2) 照度:照射在物体单位表面面积上的光通量。单位:勒克斯(lx)。

平均照度(E_{av})=光源总光通量($N×\varPhi$)×利用系数(C_U)×维护系数(M_F)/区域面积(m^2)(利用系数:一般室内 0.4;维护系数 0.7~0.8)

(3) 亮度:发光表面在指定方向的发光强度与垂直面的面积之比。单位:cd/m^2。

3) 光环境的设计原则

(1) 照明方式

工业企业的建筑物照明通常采用三种形式,即自然采光、人工照明和二者兼有的混合照明。人工照明按灯光照射范围和效果,又分为一般照明、局部照明、综合照明和特殊照明。

(2) 光源选择

作为光源,自然光最理想。在设计照明时,应始终考虑最大限度地利用自然采光。采用人工照明可使工作场所保持稳定光亮。人工照明应选择接近自然光的人工光源。

按光源与被照物的关系,光源可分为直接光源、反射光源和投射光源三种。设计中还要考虑光源的光色,如荧光灯呈日光色,高压钠灯呈全白色。

(3) 照度分布

工作场所的照度应均匀分布。照明均匀应从灯具的布置上来解决。照度均匀的标志是:场内最大、最小照度分别与平均照度之差小于等于平均照度的1/3。设计时还要考虑到光的稳定性和均匀性。

(4) 亮度分布

人的视野内存在不同亮度,就使得眼睛要去适应,如果亮度差别大,会造成视觉疲劳。亮度不必过于均匀,但反差也应适度。因此,要求视野内有合适的亮度差异和分布,既有利于观察和作业,又使工作环境不致单调。视野内的观察对象、工作面和周围环境之间最好的亮度比为 5∶2∶1,最大允许亮度比为 10∶3∶1。

(5) 眩光防止

在光环境设计时应注意防止出现眩光。对直接眩光的防止措施主要包括:限制光源亮度;合理布置光源;改变光线为散射;适当提高环境亮度等。对反射眩光,应通过变换光源位置或工作面位置,使反射光不处于视线之内;还可通过选择材料和涂色来降低反射系数,避免发生反射眩光。

2. 热环境设计

1) 热环境的影响因素

影响热环境的主要因素包括温度、湿度、风速和热辐射四个方面,各因素对人体的影响是综合性的,同时,还需考虑人体的代谢量和衣着情况。

2) 人体的热平衡

尽管人所处的环境变换,但人的体温波动很小,始终维持在 36.5℃左右。为了保持体温,体内的产热量应与对环境的散热量及吸热量相平衡。人体具有 4 种散热方式,即辐射、对流、蒸发和传导。人体的热平衡方程式为

$$M \pm C \pm R - E - W = S$$

式中,M——代谢产热量;

C——对流交换热量;

R——辐射交换热量(吸热+,散热−);

E——汗液蒸发;

W——做功耗热;

S——人体的蓄热状态。

显然,当人体产热和散热相等时,$S=0$,人体处于动态热平衡状态;当产热多于散热时,

即 $S>0$,热平衡破坏,体温升高;反之,当散热多于产热时,$S<0$,体温下降。

3) 热环境的影响

人体具有较强的恒温控制系统,可适应较大范围的热环境条件。但是人处于远离热舒适范围,并可能导致人体恒温控制系统失调的热环境中,将对人体造成不同程度的伤害,如低温冻伤、高温烫伤。人体耐低温能力比高温能力强。当深部体温降至 27℃ 时,仍有存活希望;而当深部体温高到 42℃ 时,往往引起生命危险。

热环境对人的工作效率和出错频度有着较明显的影响。

4) 舒适的热环境

(1) 舒适的温度

生理学上对舒适温度的规定为:人坐姿休息、穿薄衣、无强迫热对流,在通常的地球引力和海平面的气压条件下的人所感觉到的舒适温度应在 (21 ± 3)℃ 范围内。

影响舒适温度的因素主要包括:不同的季节,不同的劳动强度,人的地域、性别、年龄和衣着等方面。

允许温度通常是指基本上不影响人的工作效率、身心健康和安全的温度范围。一般是舒适温度 $\pm(3\sim5)$℃。

(2) 舒适的湿度

舒适的湿度一般为 $40\%\sim60\%$。在 30%RH 以下为低湿度,在 70%RH 以上为高湿度。

室内空气湿度和室温之间的关系可参考下式:

$$\Phi(\%) = 188 - 7.2t \quad (12.2℃ < t < 26℃)$$

(3) 舒适的风速(气流速度)

与温度和湿度有关,在一般的室内,空气的最佳流速为 $0.3\sim0.4$m/s。

5) 热环境的改善

对热环境进行改善的生产技术措施主要包括如下几方面:合理布置热源;温、湿度调节;通风(自然/机械);气流组织优化;保温隔热。

保健措施包括为作业者提供饮水和营养,并合理使用劳保用品,如隔热服和防寒服。在生产组织方面的措施包括合理安排作业负荷、布置良好的作息场所和职业适应等方面。

改善热环境通常借助于空调装置。空调的设计主要考虑的参数是空调制冷量,也即匹数。匹数和功率的对应关系为:

(1) 1 匹:$2200\sim2600$W;

(2) 1.5 匹:$3200\sim3600$W;

(3) 2 匹:$4500\sim5500$W。

同时考虑与空间面积之间的关系,此外,还应考虑能效比(制冷量和制冷消耗功率的比值)。

3. 声环境设计

1) 噪声的影响

环境中起干扰作用的声音、人体感觉不舒适或不需要的声音,称为噪声。

根据噪声的来源可以分为工业噪声、交通噪声和社会噪声。按照机械特性可将噪声分为稳定噪声、周期性噪声、无规律噪声和脉冲噪声。根据噪声的感受可以分为过响声、妨碍声和刺激声。

在噪声的作用下,可引起听觉发生暂时性减退,听觉敏感度降低,可听阈值提高,引起暂时性听力下降,造成听觉掩蔽,在持续的强噪声作用下可引起听力疲劳,疲劳程度越高则越难以恢复,严重时或长期作用可能引起持久性听力损失,临床称为噪声性耳聋。人体突然暴露于极其强烈的噪声环境下,如高达 150dB 时,可引起声外伤,或称爆震性耳聋。

2) 声环境标准

按区域的功能特点和环境质量要求,将声环境功能区分为如下 5 种类型:

0 类:康复疗养等特别需要安静的区域(40～50dB)。

1 类:住宅、医疗、文教、科研、行政办公等需要保持安静(45～55dB)。

2 类:商业、集贸、或居住、商业和工业的混杂区域等需要维护住宅安静(50～60dB)。

3 类:工业生产、仓储物流等为主要功能,需要防止工业噪声对周围环境严重影响的区域(55～65dB)。

4 类:交通干线周边,需要防止交通噪声对周围环境产生严重影响的区域,包括 4a 和 4b 两种类型,4a 类为高速公路、一级公路、二级公路、城市快速路、城市主干路、城市次干路、城市地面轨道交通、内河航道两侧区域(55～70dB);4b 类为铁路干线两侧区域(60～70dB)。

3) 声环境的改善

形成噪声的三要素是声源、传播途径和接受者,噪声的控制也可以从这三方面入手来加以解决。首先是降低噪声源的噪声级;如果技术上不可能或经济上不可行,则应考虑阻止噪声的传播;若仍达不到要求时,应采取接受者个人防护措施。

(1) 控制噪声源

在生产现场可通过对机器本身进行减振、降噪和润滑来控制噪声源,或者改变机械运动、生产工艺、操作方法,改善摩擦和装配。如果工作场所的噪声干扰不可避免,就需要设计保证一定可听度的声音信号。如选用与噪声频率差别较大的声音作为听觉信号。

(2) 控制噪声传播

包括合理进行总体设计布局、利用天然地形、利用指向性控制,以及采取吸声、隔声、隔振、阻尼等措施。

(3) 个人防护

现场工作人员佩戴"防噪声耳罩"等装置进行个人防护。

4. 振动环境设计

1）振动特性

振动在人们的工作和生活中是普遍存在的。各种交通工具、作业工具、机械装置构成的人机系统都可使人处于振动环境之中,影响人的健康、安全、舒适性和工作效率。同时,振动还影响着各种机械装置的正常工作。

振动的要素包括振幅、频率、速度和加速度。

人体所受振动可分为局部振动和全身振动。局部振动如手动工具(电钻等)进行操作时的振动,全身振动如驾驶车辆时的效果。

人体是一个弹性系统,有其固有的振动频率,也有着一定的阻尼。

2）振动对人体的影响

人体没有专门的振动感受器,可通过皮肤感受器、机械感受器和前庭感受器感知机械振动。因此,人体对振动的感受是组合性的。全身振动的生理效应,随着振动的频率、强度和作用方向的不同而异。

振动对人体的影响与人体的姿态和部位有关。振动引起的主观不良效应主要是不舒适和烦恼,甚至疼痛,进而影响工作效能。振动对工效的影响程度取决于振动环境条件、个体响应和对个体的工作负荷和要求。

振动频率、作用方向和振动强度是振动作用于人体的主要因素。振动对人体的影响大致有四种情况:

(1) 人体刚能感受到振动的信息,即"感觉阈"。

(2) 振动增大到一定程度,人就感到不舒适,这就是"不舒适阈",是一种生理反应。

(3) 振幅进一步加大,人对振动的感觉达到了"疲劳阈",出现生理和心理的反应。

(4) 随着振动强度的继续增加,就进入"危险阈",通常称为"痛阈"。此时,不仅带来生理和心理的负面影响,还可能产生病理性的损伤。

3）振动的标准

人体承受全身振动的评价是以振动强度、振动频率、振动方向和人体接受振动的时间4个因素的不同组合来制定的。该标准将人体承受的全身振动分为以下三种不同的界限:

(1) 疲劳-效率降低界限 FDP：超过该界限将引起人的疲劳,导致工作效率下降。

(2) 健康界限 EL：相当于振动的危害阈或极限,超过该界限,将损害人的健康和安全。是疲劳-效率降低界限的2倍,即它比相应的疲劳-效率降低界限的振动级高 6dB。

(3) 舒适性降低界限 RCB：主要应用于对交通工具的舒适型评价。超过该界限,将使人产生不舒适的感觉。疲劳-效率降低界限为舒适性降低界限的 3.15 倍,即它比相应的疲劳-效率降低界限的振动级低 10dB。

4）振动环境的改善

振动的频率、振幅和加速度是振动作用于人体的主要因素。另外,气温、时间、体位和姿势、个体差异、接触部位硬度、冲击力及紧张程度等均可影响振动对人体的作用。

通常可采取以下措施消除或减小振动,阻止振动的传播,将振动的不良影响降至最小:
(1) 改善生产工艺;
(2) 改进振动设备与工具;
(3) 增加设备的阻尼;
(4) 降低设备减振系统的共振频率;
(5) 隔振;
(6) 设计减振座椅、弹簧垫;
(7) 采取自动化控制。

相关的人体保护措施包括采取适当的防护、缩短作业时间、加强技术训练等方面。

5. 空气安全性设计

1) 环境空气概述

环境空气在 GB 3095—2012《环境空气质量标准》中被定义为人群、植物、动物和建筑物所暴露的室外空气,其中环境空气质量为衡量空气污染程度的重要指标,其不仅直接影响人体生命健康,而且与人体舒适性与工作效率性紧密相连。随着"新冠"肺炎疫情的暴发,公众对环境空气中病毒传播的关注度迅速提升,病毒传播最易发生于空气不流通的封闭环境中,而车辆、船舶、飞机等作为封闭空间极易增大病毒传播概率。

2) 环境空气特性

环境空气特性是指其具有物理、化学和生物学等特性,主要包括以下几个方面:

(1) 空气质量。空气是无色、无味、透明的气体,据测定,在0℃和一个标准大气压下,空气的密度为 $0.00129 g/cm^3$。

(2) 空气湿度。空气湿度表示空气中水汽含量和湿润程度的气象要素,表示湿度的大小有以下几种方法:水汽压、绝对湿度、相对湿度和露点。

(3) 空气压力。单位面积上所承受大气柱的重量称为大气压强,在标准状态下,当时的大气压强与760mm水银柱所产生的压强相等,而760mm气压又相当于1013.25mbar。

(4) 空气温度。空气温度即为气温,是表示空气冷热程度的物理量。

(5) 空气污染。又称大气污染,空气污染通常由于人类活动或自然过程引起某些物质进入大气中,呈现出足够浓度并达到足够的时间,危害人类舒适、健康或环境的现象。

3) 环境空气相关法规标准

关于环境空气的主要法律法规有《中华人民共和国大气污染防治法》《中华人民共和国环境保护法》。涉及环境空气的相关标准有 GB 3095—2012《环境空气质量标准》、GB/T 18883—2002《室内空气质量标准》、GB/T 27630—2011《乘用车内空气质量评价指南》、HJ/T 400—2007《车内挥发性有机物和醛酮类物质采样测定方法》、HJ/T 180—2005《城市机动车排放空气污染测算方法》、GB 18352.6—2016《轻型汽车污染物排放限值及测量方法(中国第六阶段)》、GB 17691—2018《重型柴油车污染物排放限值及测量方法(中国第六阶段)》、GB 18285—2018《汽油车污染物排放限值及测量方法(双怠速法及简易工况法)》、WS 695—2020《新冠肺炎疫情期间公共交通工具消毒与个人防护技术要求》等。

4) 交通工具的空气环境

(1) 交通方式与空气安全性

交通工具是我们日常无法回避的生活和工作运载方式,疫情期间包括车辆、飞机、轮船、高铁、地铁等运载工具遇到了很大的挑战,不同交通方式下相关疫情严重案例包括:①车辆:2020年1月下旬湖南省某地1患者乘坐大巴,密切接触者243人,其中10名确诊病例和1名无症状感染者;②船运:"钻石公主"号邮轮,旅客与工作人员3571人,累计确诊712人,确诊比例接近20%;3—4月中"至尊公主"号、"红宝石公主"号邮轮,甚至是美国、法国的航母均发现严重疫情;③飞机:3月初伊朗包机到甘肃311人中,发现确诊37例;新近的一架载有112名澳大利亚和新西兰的航班中,近70%乘客感染"新冠"病毒,3—4月频繁的飞机国际航班发现大量输入疫情病例,已成为我国抗疫的重中之重;④地铁/高铁:国内疫情扩散初期,因缺乏预警数据有待统计完善。

(2) 车内环境与空气安全性

对于车内空气安全的影响因素有车外空气污染、内饰材料、空调滤芯等。其中,开车时会经常打开窗户通风透气,在车流量密集或雾霾严重的地方,汽车尾气、PM2.5、花粉和其他有害悬浮微粒会潜入车内,被人体吸入后会对各器官组织产生一定影响;汽车产生异味的最大原因在于车内存在大量容易挥发气味的非金属件,如塑料门板、真皮座椅、阻尼板等。部分汽车厂商为了降低成本,使用非环保材料,导致车辆在使用过程中散发刺鼻异味,不仅刺激鼻腔,还是甲醛、苯等致癌物质存在的载体,短时间吸入含有这类致癌物质的空气会让人感到头晕、恶心,长时间吸入可能会损害大脑和肝脏功能;此外,空调内部环境比较温暖、潮湿,灰尘、花粉长时间在空调内积累后容易滋生细菌,如未能及时更换空调滤芯,细菌会随着空调进入车内,不仅产生异味,还会对呼吸道造成影响。

5) 车内空气环境的检测与改善

车内可类比于室内空气质量测试,其测试项目一般包括苯系物、可吸入颗粒物、一氧化碳、二氧化碳、二氧化硫、二氧化氮、甲醛、总挥发性有机化合物(TVOC)、半挥发性有机化合物(SVOC)、氨、臭氧、PM2.5、PM10等。针对车内空气环境的改善主要有HEPA滤芯、负离子+香氛、水离子等方式。其中,HEPA滤芯能有效地隔绝肺炎病毒通过空调进入车内,除了其车内空调自带的PM2.5高效空调滤芯,其还具备有效隔绝外部空气中有害物质、快速高效净化车内空气功能,净化器的滤芯为HEPA级别;负离子对空气的净化作用是源于负离子与空气中的细菌、灰尘、烟雾等带正电的微粒相结合,并聚成球降落而消除危害,同时,负离子本身对人体健康也有着诸多积极的影响,能直接作用于人的中枢神经和血液循环,有效改善大脑功能,增强身体免疫力,促进新陈代谢,调节神经系统,消除人体疲劳等;相比于传统的负离子,水离子可以理解为负离子加强版,以水为介质,目前以松下的nanoe纳米水离子为主。nanoe纳米水离子的含水量是普通负离子的1000倍(体积比),大量水分可以保护nanoe纳米水离子不和空气中的氧气和氮气结合,从而寿命更长,普通负离子100s后消失,而纳米水离子600s后仍然存在,净化效果能覆盖更远空间。

6) 小结

为有效应对运载工具及其场所的病毒和污染物传播,未来通过智能监测手段,实时测评CO_2、PM2.5浓度参数,跟踪飞机、车、船及其站台等密集场所的空气新鲜度,通过远程实时数据分析,可及时调控人流密集度和空调新风系统运营,同时发布空气质量预警信息提示等,用实时智能动态监测来保障安全、健康的空气环境。此外,在新冠肺炎疫情的影响下,车内空气安全、消毒、环保、健康等问题逐渐受到越来越多消费者的关注,随着消费者对汽车消费认知的提升,对车辆内部环境配置的要求逐渐严格,车辆空气净化系统、环保材料的使用等细节方面受到重视,因此,加强人机环境-空气安全性至关重要。

本章涉及的标准

[1] 全国人民代表大会常务委员会,中华人民共和国大气污染防治法.2018.
[2] 全国人民代表大会常务委员会,中华人民共和国环境保护法.2015.
[3] GB 3095—2012,环境空气质量标准[S].北京:中国标准出版社,2012.
[4] GB/T 18883—2002,室内空气质量标准[S].北京:中国标准出版社,2002.
[5] GB/T 27630—2011,乘用车内空气质量评价指南[S].北京:中国标准出版社,2011.
[6] HJ/T 400—2007,车内挥发性有机物和醛酮类物质采样测定方法[S].北京:中国标准出版社,2007.
[7] HJ/T 180—2005,城市机动车排放空气污染测算方法[S].北京:中国标准出版社,2005.
[8] GB 18352.6—2016,轻型汽车污染物排放限值及测量方法(中国第六阶段)[S].北京:中国标准出版社,2016.
[9] GB 17691—2018,重型柴油车污染物排放限值及测量方法(中国第六阶段)[S].北京:中国标准出版社,2018.
[10] GB 18285—2018,汽油车污染物排放限值及测量方法(双怠速法及简易工况法)[S].北京:中国标准出版社,2018.
[11] WS 695—2020,《新冠肺炎疫情期间公共交通工具消毒与个人防护技术要求(WS 695—2020)》[S].北京:中华人民共和国国家卫生健康委员会,2020.

参 考 文 献

[1] 丁玉兰.人机工程学[M].2版.北京:北京理工大学出版社,2000.
[2] 周一鸣,毛恩荣.车辆人机工程学[M].北京:北京理工大学出版社,1999.
[3] 袁泉.汽车人机工程学[M].北京:清华大学出版社,2018.
[4] 周鹤,张阳,鲁辉,等.汽车转向盘设计与人机工程学[J].汽车科技,2018(5):67-72.

第3章 智能车辆人机界面设计

本章亮点：
- **情境感知与人机交互**：驾驶分心、驾驶负荷、情境意识的交互设计认知指标。
- **智能车辆与人机界面**：多维度、多媒介、多显示、多通道的人机交互界面设计。
- **现代技术与人机交互**：新实体媒介与个性化交互方案是未来智能车辆设计趋势。
- **交通安全与人机交互**：人机控制方案与多通道融合交互方案创造智能、舒适、安全驾乘体验。

引　言

人机交互的发展历史，是从人适应计算机到计算机不断地适应人的发展史，大体经历了早期手工作业、作业控制语言及交互命令语言、图形用户界面（GUI）、网络用户界面和多通道、多媒体的智能人机交互阶段等几个不同阶段。当前，车辆智能化、网联化趋势不断加深汽车产业数字化变革，随着互联网、大数据和人工智能等先进技术在交通工具运输领域的应用与发展，车辆的内部空间、人机界面、交互方案和操作方式正在发生革命性的变化，人机交互设计已经成为智能车辆发展和创新的核心要素。未来，智能车辆将围绕自动驾驶系统、车载信息娱乐系统、智能人机交互系统、道路信息感知系统等一系列功能，将以车辆作为载体建立起一个特殊的生态系统，实现智能车辆的场景化应用和拓展。车辆从一个运载工具，发展为包含个人空间、公共空间和社交空间的设计对象。本章重点聚焦于智能车辆人机界面设计、人机交互方案设计、人机系统设计，展现出最前沿的智能车辆人机交互设计。

3.1 智能车辆人机系统

智能车辆是指通过搭载先进传感器、控制器、执行器等装置，运用信息、通信、互联网、大数据、云计算、人工智能等新技术，具有部分或完全自动驾驶功能，由单纯交通运输工具逐步向智能移动空间转变的新一代车辆。

智能车辆能将驾驶员从繁琐的驾驶任务中解放出来,驾驶员无须将注意力集中在驾驶操作上,若没有良好的车辆人机交互体验,不仅会降低整个行程的操作效率,还会使整个行驶过程变得糟糕而无聊,因此智能车辆人机系统是提升用户体验的关键。

3.1.1 人机系统概述

1. 人机系统的定义

任何机器、设备和器具,都需要人来操纵、监控或使用,人与机器相互作用、相互配合和相互制约,才能共同实现预期的功能,完成预期的任务。将人与机器联系起来,视为一个整体或系统,就称为人机系统。人机系统处于一定的环境之中,并与周围环境发生相互作用。

2. 人机系统的分类

按有、无反馈控制环节分类,人机系统可分为闭环人机系统和开环人机系统两大类。

闭环人机系统的主要特征是系统的输出对控制作用有直接影响,即系统过去的行动结果反馈去控制未来的行动。若由人来观察和控制系统的输入、输出信息,则称为人工闭环人机系统;若由自动控制装置来代替人的工作,人只起监督作用,则称为自动闭环人机系统。驾驶员车辆道路系统的方向操纵运动就是一个人工闭环人机系统的典型实例。

开环人机系统的主要特征是系统的输出对控制作用没有影响,虽然它也能提供系统输出的信息,但此信息不用于进一步影响输入。

3. 人机系统的功能

人机系统的功能可概括为信息接收、信息存储、信息处理和执行功能四大项。人机系统与周围环境的相互作用,表现为人机系统的输入和输出。信息的接收、处理和执行功能是按系统过程的先后顺序发生的,而信息的存储则与这三项功能都有联系,它们之间是相互作用的。

3.1.2 车辆人机系统组成及设计内容

1. 车辆人机系统组成

1) 显示装置

显示装置是车辆人机系统中功能最强大、使用最广泛的人机界面元素。在车辆人机系统中,显示装置通过可视化的数值、文字、曲线、图形、图像等向人传递信息。当前车辆显示装置按照显示的视觉信息形式划分为数字式、模拟式和屏幕式;按照显示信息的特点可分为定性显示(仅显示信息的性质、趋势,如仪表板车况信息等)和定量显示装置(用数量信息表示车辆动态变化信息)。

2) 操纵装置

操纵空间是驾驶员用来操作车辆以改变其运行状态的装置。车辆操纵装置的基本功能是将驾驶员的响应输出为车辆的输入信息,进而控制车辆的运行状态。显示装置、操纵装置和驾驶员共同组成了一个完整的人机系统的信息传递环节。

操纵装置按照操作部位的不同可分为手操纵装置和脚操纵装置。常见的手操纵装置包括转向盘、旋钮、按键、挡杆、屏幕等；脚操纵装置主要有踏板和脚踏钮两种。此外，操纵装置还可以按照操作功能（开关类、转换类、调节类等）和操作动作（旋转控制、摆动控制、按压控制、滑动控制等）进行分类。

3) 作业空间

作业空间是驾驶员操作车辆所需的活动空间，以及车身、中控台、座椅、发动机舱等所占的空间总和。优良的作业空间可以使驾驶员及乘客获得更加可靠、舒适的驾驶体验，并能提高驾驶员的工作效率。

2. 车辆人机系统设计内容

1) 车辆人机系统的功能分配

把分解了的系统功能逐一分配给"人"或"机"是功能分配的主要任务。分配必然要求合理，而合理却是一个价值判断的命题。长期的设计实践，产生了一系列功能分配的一般原则。

(1) 比较分配原则

比较分配是指关于"人"与"机"的特征机能的比较，并据此进行"客观、逻辑"的功能分配。适合"人"做的就分配给"人"，适合"机"做的就分配给"机"。例如，在处理信息方面，"机"的特征机能是按预定程序可高度准确地处理数据，记忆可靠而且易提取，不会"遗忘"信息；"人"的特征机能是有高度的综合、归纳、联想、创造的思维能力，能记忆，模式识别能力强。因此，设计信息处理系统时，可根据"人""机"各自的特性进行功能分配。

(2) 宜人分配原则

宜人分配原则是适应现代人的新观念的一种分配方法，要求人完成的工作应当充分体现人的价值和能力，并且通过完成此项工作，能够发展人的能力，证明人的价值。因此，功能分配以人为中心，有意识地尽可能发挥人的特长、能力、智慧和创造性，同时注意补偿人的能力限度。

(3) 弹性分配原则

弹性分配原则是现代科学技术，尤其是电子计算机发展的结果。它的基本思想是由人（使用者、操作者）自己选择参与系统行为的程度，也就是说系统设有多种相互配合的人机接口，操作者可以根据自己的价值观、需求和兴趣进行自由选择，为自己分配一定的功能。这种分配方法一般只适用于计算机控制的系统。例如，现代民航客机，飞行员可在自动飞行或手控飞行上做多种选择，其系统的控制功能就符合弹性分配的原则。

2) 人机界面设计

(1) 显示装置空间布置

显示装置空间布置主要考虑操作者的观察距离和确定显示装置相对于操作者的最优布置区域。为提高工作效率、减轻工作疲劳，应保证操作者尽量不转动头部和眼睛就能看清显示装置。

在布置区域内，显示装置的排列顺序最好与其认读顺序一致，相互联系越多的显示装置应越靠近，并要考虑彼此间逻辑上的联系，还必须考虑到显示装置的重要性、观察频率和功能，以及与操纵装置的协调关系。当有很多显示装置时，应根据它们的功能分区排列。

（2）操纵装置空间布置

操纵装置的空间布置首先要遵循与其功能、特性和操纵特点相适应，并尽可能减小操纵力。当具有多个操纵装置时，应将较重要和使用频率较高的优先布置在最佳操作区域，即便于施加操纵力、便于观察、便于伸及的区域。对于功能上存在逻辑关系的或者有顺序要求的操纵装置，应该考虑功能组合和按使用顺序排列，所采用的排列顺序还应该与人所习惯的排列形式相适应。要保证能够正确地使用操纵装置而不受附近其他操纵装置的影响，操纵装置之间应当有一个最小的分开距离。

（3）显示装置与操纵装置的一致性

在人机系统设计中，需要考虑操纵装置与显示装置的协调性。设计合理的操纵装置和显示装置会使日常的监视工作变得容易得多，也可以减少由于混淆而造成的读数错误。

为保证操纵装置与显示装置的协调关系，应该考虑以下原则：显示装置应与相应的操纵装置尽可能地靠近，并且位置相对应；可在操纵装置和显示装置上方贴上标签；当具有多组操纵与显示装置时，显示装置的顺序与操纵装置的顺序要相同，且方向一致；若控制台上的操作不是按顺序进行的，则应对操纵装置和显示装置按功能分类，并可用不同的编码加以区分。

3）人机系统分析与评价

人机系统的分析与评价是依据一定的标准，采用系统工程的方法，对系统和子系统的设计方案进行定性和定量的分析和评价，目的在于全面了解系统设计的优、缺点，分析存在的问题，为改进设计提供依据。

从综合效果考虑，对人机系统设计的评价可提出下列标准：安全标准，系统运行安全，并且具有安全防护措施；可靠标准，系统在额定的时间范围内不出现故障；经济效益标准，系统运行高效、低成本、低能耗，使总体效能最经济；宜人化标准，系统适应人的生理和心理特性，使操作者和使用者感到舒适、方便；社会效益标准，系统运行过程中不对社会产生危害，并为社会创造良好的产值和附加值。

3.1.3 智能车辆人机系统示例——Tesla Model 3

1. 系统功能概述

Tesla Model 3，标志性意义的人机系统设计，成为汽车业内一个颠覆式创新。采用极简的内饰设计，精简了物理按键，甚至连仪表都不复存在，所有的一切交互控制都集成在一块中控大屏上，如图 3-1 所示。

Model 3 的 15 英寸屏幕整体上分成了导航栏、状态栏、车况信息区、内容切换区。

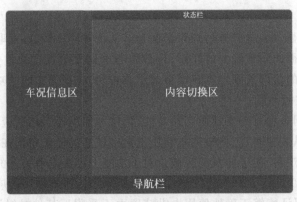

图 3-1 Tesla 人机系统界面图

导航栏：基本型功能的操作入口，这些功能以浮窗的形式在内容切换区显示。

状态栏：一些时间、信号、车锁等状态信息。

车况信息区：原来属于仪表的一些信息，如驻车/行车相关的车门状态、车速、警示灯等；由于该区域离驾驶员较近，所以还有些本属于转向盘按键的功能，如雨刷、语音等。

内容切换区：默认显示地图导航信息，其他的功能以浮窗的形式显示。这和荣威 ERX5 的设计理念是相似的，汽车的本质在于为消费者提供位置服务，地图是位置的天然载体，所以采用以地图为系统底图，将所有服务"种植"在地图上。

2. 场景化设计

由于删减了很多实体按键，所有的信息展示和车辆控制都集合到了 15 英寸的大屏。为了避免过高的信息密度，场景化设计便是 Model 3 最重要的思路，在不同的场景显示不同的内容，满足当前场景下的功能需求。

车况信息区：在驻车时显示车门状态、前后舱门开关和充电口开关。在行驶中显示辅助驾驶相关信息。车速低于 24km/h 时自动寻找车位，然后用户决定开始自动泊车。如图 3-2 所示。

内容切换区：以地图为底图，在驾驶过程中，导航最重要，而多媒体只在一个 mini 栏显示少量信息，用户往上滑动显示些收藏的内容，再往上滑动显示更多的内容。

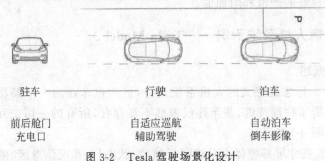

图 3-2 Tesla 驾驶场景化设计

另外,导航设置中有一项"Trip Planner",可以根据电量情况把充电站点自动规划到导航路线中,如图 3-3 所示。

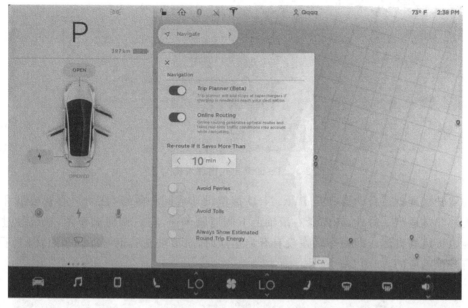

图 3-3　Tesla 驾驶场景化设计

3. 人机交互

Model 3 的人机交互有三种方式:物理按键(滚轴、左右控制杆);语音;触屏。Model 3 抛弃传统车辆的思维模式,尽可能多地舍弃物理按键,大屏承载了几乎所有的控制功能。转向盘上仅有的滚轴按键简直复用到了极致。结合触屏上的内容切换,左滚轴可以控制音量增减、音乐切换、外后视镜、转向盘(上/下,伸/缩),右滚轮可以控制语音唤醒、巡航车速和车距,如图 3-4 所示。

传统车型保留物理按键是为了安全驾驶,用户可以根据肌肉记忆去点击/旋转物理按键,而触屏就需要用户将视线离开道路在屏幕上找到按键。Behance 上有位设计师 Michael Cherkashin 基于 Model 3 的 UI,在触屏操作方式上根据驾驶者物理操作习惯尝试设计了两种操控方式:2 点触控和 3 点触控,有些类似 Apple 产品的某些多点手势操控。当然这只是一个尝试,可行性还有待考量。如 2 点触控:点击屏幕播放和暂停、旋转控制音量、横向滑动快进、上下滚动切换播放源等操作;3 点触控:驾驶员一侧旋转调节整辆车的温度、乘客一侧旋转调节双区空调、上下滚动调节风量等操作。

4. 辅助驾驶

1) 自适应巡航系统

Model 3 把自适应巡航作为一个"挡位"放在怀挡上,可以预见这也是为之后更高等级

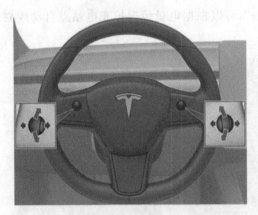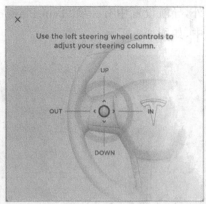

图 3-4　Tesla 滚轮式物理人机交互

的自动驾驶做准备。自动驾驶与 P、R、N、D 挡位设计成同一等级,在用户心智模型和交互形式上都非常适当。另外,转向盘右滚轴上下调巡航车速,左右调巡航车距,在驾驶过程中的体验也很流畅自然。即便车辆在没有开启巡航时,右滚轴左右也可以调车距,但上下滚动是没有其他响应的,如图 3-5 所示。

图 3-5　Tesla 自适应巡航示意图

2)自动泊车系统

当车速低于 24km/h 时,系统会自动寻找车位,不需要用户额外按 Autopark,不需要选择车位类型,不需要选择左边还是右边车位,如图 3-6 所示。用户只想有个地方停车,管它横的竖的左的右的。Model 3 的自动泊车就三步:刹车停止是为了 D 挡转 R 挡,挂 R 挡位,点击屏幕中的"Start"按键。

图 3-6　Tesla 自动泊车示意图

3.2　智能车辆人机界面

3.2.1　人机界面设计内容

随着通信与信息技术在交通工具运输领域的广泛应用,智能车辆人机交互界面正在发生巨大的变化。本节从智能车辆人机交互中人的相关因素出发,考虑驾驶分心、驾驶负荷、情境意识等认知指标的影响,提出智能车辆内饰和外饰人机交互界面设计要素。车辆驾驶及交互空间的复杂性是驾驶员追求更多驾驶体验和信息功能需求所造成的。因此,在复杂信息情境下,关于车辆人机交互界面设计的一个关键性问题在于如何在设计人机交互界面和信息系统过程中,既满足驾驶员次级任务需求,又保证驾驶安全和效能。在这样的情况下,车辆人机交互界面及其相关的设计问题就必然成为当前车辆工程和人机界面领域的重大关键性问题之一。

1. 车辆人机界面设计人的因素

驾驶行为是一项高度复杂的任务。驾驶行为包含计划、策略和操纵 3 个水平的任务层级和 1600 个独立任务。在上述驾驶相关的任务中,最主要的任务是控制车辆、车道保持和道路风险监控,而车内复杂信息交互就是上述任务主要的内容之一。因此,针对车辆用户界面的驾驶行为和认知的研究,都会在驾驶任务和交互任务两个方面进行研究。近年来,针对车辆人机交互的相关因素主要包括相关的信息和情境因素对驾驶分心(Drive Distraction)的作用,并在此基础上造成驾驶负荷(Drive Workload)、情境意识(Situation Awareness)等认知指标的影响。

驾驶分心属于驾驶过程中多任务情况下注意力资源分配问题,是驾驶员由于受到外界因素的影响,将其注意力与认知资源从控制车辆、保持车道、监控道路状况等基本驾驶任务上转移。美国微软的研究表明,驾驶中的人机交互很容易引起注意力分散,从而对行车安全构成威胁。驾驶分心的关键问题在于引发驾驶分心的注意力分散源,注意力分散源可分为可避免的和不可避免的两类。一般来说,对于可避免的注意力分散大多数驾驶员选择了忽略它们。不可避免的注意力分散则包含突发事件或驾驶过程中必须完成的任务,如观测车辆仪表等,都是对驾驶任务产生重要影响的要素。一般通过提高驾驶员的辨别应对能力和良好的交互界面设计来减少对驾驶的分心。除了分散源以外,加拿大交通运输部和美国丰田技术研究中心的研究表明,驾驶任务持续时间也是影响驾驶分心的一个因素。

驾驶负荷则是认知资源的有限性问题,即认知过程中驾驶员的加工能力有限带来的负荷。驾驶负荷是一个多维度的结构,与驾驶环境下的多任务密切相关,受到任务、驾驶外部支持和个体因素的影响。从车辆人机界面设计的角度看驾驶负荷则应维持在合理水平,过高和过低的负荷水平均不利于驾驶的绩效。英国南安普顿大学、美国麻省理工学院、美国佐治亚理工大学等的研究表明,工作量强度、个体情绪以及交互系统的智能水平均对驾驶负荷产生重要的影响。

情境意识是指用户对环境中变化的情境的感知和认知能力,它解释了驾驶员如何管理驾驶的长期目标(到达目的地)和短期目标(避免事故)之间的关系。情境意识对于感知一定时间和空间环境要素,从而理解其意义并推测将来状态具有非常重要的作用。大量研究显示,人机交互界面复杂性增加,对驾驶员情境意识有重大影响。研究表明,有经验驾驶员对险情的探测识别能力都好于无经验驾驶员;但是如果驾驶员使用手机,由于情境意识降低,险情的感知能力会降低到与新驾驶员一样的水平。

2. 车辆座舱人机界面设计因素

从以人为中心的角度出发,从驾驶员主要交互行为的角度,可以将车辆座舱人机交互界面划分为主驾驶界面、辅助驾驶界面、车内外信息交互与娱乐界面、移动设备与车的整合交互界面,如图 3-7 所示。

1) 主驾驶界面

主驾驶界面主要是驾驶员操纵转向盘、查看前方路况、踩踏油门、制动、离合器等踏板的基本操作。其设计是传统车辆内饰设计范围,在此不详细叙述。

2) 辅助驾驶界面

辅助驾驶界面包括查看仪表盘信息、操作雨刷、灯光控制和高级驾驶辅助系统,实现智能车辆的车道保持、车速协调和车距控制,同时检测并预警各种潜在危险的辅助驾驶操作。本小节主要对高级驾驶辅助系统展开叙述。

ADAS(Advanced Driving Assistant System),即高级驾驶辅助系统,是指利用安装在车辆上的各种传感器,如毫米波雷达、激光雷达、摄像头、超声波雷达等,如图 3-8 所示,感知车身周围环境并收集数据,进行静、动态物体辨识、侦测与追踪,并进行系统的运算和分析,

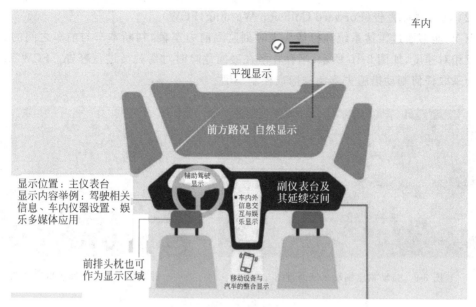

图 3-7　车辆人机交互界面

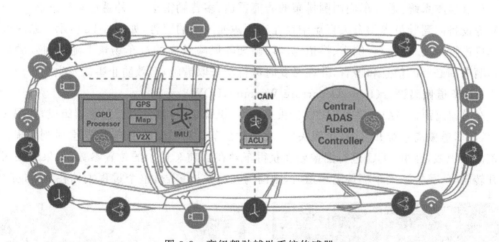

图 3-8　高级驾驶辅助系统传感器

从而让驾驶者预先察觉到可能发生的危险,有效增加车辆驾驶的舒适性和安全性。

现代智能车辆中存在许多 ADAS 应用,一些突出的例子如下:

(1) 自动紧急制动(Autonomous Emergency Braking,AEB)

AEB 系统即紧急刹车系统利用雷达侦测和前车的距离,如图 3-9 所示,并经由 ECU 做出分析,根据不同的距离和速度做出报警,如果做出报警显示后驾驶员未做出任何反应,当安全距离小于临界值时 AEB 系统就会启动,自动介入车辆的刹车系统,借此降低和前车车辆/人物的碰撞概率。

(2) 前方碰撞警告(Forward Collision Warning,FCW)

FCW 能够通过雷达系统和摄像头来时刻监测前方车辆,判断本车与前车之间的距离、方位及相对速度,如图 3-10 所示,当存在潜在碰撞危险时对驾驶员进行警告。FCW 系统本身不会采取任何制动措施去避免碰撞或控制车辆。

图 3-9　自动紧急制动系统原理图

图 3-10　前车防撞预警原理图

(3) 盲点检测系统(Blind Spot Monitoring,BSW)

盲点检测系统,通过车辆周围排布的防撞雷达、多普勒雷达、红外雷达等传感器、盲点探测器等设备向驾驶员提供有关盲点中存在车辆碰撞风险的警告,如图 3-11 所示。系统经由计算机进行控制,在超车、倒车、换道、大雾、雨天等风险较高的行车场景下随时向驾驶员提供车辆周围必要的信息和警告,并在必要时可自动采取措施,有效防止事故发生。

(4) 车道偏离警告(Lane Departure Warning,LDW)

车道偏离预警系统主要由 HUD 抬头显示器、摄像头、控制器以及传感器组成,如图 3-12 所示,当车道偏离系统开启时,摄像头(一般安置在车身侧面或后视镜位置)会时刻采集行驶车道的标识线,经由 ECU 进行图像处理获得车辆在当前车道中的位置参数,如果驾驶者未打开转向灯,且检测到车辆偏离车道时,则向驾驶员发出警告,整个过程大约在 0.5s 完成,

图 3-11　盲点监测系统原理图

图 3-12　车道偏离警告显示界面

为驾驶者提供更多的反应时间。反之,车道偏离预警系统不会介入操作。

(5) 驾驶员检测系统(Driver Monitoring Systems,DMS)

系统通过摄像头来检测驾驶员的注意力。如果驾驶员视线出现偏离或眼睛闭合等异常驾驶行为,系统将会向驾驶员发出警告。如果驾驶员未能做出任何回应,则车辆就会介入并主动刹车。

综上所述,所有 ADAS 应用程序的共同点是,它们在满足条件时向驾驶员提供某种警告。这些警告通过人机交互界面(HMI)提供,警告方式应根据实际情况的重要性进行调整。具体实施方式因车辆制造商(OEM)而异,但上述 ADAS 的典型警告方式如下:

① AEB:扬声器上播放的听觉信号,挡风玻璃上显示的视觉警告。

② FCW:扬声器上播放的听觉信号,仪表板上显示的视觉警告,挡风玻璃上反射的高发光闪光灯。

③ BSW:扬声器上播放的听觉信号,A 柱或侧视镜上的视觉指示器(通常为 LED 灯)。

④ LDW:扬声器上播放的听觉信号,通过施加与车辆运动方向相反的扭矩拉动转向盘。

⑤ DMS:扬声器上播放的听觉信号,转向盘上的振动反馈。

此外,在为 ADAS 设计人机界面时,除了要设计上述警告方式以外,最大的问题在于如何保证这些警告的正确性和可靠性,这意味着系统产生的虚警率和漏报率必须很低。否则,驾驶员可能会决定忽略警告,这违背了 ADAS 本身的目的。例如,如果由于过度敏感而导致碰撞警告信号出现得太频繁,驾驶员可能会产生不信任感,并决定完全忽略警告,这会给驾驶员和其他道路参与者造成危险。综上所述,有两个因素对警告的有效性最为重要:

① 系统必须确保驾驶员做出及时适当的反应;

② 虚警率和漏报率必须保持在最低限度,以减少驾驶员的烦恼和增加信任。

由于上述原因,有必要确保警告的正确性和可靠性。本节提出了实现这一目标的几种方法:

① 对警告进行分级(这意味着警告的强度随着情况变得更加紧急而变化);

② 随着严重程度的增加而改变形式(例如,从视觉开始,切换到听觉警告);

③ 某些警告设置应可由驾驶员调整(例如,警告开始时的阈值)。

当驾驶员开始执行纠正措施(如触摸转向盘、加速器和制动器)时,可以禁用警告。因此,ADAS 的成功与否既取决于系统的算法,也取决于人机界面的交互质量,因为它直接影响到驾驶员对系统的响应和接受程度。本小节将基于 ADAS 设计车内外信息交互与娱乐界面和移动设备与车辆的整合交互界面,以最大化 ADAS 的功效。

1) 车内外信息交互与娱乐界面

车内外信息交互与娱乐界面包括收听广播音乐、车内娱乐、电话、GPS 导航以及在线收发邮件和短信等。用户可以获得车辆当前状态的信息、车辆传感器获得的信息以及通过网络整合的信息(例如天气和交通状况)。图 3-13 所示是智能车辆导航界面,图 3-14 是智能车辆影音娱乐界面,均以 Tesla 电动车为例。

图 3-13 智能车辆导航界面

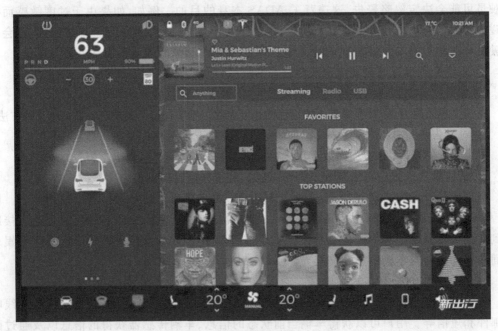

图 3-14 智能车辆影音娱乐界面

2)移动设备与车的整合交互界面

驾驶员在与许多移动设备交互,这些交互可能会影响到驾驶表现和视觉注意力。因此,在界面设计上,如何为这些车内设备设计界面和交互方式而不造成认知负荷就成为设计的关键。例如 CarPlay 是美国苹果公司基于驾驶认知负荷的研究,面向驾驶中手机信息需求开发的针对用户界面车载系统。它将用户的 iOS 设备、iOS 使用体验与车辆仪表盘系统无缝结合,为驾驶员提供基于手机的导航、通话和媒体控制功能,实现车载显示系统交互,共享屏幕,如图 3-15 所示。

图 3-15 苹果车载系统 CarPlay

3. 车辆外饰人机界面设计因素

智能车辆的显示将不再局限于传统的仪表板、中控台和后视镜等区域。在未来,任何物理设备和环境都有可能被嵌入显示装置,成为信息显示的媒介。在显示方式上,智能车辆的显示方式将不再局限于单一的物理设备,而是多位置、多显示形式的整合。这种多屏显示很可能是未来智能车辆显示方式的重要趋势。本小节将介绍三种主流的车辆外饰人机显示界面,分别是前挡风玻璃显示界面、车窗显示界面和车门显示界面。

1)前挡风玻璃显示界面

前挡风玻璃显示界面是以平视显示(Head-Up Display,HUD)为载体,将导航、路况、车速等数据可视化处理投影至前挡风玻璃形成的一个全新的显示界面,帮助驾驶员获取驾驶信息、辅助驾驶信息甚至娱乐信息。例如 BMW 的平视显示系统,如图 3-16 所示,已经在其多款车辆中使用。

从人机交互的角度看,平视显示最大的优点在于驾驶员可以在视线不离开前方路面的前提下获得各类信息,有效地提高驾驶安全性和降低驾驶员认知负荷,被认为是未来最安全的显示方式之一。这一点将在后续章节展开叙述。

2) 车窗显示界面

随着以柔性屏、透明屏为代表的多种物理介质设备的应用，车窗显示界面开始逐渐被提出。以威马 EX5 车窗显示界面为例，如图 3-17 所示，威马公司将为每位用户打造 Super ID 系统，依托于 Super ID 系统，基于线上大数据分析技术，这扇可交互的车窗通过生物识别技术检测到车主 ID 时，会显示出剩余电量、续航里程和计划行程等信息。此外，它的车外交互信息、灯光、音乐、座椅位置等都会根据用户云端身份信息自动设定，车内语音识别也会提供个性化服务。

图 3-16 宝马 HUD 平视显示系统

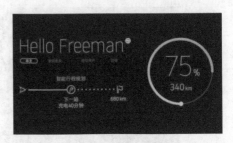

图 3-17 威马车辆车窗显示界面

3) 车门显示界面

车门显示界面是未来智能车辆的一个发展趋势之一，主要通过安装的各种传感器实现 V2V、V2X 和辅助驾驶的功能。

3.2.2 人机界面设计原则

1. 设计模式

车辆人机交互界面沟通了车辆与用户的联系，交互界面传达的信息在设计师与用户的共同经验领域时，信息才能起到最佳的传达效果。设计师根据已有知识，在用户研究的过程中了解用户的心理模型，而后在综合二者的基础上构建设计师的概念模型，通过设计形成需要传达的信息，就是人机交互界面所呈现的内容。设计产物需要尽可能地与用户心智模型相符，用户通过自身知识认知并使用产品，完成对信息的解码过程，从而实现产品的使用。

2. 设计原则

尼尔森从可用性角度出发，在《可用性工程》一书中详细研究了可用性的多维特征，提出了 10 条用户界面设计原则，主要内容包括系统与真实世界相符、系统状态可见性、用户的控制权和操作自由、一致性和标准、预防错误等，这十大原则最初是针对网页设计而提出的，但是对于智能车辆人机交互界面设计同样具有借鉴作用，车辆情境感知的对象主要包括了车辆本身、驾驶员、环境中的人、车、物、道路、用户偏好等各种情境因素。本节基于智能车辆人机交互情境感知设计基本问题，综合尼尔森提出的用户界面设计原则，提出了智能车辆情境感知人机交互界面设计的原则，如图 3-18 所示。

第 3 章 智能车辆人机界面设计

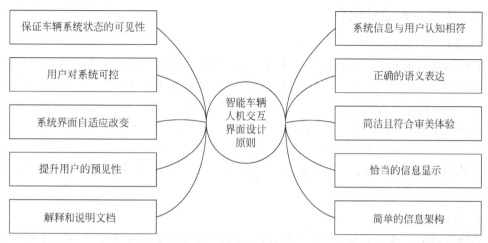

图 3-18 人机交互界面设计的原则

3. 依据不同因素合理设计

在车辆人机交互界面的设计中,人的视觉是重要因素。车辆中的界面显示区域比较多,这就导致在进行设计布局时,要考虑到每个界面显示区的形状、大小、显示方式方面的差异性,除此之外,信息的传达及方式也要考虑进来,基于以上因素对不同种类的人机交互界面进行不同的设计,使车辆界面的显示合理化,便于用户的使用。

例如,常见的车辆导航界面是根据光照情境的感知来设计的,车辆的导航界面可以根据白天与夜晚情境下的两种光照进行情境感知,自动切换界面亮度与模式,或者由明亮处驾驶到暗处时进行界面切换,例如由隧道外驾驶到隧道内的过程中界面会自动切换。这样的设计在白天光照强烈的情况下保护驾驶者的眼睛,夜晚可以让驾驶者感受到宁静的气氛,心态放松。该功能自适应推理规则为:IF<车内弱光>,THEN<白天模式→夜晚模式>,如图 3-19 所示。

图 3-19 基于情境感知的车载导航界面

3.2.3 人机界面设计流程

1. 设计流程概述

目前很多车辆人机交互的设计是以用户为中心来进行的。流程的设计是极其复杂的，从开发到市场应用需要一个长期的设计研究过程。实际设计的过程中有很多迭代设计，包括按照市场实际需求进行的调整设计。在界面交互的设计过程中，还要实时以用户的实际行为依据，在这个过程中用户是产品的体验者，通过用户体验产品和服务过程中获得的感受来体现出用户的心理需求，要设法激发用户使用产品的兴趣，鼓励用户完成体验任务，根据用户的体验与感受评估设计结果，为了能给用户带来更好的体验，就要进行迭代设计来优化人机交互界面的设计方案。

2. 设计流程

智能车辆的人机交互界面设计流程，区别于传统车辆的人机交互设计，不仅需要着手挖掘用户的需求，观察不同用户的驾驶情境，分析不同情境因素对用户驾驶行为的影响，还需要主动分析和预测不同用户的用车条件、地理信息等情境特征，使产品功能和服务满足各类用户在不同情境下的所有需求。在设计过程中，应该按照以情境中的人为中心进行设计，设计师不仅需要针对产品功能建立人机交互界面，还需要针对使用情境对产品功能和交互通道进行分析，根据用户认知特点和情境需求进行设计，选择合适的交互设计通道进行交互并对信息进行反馈。情境感知对于用户体验有着较强的影响力，较好地考虑情境因素能够在用户使用产品的过程中为用户提供更丰富的使用体验。具体设计流程如图 3-20 所示。

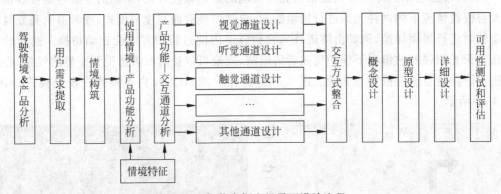

图 3-20 智能车辆人机界面设计流程

3.2.4 智能车辆 HUD 平视显示界面设计

考虑到未来较长的一段时间内，智能车辆仍在向无人驾驶（自动化级别：L3～L5）方向过渡，驾驶行为在未来几年仍然是智能车辆人机交互设计的关键问题。平视显示技术以其提升驾驶安全、降低驾驶员认知负荷等优点在智能车辆中具有更大的应用场景和发展空间。

即使是未来实现了全域自动驾驶,用户仍然有很多通过前挡风玻璃获取信息的诉求,平视显示技术同样具有较大的设计空间。因此,平视显示将成为智能车辆人机界面显示设计的主要方式,本节将以 HUD 平视显示为例介绍人机界面具体设计过程。

1. HUD 平视显示界面设计框架

1) HUD 平视显示设计概念

从用户用车情境和需求出发,在综合考虑 HUD 当前技术背景和现有产品功能特点的基础上,构思了融合增强现实的 HUD 平视显示界面,其主要显示信息如表 3-1 所示。

表 3-1 HUD 平视显示功能信息分类

基本信息	导航信息	车况信息	警示信息	多媒体信息
车速	路名	胎压监测	行人	电话
转速	车道	发动机工况	障碍物	音乐
限速	行驶方向	定速巡航	防碰撞预警	短信
	转向距离	自适应巡航	车道偏离预警	位置分享
	预计到达时间	机油压力	驾驶者异常预警	
		车门及尾箱状态		

通过运用先进的显示技术,设计方案构建的 HUD 界面包括了近投影面和增强投影面,其中近投影面显示了 HUD 的大部分信息,主要包括车速、限速、导航、音乐、电话、调频、自适应巡航控制、警示提醒等功能信息;增强投影面主要用于显示导航时的行车方向信息、车道保持信息、车距警示信息,车辆通过摄像头获取车道情境信息,结合导航功能定位的地理位置情境信息,增强投影面可以在此基础上将行车方向指引信息显示与现实世界融合为一,实现更自然的交互信息传递方式,让用户有种所见即所知的感觉。

设计方案在构建过程中,需要考虑用户在驾驶过程中面临打电话、播放音乐等任务情境,在设计概念的构建过程中为 HUD 加入新型交互方式,不同于现有车厂原装 HUD 只能通过中控或转向盘按键等方式才能操控,设计方案需要融入多通道融合人机交互的方式,如利用安装在后视镜上的红外辐射摄像头,用户可以通过手势操作来完成电话接挂;此外,用户可以通过语音操控部分功能,在行驶过程中可以将注意力保持在路面当中,通过自然交互就能够完成相关任务,有效提高驾驶安全和驾驶体验。

2) HUD 功能信息模块

信息模块构建是对已经聚类的信息进行界面布局设计,使得相似内容以一定的模块有规律地分布于界面之中,完成信息的分类编组,使信息有效组织在一起,方便用户分类查看和处理相关信息。认知经济性明确指出模块化的视觉信息界面能够有效节省用户的认知资源,帮助用户提高处理信息的效率和准确度。车辆平视显示包括五类信息,其重要程度和使用频率具有较大差异性,本书主要根据信息的使用频率和类别因素完成抬头显示界面信息模块的构建,具体布局如图 3-21 所示。

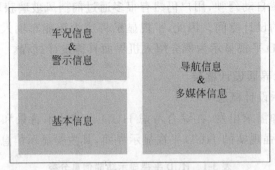

图 3-21　HUD 信息模块整体布局

基本信息是用户驾驶过程中需要知晓的最基本的车辆行车信息,应该呈常态显示在界面较为固定的位置,布局在 HUD 显示界面的左下区域。

车况信息和警示信息是反映车辆状况和道路交通环境的辅助驾驶信息,这些信息受环境和车辆状况影响,呈现突发性和临时性特点,因此界面显示并非常态显示,而是根据功能是否开启和突发状况产生的临时提醒的信息,适宜布局在界面左上区域,左上区域符合人眼视觉观察流程和特性,更靠近人眼的位置能够吸引人的注意力。其中车道保持、车距提醒和导航方向指引功能由于采用了增强现实的显示方式,会部分呈现在增强投影面当中。

导航、音乐、调频、社交、短信等内容是平级的功能和服务信息,基于分屏显示的原理,将这些信息布局于界面右半部分,在信息选择与切换的过程中这些内容能够根据用户的任务和操作交替显示。信息显示的切换能够在有限的显示范围内更好地呈现相关信息,从当前任务需求出发,实时感知情境显示所需信息,能够更好地满足用户的使用需求。

2. HUD 平视显示界面设计

1) 界面色彩分析

车内具有多个显示界面,针对不同的显示区域,设计师需要采用有针对性的设计方案。由于车辆处于不断移动的状态,而 HUD 显示界面是投影的虚像,其可视性受到行车过程中的环境背景因素影响,同时环境光照也会影响用户看到的信息内容。为了保证界面内容的清晰程度,更好地将有效信息清晰呈现给用户,需要采用恰当的色彩,色彩需要具有较高的可视性,从而确保用户在白天、夜晚等不同环境背景下能够清晰及时地获取相关信息。此外,需要对相关信息进行精简提炼设计,用户的主要任务仍旧是观察路面情况,HUD 显示信息设计需要减少对用户的干扰,采用图形化等形式传递需要表达的信息能够节省有限的显示空间。

情境感知车辆人机交互界面的显示信息首先需要给人安全、稳定的视觉感受,其次才是满足其他体验层次的需求。研究表明,在平常生活中人们接收的信息约 80% 来自视觉感官通道,听觉获取的信息约占 10%,其他三种感觉(触觉、嗅觉、味觉)获取的信息相对较少,视觉作为"五感"中获取信息最多的感官通道,在看的过程中人们首先感受到的是形与色的变化。在设计 HUD 显示界面的过程中,首先需从 HUD 显示信息的类型出发,关注用户的生活实际,收集关于警示提醒、信息指示方面的图片信息,而后通过分析色彩的用途和含义,提取后续设计需要使用的色彩,如图 3-22 所示。可以看到,警示信息、图标等内容多采用黄、红等色彩来表示,具有强烈的视觉冲击和吸引力,其中黄和红作为警示色彩,能够更好地吸引人们的注意力,黄色的可视性高,能够唤醒人们的危机意识,同时黄色可以反射光线,采用黄色来设计警示信息、图标等内容能够较好地营造紧张的氛围,更好地激发人体的危机意识,符合用户的认知和心理感受。

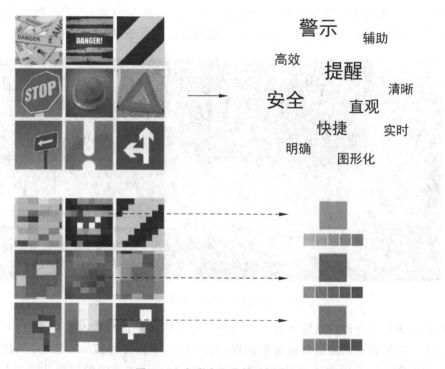

图 3-22 色彩含义分析及提炼

现实环境中的道路交通等指示牌多采用蓝色和绿色的色彩,城市道路交通指示信息多采用蓝底白图,在设计相关指示信息时可采用蓝色,能够较好地符合用户认知基础,设计呈现结果与用户经验相符,可以降低用户的学习成本,其一致性对于用户理解信息具有重要意义。

2) HUD 界面内容设计

考虑到车辆在行驶过程中,HUD 显示信息悬浮于路面,其背景是不断变化的,在设计过程中采用了最简单的图形和文字来表达所要展示的信息,不影响用户的主驾驶视野,关键信息的呈现促使用户将注意力保持在路面当中。系统默认的 HUD 显示信息只有车速信息,用户可以通过中控系统界面选择添加自己想要的显示内容,当用户开启导航或系统通过摄像头捕捉到限速标志时,界面会显示限速信息。

车载智能系统通过红外热感应传感器,可以感知人体的热量,行人警示功能的自适应推理规则为:IF<行车时间=夜晚>AND<前150m以内有行人>,THEN<显示信息=前方行人警示>,表示当红外热感应传感器检测到前方路面150m以内有行人时,近投影面将显示行人警示信息,如图3-23所示,智能系统通过主动感知前方行人,为用户提供警示信息反馈,可以增强用户的预见性,为用户提供充足的应急响应处理时间,避免因忽视行人而酿成事故。车载智能系统会感知车辆的地理位置情境信息,当车辆行驶到需要转向、变更车道的位置时,导航界面会自适应地改变信息显示方式。如图3-23所示,当车辆行驶到接近十字路口时,将提前显示可左转的车道,为用户做出决策提供正确引导。

图3-23 行人警示系统

智能车辆故障自诊断系统通过车内传感器对车辆状况进行实时检测,并接入HUD界面显示中。故障警示功能的自适应推理规则为:IF<车辆传感器=异常>,THEN<显示信息=异常警示>。以发动机机油压力故障为例,机油压力故障图标会显示在HUD显示界面的左上部分,及时提醒用户车辆异常状况。如图3-24所示,当用户开启了音乐播放,用户可以通过语音系统选择需要播放的音乐,或者通过中控按钮进行相关播放和选择操作,HUD右侧可显示音乐播放列表。

当用户开启了导航功能,系统通过定位传感器实时感知车辆的地理位置情境信息,与GPS定位系统进行信息交互,当车辆行驶到需要转弯或变道的路段时,近投影面内的导航信息将显示用户接下来的行车方向,包括道路缩略图、转向距离和道路名称。增强投影面通过前车摄像头获取前方道路环境情境,显示行车方向,指引箭头会与实际路况结合,导航方向指引信息仿佛印在路面当中的指示箭头,为用户提供精确的行车方向、转向信息。车载智能系统通过摄像头获取车道等环境情境信息,当车辆偏移主航道时,增强投影面将显示红色的警示信息,提醒用户偏离了车道,同时近投影面内的车道保持图案也会把相应的一侧变成

图 3-24 车况异常警示界面

红色来显示,直到驾驶者修正行车方向回归主道路之后警示信息才会消失。该功能的界面自适应推理规则为:IF<车辆偏离航道>,THEN<增强投影面显示红色警示信息>AND<近投影面车道保持图案相应一侧=红色>,如图 3-25 所示。

图 3-25 车道偏离界面

HUD 来电信息显示,为了保证最少的视线干扰,来电优先显示名字,如图 3-26 所示,如果没有名字则显示电话号码,用户可以通过手势来完成电话接挂,用户可以用手掌往右滑动接听电话,往左拒接或挂断电话。当来电信息取代了导航信息显示,增强投影面会通过箭头继续为用户提供行车方向指引。用户可以采用语音的形式唤醒系统为用户拨打电话,如用户说"打电话给刘宇",系统通过麦克风里的传感器接收相关语音信息后就会自动搜索联系人并拨打电话,这样用户可以在高速行车的状态下轻松完成接打电话的任务,同时保证行车安全和效率。当系统通过摄像头检测到用户疲劳驾驶时,HUD将显示警示信息,提醒用户不要疲劳驾驶,应适当休息,通过智能感知用户当前的驾驶状态为用户提供监控,保证驾驶者行车安全。该功能的界面自适应推理规则为:IF＜驾驶员疲劳驾驶＞,THEN＜近投影面显示提醒用户休息的图标和文字＞。

HUD警示功能,如图 3-27 所示,车辆将通过雷达主动感知前车速度和距离情境信息,智能判断两车车距是否安全,当车距为安全距离时,增强投影面的车距提醒色彩显示为蓝色;如果车距非安全距离,则车距提醒显示为黄色,且近投影面当中的车距警示图标会显示并闪烁,通过双重视觉提醒用户保持车距。

图 3-26　HUD来电显示界面　　　　图 3-27　HUD车距警示界面

3.3　智能车辆人机交互

3.3.1　智能车辆人机控制方案

智能车辆人机交互设计在人机控制上的方案是智能车辆系统的控制权会根据驾驶情境的需要在人和智能车辆之间转换,实现任务的接管与移交,即人机介入式控制。

从人机交互的角度看,人机介入式控制包含用户介入式控制和智能车辆介入式控制两个方面。

1. 用户介入式控制

用户介入式控制是智能车辆高度自动化驾驶期间,允许用户介入现有的自动化驾驶过程的控制方式。用户可以通过介入驾驶或其他控制的形式获得"失去"的控制权。用户介入式控制提供相对开放的接口,通过用户接管智能车辆的控制权,扩大用户的自主权,保持用户的掌控感,提升驾乘体验。

特斯拉(Tesla)在 2016 年 9 月更新的车载系统中,加入了一个转向盘触控检测系统,用于监测用户是否对智能车辆进行了介入驾驶控制。同时,该系统进一步明确了用户介入驾驶控制的方式,即在智能车辆自动驾驶模式下,当检测到道路等级、车辆速度、交通状况等发生变化,且转向盘上未监测到用户双手的触碰时,系统会通过视觉和声音警报提示用户通过转向盘介入自动驾驶。

2. 智能车辆介入式控制

智能车辆介入式控制是指智能车辆的驾驶系统能够基于对用户的多维度监测和判断,通过对以往数据和实时情境数据的分析,预测用户或车辆即将产生的行为,使智能车辆介入用户的操作,执行自动化驾驶控制。

例如,2018 年 Nissan 的"脑-车"技术,如图 3-28 所示,它从驾驶员佩戴的耳机中收集脑电波,以监测和评估用户状态,并预测驾驶意图。该技术可以预先判断驾驶员何时想要转向或刹车,从而使智能车辆更早地采取行动,介入用户的驾驶操作。

Toyota 在 2017 年测试了一款全新的自动驾驶原型车,如图 3-29 所示,该原型车将机器介入式控制应用其中。这款智能车辆利用摄像头监测驾驶员的眼部和头部动作,以此来判断驾驶员的状态,当驾驶员在车内昏昏欲睡时,智能车辆就会介入执行驾驶任务,保证用户的安全。

图 3-28 Nissan "脑-车"技术

图 3-29 Toyota 自动驾驶原型车

人机介入式控制重在人机协作,而不是盲目地依赖车辆自动驾驶或人为驾驶。这种人机协作,一方面减少了智能车辆自动化系统在遇到突发情况而无法处理的状况出现;另一方面,在很大程度上降低了驾驶过程中用户由于个人生理等原因造成交通事故的概率。在智能车辆人机交互设计中首先需要考虑安全性,为用户提供更加安全的驾乘体验。

此外,驾驶情境的复杂性决定了人机介入方式的多样性。在未来的人机介入式控制中,智能车辆可以利用其智能感知技术和结构化数据、深度学习算法以及计算平台的算力等,使智能车辆自动化系统较好地对相关情境进行准确识别,并根据具体情境和用户的基本情况,提供多样化的人机介入式控制方式。从设计的层面上看,需要对用户数据不断采集和更新,从而在不同的情境中为用户提供最合适的交互控制方式。

3.3.2 新实体媒介交互方案

网络、人工智能技术与车辆整合的信息系统(车载信息系统、车载娱乐系统等)以及大量的车载应用软件正在不断涌入车内。在这种情况下,传统车辆人机交互界面的主要特点是车内出现了一个类似平板电脑的中控屏或者大量的物理按键和旋钮,这种情况会带来两个突出问题:①采用触摸屏的车辆人机交互界面,因为其反馈效果不佳,需要占用户大部分的注意力资源,除非实现完全自动驾驶,否则其反馈的局限性会严重影响驾驶安全;②如果完全采用物理按键,虽然可以解决操作反馈问题,但是按键数量太多,会对车辆人机交互界面的物理空间、操作效率和外观形态产生影响。因此,智能车辆人机交互需要全新的交互模式来解决上述问题,显示控制的一体化设计和新材料与交互传感技术是目前可行的解决方案。图 3-30 所示为新实体媒介交互方案设计图。

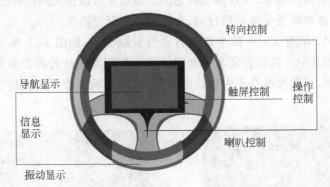

图 3-30 新实体媒介交互方案设计图

1. 以现有驾驶设备为基础的显控一体化交互模式

在无人驾驶(自动化级别:L3~L5)技术成熟和推广之前,传统的驾驶设备在很大程度上会得到保留。在这样的背景下,在未来智能车辆应用中,车内实体设备都有可能成为交互媒介,并被赋予全新的交互功能。另外,实体媒介交互会以物理形式来呈现信息,驾驶员通过新的交互方式(如触觉交互等)在物理界面上与动态交互信息进行交互和感知。

例如,2018 年 CES 展上,拜腾 M-Byte 概念车内中控台部位的 49 英寸超大屏幕配合实体按键对车内功能进行调控,如图 3-31 所示。车内驾驶员转向盘上配备有触控屏,高分辨率触控屏具有导航、信息传送等功能,对车内多种状态进行控制。基于上述的设计传统中控部位被屏幕与实体按键所代替。再如 ZF Friedrichshafen AG 在本次 CES 展上推出的屏幕转向盘,其交互方式并非触摸,而是通过敲打、双击、单击或滑动等来控制车内功能,如改变车内温度等,如图 3-32 所示。ZF Friedrichshafen AG 概念转向盘主要针对 L3 及以上级别的自动驾驶车辆设计,其具有电容式传感手势检测功能,其反馈精准性等优势为驾驶员提供更安全的驾驶体验。

2. 新材料与传感技术的实体交互模式

随着智能技术与材料科学的发展,智能车辆的控制设备逐步超越其固定不变的物理属性,开始被赋予动态的交互内容,形成实体显示控制界面以及信息数据的传播媒介。在媒介

 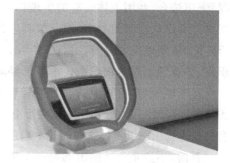

图 3-31　M-Byte 概念车中控界面　　　　图 3-32　Friedrichshafen 概念转向盘

材料上,其材质、柔韧度、弯曲度等性能实现了多样化实体;同时通过控制交互传感器的线性度、灵敏度、重复性等条件构建新交互形式。实现相关技术包括手持/手离转向盘检测、车道偏离、事故状态预警等。物理材质的新交互方式,构建了灵活的实体交互,进一步取代机械化的传统实体交互。驾驶员通过更自然的触摸行为或者按键行为完成操作和得到反馈,这更符合驾驶员的操作习惯。实体媒介交互方式提供了交互式的、有形的和物理的空间数据,使驾驶员能够掌握和操作复杂的三维数据,从而支持更有效和更自然的学习。例如,美国佐治亚理工学院(Georgia Institute of Technology)的学生为 BMW 做的感知转向盘的概念设计,感知转向盘将二维地图数据转换为三维的感知形式,利用转向盘材质的转变来"显示"路况,如车辆路径是右转时,转向盘的材质就会"绘制"出向右转,如图 3-33 所示。

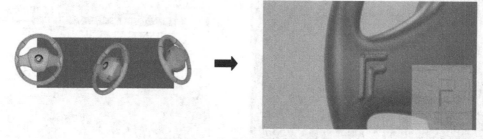

图 3-33　三维感知转向盘概念设计

3.3.3　智能车辆个性化交互方案

个性化、定制化交互方案一直以来都是用户需求和设计趋势。在智能车辆时代,传统的定制化模式已经远远不能满足用户的个性化需求。特别是在车辆共享模式成为现实的情况下,大多数用户将不是拥有车辆而是使用出行服务。因此,用户在每次使用时,都会根据自己的需要对车辆提出个性化的诉求,这不是传统的定制车辆所能满足的。

1. 基于生物识别技术和网络大数据的个性化交互

生物识别是指通过计算机与光学、声学、生物学等领域的高科技手段(如生物传感技术等)密切结合,利用人体固有的生理特征来进行个人身份识别的技术。当人们与识别系统交互进行身份认证时,识别系统获取其生物特征并与数据库中的特征模板进行对比,以确定是否匹配,从而确定其身份。目前,指纹识别、人脸识别、声纹识别、虹膜识别、掌纹识别、签名识别、静脉识别等生物识别技术都已经取得巨大进展,并在多个领域商业运营。

在车辆领域,生物识别在智能车辆中的应用是大势所趋。Frost&Sullivan 的智能移动团队曾在《2016—2025 年全球车辆行业生物识别技术》报告中预测:到 2025 年,近 1/3 的车辆会安装生物识别设备。这样的技术趋势,为基于生物识别的车辆个性化交互方案奠定了基础。

目前,不少企业所推出的量产车辆可以通过生物识别构建个性化账号,在用户的每次身份认证后系统自动解锁车辆,并给用户提供个性化的专属设置。例如,2017 年零跑车辆所发布的 S01 车辆,装有人脸识别系统,具备人脸解锁、启动车辆等功能,如图 3-34 所示。

在生物识别的基础上,线上数据和线下生物识别的整合,将是个性化车辆最为核心的趋势。通过线上用户行为大数据和线下生物识别的信息相整合,可以构建出线上、线下整合的无缝连接的个性化体验。例如,百度、华为和腾讯合作推出的威马 EX5,可以通过人脸识别技术输入专属于用户的威马账号。再根据威马账号记录的用户的日常使用数据,包括导航路线、空调温度等,从车内环境设置到出行路线规划满足用户的个性化需求,如图 3-35 所示。个性化账号的使用,大大节省了用户的操作成本,营造了更为智能便捷的体验。未来,威马的个性化账号还会和百度的用户搜索行为数据以及腾讯的社交行为数据进行整合,实现无缝个性化体验。

图 3-34　零跑车辆 S01 生物钥匙

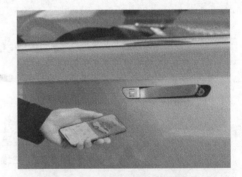

图 3-35　威马个性化账号平台

2. 基于生理心理感知技术的个性化交互

在生物识别的基础上,智能车辆系统可以实时获得用户的生理心理状态,从而为用户提供实时的个性化交互体验,实现智能车辆人机交互界面的实时个性化。例如,美国佐治亚理工学院研发的非接触式生理信息感知技术,可以在 30cm 外感知用户的心率等生理指标。亚迪电子在 2018 年首度公开的 Hexagram 非接触式生理照护系统,结合了热成像与雷达技术,能够即时监测用户的体温、呼吸与心率等。

当前，在车辆主动交互技术中，已经使用了部分生物监测和传感技术。例如，通过对驾驶员眼睑的监测，可以判断驾驶员的疲劳状态。未来智能车辆将更加全面和实时地感知用户的生理心理状态，并通过个性化反馈，保持用户的安全状态。

例如，2017年CES展上，Valeo的智能座舱利用生物识别、生物传感等技术判断用户的驾驶状态。当驾驶员昏昏欲睡时，系统通过从座舱通风口释放活力香味，唤醒驾驶员；处于正常状态时，系统将释放舒缓香味。另外，该智能座舱还可以根据需求将挡风玻璃处的灯光用作安全警示。同样在2017年CES展上展出的HYUNDAI MOBIS的智能座舱，可以通过生物传感技术检测用户的心跳等生理信息以确定用户身体状况，并在屏幕中显示出来。当用户身体出现异常时，系统可以随时接管车辆并向医院等机构发出求助信号。

例如，在2018年CES展上，Valeo新的智能座舱可以根据用户的生理状态调节舱内温度。其生物传感技术和红外摄像头可以监测并获取用户与环境之间的热量交换等信息，进而判断用户的心率、呼吸率、衣服类型、年龄、性别、形态等，以对座椅加热情况、空调温度和辐射面等进行微调，如图3-36所示。再如，2017年CES展上，Honda推出的NeuV概念车搭载了名为"情绪引擎"的人工智能系统，该系统能从对话中感知用户心情，并可以基于用户的情绪进行个性化的音乐推荐，如图3-37所示。

图3-36 Valeo智能座舱

图3-37 NeuV概念车"情绪引擎"

3.3.4 多通道融合交互方案

多通道融合交互是将人的多个感官通道（视觉、听觉、嗅觉、触觉、味觉、躯体感觉等）融合在一起，与产品或系统产生交互行为，使得人们可以全方位、立体、综合地感知、操作和体验产品，进而形成对产品的全面认知和情感体验。从智能车辆的角度来看，多通道融合交互的应用已经成为其重要特征，成为超越视觉体验，创造全方位驾乘体验的重要因素。

1. 视觉通道是基础

在人的信息加工过程中，视觉通道的信息占据总信息量的80%以上。因此在未来多通道融合的人机交互系统中，视觉依然是最基础、最主要的通道。与此同时，其他通道的创新体验要素发挥积极作用，为用户带来全新的体验。例如，对2016—2018年红点产品奖获奖车辆设计作品进行了调研,发现它们大部分配备了以视觉为基础的两种以上的交互通道(如听觉、触觉、嗅觉等),这充分反映了视觉仍然是多通道融合交互的主要通道,其他交互通道则在提升用户体验价值上发挥更大作用。

2. 语音交互是标配

语音交互将成为智能车辆的标配。目前,语音交互技术逐渐成熟,并且开始广泛运用在以智能家居为代表的智能产品领域。智能车辆作为承载驾驶任务的特殊智能产品,对安全性的要求极高,而语音技术的使用可以大大提高驾驶安全性。可以预见,语音交互作为非视觉通道交互的代表,将会成为智能车辆的标配。例如,2018 年 4 月 23 日,百度 DuerOS 和东风风神、博泰联合发布了基于 DuerOS 对话式人工智能系统的智能车机系统 WindLink 3.0,该系统可以为用户提供包括智能语音在内的智能交互功能和服务。WindLink 3.0 被认为是真正能听得懂人类复杂语言的智能车辆产品,将在未来为用户带来更加准确、实时的语音交互和体验。

3. 手势交互是瓶颈

与语音交互的快速发展相比,手势交互尚需解决驾驶场景适用性问题。作为一种自然的交互方式,手势交互可以让用户脱离实体设备的束缚,为用户提供更大范围、可以模糊操作的交互方式,能够有效减少驾驶员分心的情况发生。在仍需要驾驶员控制车辆的时代,手势交互将是未来智能车辆人机交互重要的备用技术。目前,手势交互虽然在实验室环境中可以实现 90% 以上的正确识别率,但是在实际驾驶场景的成功率不高,难以达到量产应用的水平。这是因为手势交互需要解决手势识别过程中对系统的识别要求和车辆驾驶场景复杂性等问题,特别是目前机器视觉系统对车辆振动场景的不适应。

4. 触觉和嗅觉通道是新方式

1) 触觉通道

触觉可以让我们的大脑感知周围环境的大量信息,如压力、温度和疼痛。它由体感系统控制,体感系统由皮肤中的触觉受体和神经末梢组成的大网络组成。警告中最常用的感觉是振动和力,通常称为触觉信号。一般来说,与依赖触觉的驾驶员的任何互动都包含"触觉模式"。触觉模式的主要优点是它不依赖于驾驶员的视觉注意力集中在哪里。然而,问题是它需要与驾驶员进行身体接触,这样才能感觉到信号。因此,这限制了触觉模态可用于与驾驶员身体持续连接的部位:转向盘、驾驶员座椅、踏板和安全带。触觉模式用于多种 ADAS:保持速度限制(例如,当超过速度限制时,通过在油门踏板上提供阻力)、盲点警告(例如,通过振动与盲点中车辆位置相对应的驾驶员座椅侧面)、避免碰撞(例如,通过振动座椅或转向盘)、车道保持(例如,通过向相反方向的转向盘施加短暂扭矩)、导航(三维感知转向盘)等。触觉模式有许多优点。在驾驶员不知道警告含义的情况下,与听觉警告相比,振动转向盘可以提供更有效的车道偏离警告。触觉警告可以很容易地实现为方向性,有助于驾驶员将注意力转向危险的方向。此外,触觉警告直接针对驾驶员,这意味着与视觉和听觉警告相比，触觉警告提供了更多的隐私。

需要注意的是，整个身体表面的触觉信息处理是有限的。这是因为人们无法处理到在不同位置同时出现的两个或三个以上的刺激信息。因此，在尝试对可能同时发生的不同警告使用触觉模式之前，应谨慎行事。最后，由于触觉反馈可能非常强，所以重要的是不要引起驾驶员烦恼。例如，如果与非常频繁的事件一起使用，可能造成不适效果。

2）嗅觉通道

在车辆领域，车内系统可以根据驾驶场景、用户需求和品牌需要，为用户提供不同的气味，打造全新的驾乘与品牌体验。例如，在 2018 年 CES 展上，Honda Xcelerator 推出了数字气味设计，如图 3-38 所示。该设计可以推测用户性格和心情状态，并结合当时的驾驶场景，在车内释放不同的气味，利用嗅觉通道为用户创造有趣的新体验，同时构建出 Honda 的品牌体验。

嗅觉通道是未来智能车辆最有可能实现的全新的交互方式。例如，2017 年 CES 展上，Valeo 的智能座舱利用生物识别、生物传感等技术判断用户的驾驶状态，如图 3-39 所示。当驾驶员昏昏欲睡时，系统通过从座舱通风口释放活力香味唤醒驾驶员；处于正常状态时，系统将释放舒缓香味。

图 3-38　Honda 数字气味设计

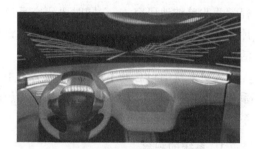

图 3-39　Valeo 智能座舱

5．多通道融合交互是关键

多通道融合交互超越了以视觉为基础的传统设计模式（界面、光效、造型等），是未来智能车辆交互方案的关键。通感设计的一个核心就是超越不同的感知通道并实现其不同通道的融合。移情作为通感设计的常用方法，要求设计师站在用户的角度思考深层体验问题，做到"以人为中心"而不是"以产品为中心"进行设计，它将在多通道融合的通感交互体验设计中发挥巨大作用。例如，2015 年 Jaguar 车辆和 Land Rover 车辆开发的 Bike Sense 安全系统可以通过车内的颜色变化、声音以及振动提醒驾驶员潜在的安全事故，避免了传统预警方式带给用户的急促感和不安。通过多通道融合交互的方式不仅可以提高驾驶员的反应速度，使其可以快速采取对应措施，提高驾驶安全性，还能带给用户更好的体验。

3.4 智能车辆人机系统设计

机器设计的过程一般分为六个阶段：原理设计、概略设计或初步设计、人机工程设计、结构设计、造型设计和完成产品设计。整个设计过程的各阶段划分并不是很严格，也不一定完全按上述顺序进行，但在现代机器设计中，人机工程设计总是处于必不可少的重要地位。人机系统设计的主要任务是在总体上协调好"人"与"机"的关系，正确地进行人机系统设计。在完成机器设计的总任务中，人机系统设计的作用主要是使"人"与"机"高度协调地统一在一个系统之中，实现人机系统综合性能的优化。

3.4.1 人机系统设计的概念

人机工程设计的特定问题是谋求整个人机系统的综合优化。人机系统是一个完整的概念，表达了人机系统设计的对象和范围。将人放到人-机-环境这样一个系统中来研究，从而建立解决劳动主体和劳动工具之间的矛盾的理论和方法，是人机工程学的一大贡献。人机工程学的主要研究对象是"人机系统中的人"，人是属于特定系统的一个组成部分，但人机工程学并非单纯地研究人，它同时要研究系统的其他组成部分，以便根据人的特性和能力来设计和优化系统。因此，人机系统的概念对设计者正确把握设计活动的内容和目标，认识设计活动的实质和意义，都是十分重要的。

人机系统的概念既不单独指"人"，也不单独指"机"，而是突出"人"与"机"之间的内在联系和相互作用，强调以系统为对象，着重点在"人"与"机"的交叉、结合部。准确地理解人机系统的概念，需要着重掌握以下几点要领：

1. 系统的观念

"系统"是由相互作用和相互依赖的若干组成部分结合成的、具有特定功能的有机整体。对一个系统的定义，至少必须明确这个系统的目标，规定为实现该目标所需要具备的功能，以及这些功能之间的相互联系。例如，要定义一个城市的交通系统，设计者必须根据一定的目标使各种运输活动协调起来。因此，系统的观念认为，在一个系统中，部分的意义是通过总体解释的。有了总体的概念，才能处理好各个部分的设计，这是一条符合系统思想的设计哲理。

2. 人机系统的性质

人机系统包括"人"和"机"两个基本组成部分，这两个部分缺一不可。人机系统的性质在于"人""机"之间存在着信息、能量、物质的传递和交换。这个系统能否正常工作，取决于信息、能量、物质的传递和交换过程能否持续有效地进行。"环境"可以作为人机系统的干扰因素来理解，当环境不对人产生干扰时，则人对环境无异常感觉，表明环境是宜人的。排除环境的不利影响，保证环境不干扰人的正常作业，是设计工作的主要任务之一。

3. 人的主导作用

肯定人机系统中人的主导地位和作用,是人机工程学的一个基本思想。以人的特性和限度为根据,为人的使用而设计,将人的因素贯穿于设计的全过程,是人机系统设计的重要原则。在人机系统中,人的主导作用主要反映在人的决策功能上,人的决策错误是造成事故的主要原因之一。

4. 人机功能的合理分配

人机系统设计的首要环节是将系统应当实现的各项功能正确而合理地分配给"人"和"机",使"人"和"机"各自充分发挥自身的机能特点与优势,互相协调,共同实现人机系统综合性能的优化。

5. 人机界面的优化匹配

人机界面是"人"与"机"的交叉、结合部,是"人"与"机"之间相互作用的作用"面",几乎所有"人""机"间的信息、能量、物质的传递和交换都发生在这个作用面上。人机界面的设计,必须符合"人""机"间信息、能量、物质的传递和交换的规律和特性。可以认为,人机界面的优化匹配是人机系统设计最基本的任务。

人机系统设计必须在产品或工程设计的初期就介入,以利于充分考虑人的因素,反映人的需要。

3.4.2 智能车辆人机工程设计原则

在设计智能车辆的人机交互界面时,应该考虑以下原则:

1. 原则一 在驾驶环境中人机交互界面产生的提示信息能够引起驾驶员注意

在典型的驾驶条件下,提示信息应该是可察觉的。当出现优先级更高的警告信息时,应识别出车辆内可能掩盖警告的无关信号和环境噪声的潜在来源。当警告信号出现时,应抑制车辆内可能干扰预警感知的可控信号。

没有有效方法来吸引驾驶员注意力的警告显示可能会被忽略。例如,如果驾驶员朝不同方向看,可能看不到可视显示。为了使警告更明显,不应该夸大警告级别。这种信号过亮、声音过大、触觉刺激过大的设计不当,可能会引起驾驶员的注意力分散、烦恼或惊吓,导致驾驶员采取不适当的行动。有三种不同的感官模式可以用来警告驾驶员,即视觉、听觉和触觉。

1)视觉

位置和尺寸——视觉警告应该是可见的,并位于驾驶员视线的前方。警告应该设计成让驾驶员看向撞车威胁的方向,但警告不应该妨碍驾驶员的视野。避免将视觉警告与其他可能干扰信号的视觉信息放在一起。已经发现,位于驾驶员预期视线15°范围内的警告更加明显。

亮度——视觉警告应该有一个亮度,能够被驾驶员有效识别到。人们发现,在大多数驾驶条件下,大约两倍于直接背景的亮度更明显。

激活——视觉警告应该从突然出现开始。闪烁可以有效地吸引驾驶员对信号的注意。应避免使用其他闪烁显示器,除非它们已经是标准应用,如转向信号和危险指示器。已经发现,以4Hz左右的频率闪烁可以有效地吸引驾驶员对信号的注意力。

颜色——高优先级警告应以红色为主要颜色。

2) 听觉

播放类型——使用间歇脉冲或颤音音调。

强度——警告信号应在掩码阈值之上的一定范围内,但不应超过90dBA。在发出听觉警告时,车内的其他听觉信号应减弱或降低强度。

3) 触觉

触觉交互界面应与驾驶员保持连续的身体接触。

触觉警告应足够强烈,使驾驶员在可预见的驾驶情况下能够感受到,但不应影响他们的反应能力。

2. 原则二 不同类型的信息能够彼此区分开来

提示信息对驾驶员来说应该是清晰的,并且应该被理解而不引起混淆。它们应该立即被识别,以允许及时和适当的驾驶员反应。对于不同的警告信息,应该设计不同的警告信号以避免潜在冲突。例如,碰撞预警提示信号与来电提醒的提示信号应该有明显的区别。

3. 原则三 提示信息应提供空间线索

一般而言,提示信息应告知驾驶员信息源的大致方向和接近程度。信息源可能位于车辆的前部、侧面、后部和角落。它们可以是近的,远的,静止的和接近的。将驾驶员导向信息源可以加速反应并导致更适当的反应。方位提示可以通过视觉、听觉和触觉显示来传达。研究发现,如果提示信息设计得当,可以帮助驾驶员将注意力集中在正确的方向,以应对可能的碰撞威胁。如图3-40所示,危险源的空间线索可以通过图片的方式提供,或者通过座椅的振动将乘车人员的注意力向危险源转移。

图3-40 交叉路口碰撞预警

如果无法提供空间线索,则需避免提供不恰当的引导。错误的例子,如发现前方有障碍物时,通过后视镜上的报警灯来提醒驾驶员。

4. 原则四 信号优先级排序

对提示信息进行排序,以便将最紧急和最关键的消息有效地传达给驾驶员。当车内系统同时出现多个不同警告或信息时,如果消息的优先级没有得到正确的管理,低优先级消息可能会干扰和延迟驾驶员对高优先级信息的响应。

信号的优先级可以根据信号的安全相关性、操作相关性和紧急程度进行排序。

(1) 安全相关性——信息影响车辆安全运行的程度。

直接相关:该信息项包含直接的安全信息,旨在减少驾驶员、车辆、行人受伤或损坏的可能性。例如,碰撞通知或事故提前警告的消息。

间接相关:该信息与上面定义的安全性没有直接关系。但是,该信息如果由驾驶员处理和响应,则可能会减少发生碰撞的风险。例如,导航信息项。

不相关:信息项与上面定义的直接或间接安全都不相关。例如,来电显示。

(2) 操作相关性——信息在某种程度上增加了驾驶任务的便捷性,通过减少行驶时间和与驾驶相关的压力。

高度相关:如果不及时收到的信息,会给驾驶员带来不便或者产生费用。例如,提前通知导致交通延误的事件或发动机温度警告。

中度相关:相关性不高的信息,这些信息可能会提高驾驶任务的便利性和便利性,但如果不提供信息,不会给驾驶员带来不便或费用。例如,在导航系统上到目的地的距离或前方收费的价格。

不相关:不会影响驾驶任务的简便性的信息。例如,移动互联网功能或娱乐系统上的"立体声"指示器。

(3) 紧急程度——是否需要驾驶员立即采取相关行动。

高度紧急:0~3s。

中度紧急:3~10s。

不紧急:大于10s。

参 考 文 献

[1] 周一鸣,毛恩荣. 车辆人机工程学[M]. 北京:北京理工大学出版社,1999.
[2] 丁玉兰. 人机工程学[M]. 2版. 北京:北京理工大学出版社,2000.
[3] 袁泉. 汽车人机工程学[M]. 北京:清华大学出版社,2018.
[4] 应乐安. 人机工程学试验与评测[M]. 上海:上海交通大学出版社,2017.
[5] 谭浩,孙家豪,关岱松,等. 智能汽车人机交互发展趋势研究[J]. 包装工程,2019,40(20):32-42.
[6] 孙博文,杨建明,孙远波. 汽车人机交互界面层级设计研究[J]. 机械设计,2019,36(2):121-125.
[7] 曾乐. 基于情境感知的汽车人机交互界面设计研究[J]. 内燃机与配件,2019(2):167-168.
[8] 高晗,李博,韩挺. 未来汽车人机交互系统发展趋势研究[J]. 包装工程,2018,39(22):22-28.
[9] 王海丰. 无人驾驶电动汽车驾驶室内的人机交互界面设计[D]. 南京:东南大学,2017.
[10] 文晗. 基于情境感知的汽车人机交互界面设计研究[D]. 长沙:湖南大学,2016.
[11] 谢嘉悦,张舒. 智能化汽车主动安全人机交互界面评价方法的设计理念研究[J]. 质量与标准化,

2016(7):53-56.

[12] 许晓云,任静.汽车界面设计的智能化人机交互系统[J].设计,2015(19):146-147.
[13] 蒋文文.汽车人机交互设计方法与用户研究[J].科技与企业,2014(3):100.
[14] 谭浩,赵江洪,王巍.汽车人机交互界面设计研究[J].汽车工程学报,2012,2(5):315-321.
[15] MIUCIC R. Connected Vehicles[M]. Wireless Networks,2019.
[16] 尼尔森.可用性工程[M].北京:机械工业出版社,2004.
[17] Frost&Sullivan.2016—2025年全球车辆行业生物识别技术[R]. New York,2016.

第4章 智能车辆与行人交互设计

本章亮点：
- 智能车辆对行人的感知：智能识别系统"眼"中的人。
- 智能车辆的外界显示界面：全景 AR-HUD 显示技术使车辆更智能。
- 智能车辆与行人的交互：智能车辆的预测、判断、决策行为。

引 言

智能车辆利用车载传感器或路侧传感器感知车辆周围环境，并根据传感器所获得的道路、车辆位置和障碍物等信息来规划、控制车辆的转向和速度，从而使车辆能够安全、可靠、合法地在道路上行驶。随着人工智能技术的发展，智能感知识别与决策作为智能车辆的核心也得到长足进步。本章以智能车辆与行人交互为例，首先介绍人工智能的内涵、核心技术及感知识别方式，然后从数据来源、检测方法两方面详细解读智能车辆如何感知识别交通环境中的行人，并基于未来智能车辆外界显示界面的效用探讨其设计模式，最后从意图识别、行为预测和路径规划等方面详细介绍智能车辆的决策方式。

4.1 人工智能与感知基础

4.1.1 人工智能概述

1. 人工智能概念

"人工智能"一词于 1956 年在 Dartmouth 学会上首次被提出，自此之后，研究者们提出和发展了大量的相关理论及原理，人工智能的概念也被不断丰富拓展。目前已有的人工智能定义可被分为四类：像人一样思考的系统、像人一样行动的系统、理性地思考的系统和理性地行动的系统。具体定义列举如下：

（1）定义一：人工智能是与人类思维方式相似的计算机程序。从本质上讲，这是一种类似仿生学的直观思路。其中，哲学家试图通过反省与思辨，找到人类思维的逻辑法则；而科学家则试图通过心理学与生物学实验,了解人类在思考时的身心变化规律。

(2) 定义二:人工智能是与人类行为相似的计算机程序。该种观点不再强调对人脑的研究和模仿,认为人工智能的实现并不需要遵循某种特定的规则或理论框架。这种实用主义思想在如今仍具有很强的现实意义。如利用人工神经网络模型处理机器翻译、语音识别等与自然语言相关的问题时,文句被处理成由音素、音节、字或词组成的信号序列,然后输入进人工神经网络模型进行训练。而在人工神经网络内部,各层神经元的输出信号可能相当复杂,甚至编程者都不一定清楚这些中间信号在自然语言中的真实含义,但只要整个模型的最终输出满足要求,这并不影响其被认为是智能的。

(3) 定义三:人工智能是研究、开发用于模拟、延伸和扩展人的智能的理论、方法、技术及应用系统的一门新的科学技术。该定义将人工智能视为计算机科学的一个分支,指出其企图了解智能的实质,并生产出一种新的能以人类智能相似的方式做出反应的智能机器。该领域的研究包括机器人、语言识别、图像识别、自然语言处理和专家系统等。

(4) 定义四:人工智能是有关智能主体的研究与设计的学问,而智能主体是指一个可以观察周遭环境并做出行动以达至目标的系统。该定义比较全面地揭示了人工智能的内涵,既强调了人工智能可以根据环境感知做出主动反应,又强调了人工智能所做出的反应必须达至目标,同时不再强调人工智能对人类思维方式或人类总结出的思维法则的模拟。

2. 人工智能特征

人工智能不同于常规计算机技术依据既定程序执行计算或控制等任务,而是具有生物智能的自学习、自组织、自适应、自行动等特性。《人工智能标准化白皮书》总结人工智能特征如下:

(1) 由人类设计,为人类服务,本质为计算,基础为数据。从根本上说,人工智能系统必须以人为本,这些系统是人类设计出的机器,按照人类设定的程序逻辑或软件算法通过人类发明的芯片等硬件载体来运行或工作,其本质体现为计算,通过对数据的采集、加工、处理、分析和挖掘,形成有价值的信息流和知识模型,为人类提供延伸人类能力的服务,实现对人类期望的一些"智能行为"的模拟,必须体现服务人类的特点,而不应该伤害人类,特别是不应该有目的性地做出伤害人类的行为。

(2) 能感知环境,能产生反应,能与人交互,能与人互补。人工智能系统应能借助传感器等器件产生对外界环境(包括人类)进行感知的能力,可以像人一样通过听觉、视觉、嗅觉、触觉等接收来自环境的各种信息,对外界输入产生文字、语音、表情、动作(控制执行机构)等必要的反应,甚至影响到环境或人类。借助于按钮、键盘、鼠标、屏幕、手势、体态、表情、力反馈、虚拟现实/增强现实等方式,人与机器间可以产生交互,使机器设备越来越"理解"人类乃至与人类共同协作、优势互补。这样,人工智能系统能够帮助人类做人类不擅长、不喜欢但机器能够完成的工作,而人类则适合于去做更需要创造性、洞察力、想象力、灵活性、多变性乃至用心领悟或需要感情的一些工作。

(3) 有适应特性,有学习能力,有迭代演化,有连续扩展。人工智能系统应具有一定的自适应特性和学习能力,即具有一定的随环境、数据或任务变化而自适应调节参数或更新优化模型的能力。另外,能够在此基础上与云、端、人、物越来越广泛深入地数字化连接扩展,实现机器客体乃至人类主体的演化迭代,以使系统具有适应性、鲁棒性、灵活性、扩展性,从而应对不断变化的现实环境,使人工智能系统在各行各业得到丰富的应用。

3. 人工智能发展史

人工智能自 20 世纪 50 年代诞生以来,其发展历程大致可分为五个阶段,如表 4-1 所示。

表 4-1 人工智能发展历程

时 期	描 述
20 世纪 50—60 年代	基于抽象数学推理的可编程数字计算机出现,连续主义和符号主义快速发展
20 世纪 60—70 年代	随着计算机任务的复杂性不断增加,人工智能发展遭遇瓶颈(如机器翻译失败、感知机有"局限"等)
20 世纪 70—80 年代	基于知识的系统盛行,专家系统得到快速发展,数学模型取得重大突破
20 世纪 80 年代至 21 世纪	由于专家系统在知识获取、推理能力等方面的不足,以及开发成本高等原因,人工智能发展再次进入低谷
21 世纪至今	随着大数据的积累、理论算法的革新、计算能力的提升,人工智能在很多应用领域取得了突破性进展

4. 人工智能等级

根据人工智能能否真正实现推理、思考和解决问题,可以将人工智能分为弱人工智能、强人工智能和超人工智能三个等级。

(1) 弱人工智能:不能真正实现推理和解决问题,无自主意识。弱人工智能系统仅能实现特定功能的专用智能,而不像人类一样能够不断适应复杂的新环境并不断培养出新的能力。如 AlphaGo 可以下国际象棋,甚至可以战胜世界冠军,但不具备其他能力。

(2) 强人工智能:达到人类智能水平,能够自适应地应对外界环境的挑战,有知觉,有自主意识,亦可称为"通用人工智能"或"类人智能"。强人工智能机器可分为类人与非类人两类。由于涉及思维与意识等根本问题的讨论,强人工智能在哲学上存在巨大的争论。

(3) 超人工智能:在几乎所有领域都比人类大脑表现得更优秀,包括科学创新、通识和社交技能。

5. 人工智能关键技术

从信息流动的角度出发,人工智能框架可由五部分组成,即智能信息感知识别、智能信息表示与形成、智能推理、智能决策和智能执行与输出,由此也决定了人工智能研发的关键技术,具体描述见表 4-2。

表 4-2 人工智能关键技术列举

名 称	内 容
机器学习	机器学习是人工智能领域的核心。研究计算机怎样模拟或实现人类的学习行为,以获取新的知识或技能,重新组织已有的知识结构使之不断改善自身的性能。涉及统计学、系统辨识、逼近理论、神经网络、优化理论、计算机科学、脑科学等诸多领域
知识图谱	知识图谱本质上是结构化的语义知识库,是一种由节点和边组成的图数据结构,以符号形式描述物理世界中的概念及其相互关系,其基本组成单位是"实体-关系-实体"三元组,以及实体及其相关"属性-值"对。不同实体之间通过关系相互联结,构成网状的知识结构。在知识图谱中,每个节点表示现实世界的"实体",每条边为实体与实体间的"关系"
自然语言处理	自然语言处理是计算机科学领域与人工智能领域的一个重要方向。研究能实现人与计算机之间用自然语言进行有效通信的各种理论和方法。涉及领域主要包括机器翻译、机器阅读理解、问答系统等
人机交互	人机交互是人工智能领域的重要外围技术。研究人与计算机之间的信息交换。主要包括图形交互、语音交互、情感交互、体感交互、脑机交互等。涉及认知心理学、人机工程学、多媒体技术、虚拟现实技术等
计算机视觉	计算机视觉研究利用计算机模拟人类视觉系统的各种理论及方法,使计算机拥有类似人类提取、处理、理解和分析图像以及图像序列的能力。可分为计算成像学、图像理解、三维视觉、动态视觉、视频编解码五类
生物特征识别	生物特征识别研究通过个体生理特征或行为特征对个体身份进行识别认证的各种理论及方法。主要包括指纹识别、人脸识别、虹膜识别、指静脉识别、声纹识别、步态识别等
虚拟现实/增强现实	虚拟现实/增强现实是以计算机为核心的新型视听技术。其在一定范围内生成与真实环境在视觉、听觉、触感等方面高度近似的数字化环境,用户借助必要的装备与数字化环境中的对象进行交互,相互影响,获得近似真实环境的感受和体验。包括获取与建模技术、分析与利用技术、交换与分发技术、展示与交互技术、技术标准与评价体系

4.1.2 人工智能的感知识别

智能信息感知识别是人工智能的基础,是指将物理世界的信号通过摄像头、麦克风或者其他传感器的硬件设备,借助语音识别、图像识别、智能识别等前沿技术,映射到数字世界,再将这些数字信息进一步提升至可认知的层次,比如记忆、理解、规划、决策等。

1. 环境感知传感器

人类智能是从视觉、听觉和触觉等感觉器官感知外部世界开始的。人工智能亦是如此,其通过环境感知传感器等硬件设备接收来自外界环境的各种信息,再经过信息处理系统推理分析,进而对外界刺激做出反应。

环境感知传感器可分为三类：一类是常规传感器，如速度传感器、加速度传感器、温度传感器等；另一类是感知传感器，如雷达、摄像头、红外线、超声波等；最后一类是虚拟传感器，如高精度数字地图、无线通信等。传感器示例如图4-1所示。

图 4-1　环境传感器示例
（a）加速度传感器；（b）激光雷达；（c）高精度数字地图

2. 信息感知识别

知觉是信息的输入，也是智能的开端。当前，人工智能在信息感知识别方面已取得重大进展，人工智能机器已具有较强的视觉、听觉和触觉等感知能力。

1）图像识别

图像是人类认识世界的重要信息源，它成就了人类的视觉能力。图像识别相当于人工智能机器的视觉能力，其通过摄像头等拍摄外部环境的视频或图像，经过神经网络等深度学习算法实现模式识别。目前，常用的图像识别框架如图4-2所示。其中，预处理包括图像的平滑、变换、增强、恢复、滤波等。特征提取即对图像进行准确的描述表示。分类器设计即通过训练确定判定规则，使按该判定规则分类时错误率最低。分类决策即在特征空间中对被识别图像进行分类。

图 4-2　图像识别框架

目前，人工智能机器不仅可以识别文字，还可以识别各种图案、物体。图像识别使得机器能够将纸质文字、图像等快速转换成电子文档或图片。自动驾驶应用图像识别技术，实现快速识别驾驶过程中所遇到的各种场景，区分出人、物等路中或路边的状态，并做出相应的反应。

2）语音识别

语音是人类交流的重要工具，也是人类智能的重要表现。语音识别相当于人工智能机器的听觉能力，其通过将各种语音转换成数据，再经各种复杂算法分辨识别，将语音转换成文字或其他信息。语音识别起源于20世纪50年代，但真正得到应用是在新一代人工智能之后,通过使用神经网络等先进算法,并使用语音大数据训练,使得语音识别技术得到了飞速发展。目前,常用的语音识别框架如图 4-3 所示。其中,预处理包括首尾段静音切除和声音分帧。声学模型通过对语音数据进行训练获得,输入是特征向量,输出是音素信息。语言模型就是通过对大量文本信息进行训练,得到单个字或词相互关联的概率,并通过计算所有可能性的概率,获得对应的最大概率值的索引,即输出文本。发音字典即字或词与音素的对应关系。

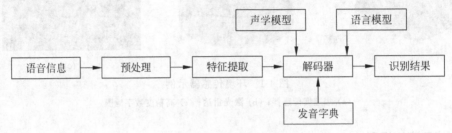

图 4-3　语音识别框架

目前,各种语音识别系统投入应用,如苹果 Siri、微软 Cortana、科大讯飞、小米小爱等,使人工智能机器具备了听懂人类语言的能力,人机之间的语音交互成为现实。

3) 智能感知

除视觉、听觉外,人类还依靠触觉感受外部世界。新一代人工智能在触觉方面也取得重大突破,并已基本走向实用阶段。如智能手环、智能皮肤,以及安装于大桥、汽车、座椅等各种场景中的智能感知芯片等。智能感知让人工智能机器具备了人类的触觉感知能力,在许多方面甚至超过了人类的感知能力。

4.2　智能车辆对行人的感知

综合数据来源和感知检测方法,智能车辆对行人的感知检测框架如图 4-4 所示。

4.2.1　数据来源

行人检测从数据来源角度可分为三类:即视频序列的行人检测、静态图像的行人检测和其他方式行人检测。

1. 视频序列

视频序列是由一组连续变化的图像帧组成,相邻帧之间具有高度相关性,因此对于视频序列这类特殊数据源,行人检测方法也具有其特殊性。实际应用中,视频序列中的行人检测与行人跟踪密不可分,它们之间可以相互辅助修正,提高性能。视频序列的行人检测除了每帧的图像信息外,还有图像内容的运动信息,因此运动检测是视频序列行人检测的主要手段。

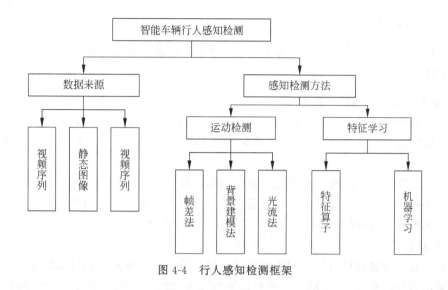

图 4-4 行人感知检测框架

2. 静态图像

对于静态图像中的行人检测，输入是单张图像，因此不能依靠视频序列相邻帧之间的相关性信息作为检测手段。即便对于视频序列，我们也可将每一顿作为一张静态图像作为研究对象，刻意忽略前后相关性，将问题简单化。

静态图像检测的结果可作为视频序列检测与跟踪的重要先验估计，视频序列检测与跟踪的结果也可以反过来辅助单张图像的检测，因此对静态图像行人检测的研究更基础，更有意义。特征学习是静态图像行人检测的主要手段。

3. 其他方式

上述两种常见的行人检测主要是基于单相机的彩色图像，除此之外，还有其他的行人检测方式。例如，多目立体视觉、彩色-深度图像等。

多目立体视觉应用在行人检测中的研究中，一般是基于双目彩色立体视觉系统。该类行人检测方式多用于商用车载行人监测系统（Pedestrian Detection System）上。双目立体视觉比单目立体视觉具有更好的空间信息，但本质上还是基于彩色图像，容易受光照的影响，且利用其产生的深度信息是经过计算估计得出的，速度较慢且不稳定。

彩色-深度图像一般也是由多传感器系统获取，主要目的是获取彩色图像的同时，获得其对应的深度图像。深度图像的获取方法主要有双目立体视觉法、激光雷达深度测量法、变焦距法、三角法等。例如，微软的 Kinect 采用的是双目立体视觉法，一个彩色摄像头用于获取彩色信息，一个红外发射传感器用于向环境中发射红外探测信号，一个三维深度传感器用于接收反射红外信号，获取红外深度图像。由于在彩色图像的基础上引入了深度图像，彩色-深度图像比单（多）目彩色立体视觉能产生更快更稳定的深度图。

4.2.2 感知方法

行人检测从感知方法角度主要分为两类：即基于运动检测的感知方法和基于特征学习的感知方法。

1. 基于运动检测的行人感知

基于运动检测的行人感知方法主要包括帧差法、背景建模法和光流法等。该类方法首先需要提取出前景运动的目标，随后对目标区域进行特征提取，最后利用分类器判断是否包含行人。

基于运动检测的方法有一个非常重要的前提假设：前景目标行人在相邻帧之间不会产生跳跃性位移。运动检测通过将运动前景目标从背景中分割出来达到检测的目的。运动前景目标能否得到有效分割，直接影响后期目标识别算法的性能。

1) 帧差法

帧差法是一种通过对视频序列中相邻帧进行差分运算来检测运动目标的方法。对视频序列逐帧地差分计算，可以理解为一种时域下的高通滤波。常用的帧差法包括两帧差分和多帧差分。

顾名思义，两帧差分即在相邻的两帧之间进行差分。由于在帧率较高的视频序列中，帧间几乎没有变化，因此两帧差分使用较少。一般来说多帧差分效果更好，鲁棒性更高。但由于物体的移动速度未知，因此多帧差分的间隔阈值的选取是一个难题。

2) 背景建模法

背景建模法是一种将视频序列中的当前帧和背景模型进行比较来检测运动目标的方法。常用的背景建模法包括：中值/均值建模法，即在连续视频序列中，取各像素点的中值或均值作为背景模型的亮度值；卡尔曼滤波器建模法，即使用卡尔曼时域递归低通滤波器不断地更新背景图像，同时抑制噪声、维持背景图像稳态；高斯分布建模法，即将背景图像的每个像素看作一个或多个代表背景场景的高斯分布的叠加，多个高斯模型混合使用就可以模拟出多模态的复杂场景；码本建模法，其通过为每一个像素点创建一个与颜色和亮度信息相关的码本，每个码本对应一组时间序列的码字，且码本与码字同步更新，所有像素点的码本构成一个完整的背景模型，用当前帧和码本进行比较可得到前景运动目标。

3) 光流法

光流的概念是由 Gibson 和 Wallach 等在 20 世纪 50 年代首先提出的。1998 年，Negahdaripour 等首先将估算光流场的概念应用于视频序列中的运动目标的检测问题中。光流是空间运动目标在焦面上形成的像素的瞬时运动速度，它由场景中前景目标和相机的单独运动或共同运动产生。光流法是指利用视频序列中像素在时域上的变化以及相关性来找到相邻帧之间存在的对应关系，从而计算出目标的运动信息的一种方法。简而言之，研究的是图像在时间上的变化与目标运动之间的关系。

光流法的基本原理：若图像中的每一个像素具备一个速度矢量，整个图像则会形成一个运动场。在运动的某个时刻,二维图像上的点与三维运动目标上的点产生的映射关系可由投影关系得到。若图像中出现有某处的速度矢量和邻域的背景速度矢量不同,则意味着图像中存在运动目标;反之,则图像中没有运动目标。

光流法一般可分为三类:匹配法、频域法和梯度法。匹配法首先使用目标特征在图像中搜索匹配,然后定位跟踪目标并计算光流,该方法可以很好地适应目标的运动和光照变化。频域法也称为能量法,利用一组可调速的滤波器得到图像的频率和相位信息,该方法估计初始光流时精度较高。梯度法也称为微分法,利用视频序列亮度的时空微分计算二维光流场,该方法计算量相对小且效果好。

以上三类行人感知方法的优缺点见表 4-3。

表 4-3 行人感知方法优缺点

方法	优点	缺点
帧差法	①计算复杂度;②对光照变化不敏感,可以适应各类动态环境,稳定性好;③适用于多个运动目标的感知检测	①帧间间隔需要人工设置;②不适用于背景和前景同时变化
背景建模法	①复杂的背景建模,可以获得较好的检测效果;②可以通过更新背景模型适应变化	①模型复杂度和检测效果之间难以权衡;②场景的快速变化(光照的突变、摄像机的抖动、运动目标进出场景等)使得单纯使用背景的建模比较困难
光流法	①光流携带了检测目标的运动信息和有关背景的丰富的三维结构信息;②在不需要建立背景模型的前提下,可检测出运动对象	①目标被遮挡、光源复杂和场景有噪声等情况下,光流场的亮度守恒假设条件不成立,难以计算出正确的光流场;②光流是稀疏的,难以精确计算;③可靠性评价因子需人工设置;④计算量大,实时性差

2. 基于特征学习的行人感知

基于特征学习的行人感知检测首先需要对行人对象进行准确的描述表示,即特征提取;然后再根据大量表征样本的特征向量学习出一个判别函数或构造出一个分类模型,即分类器(Classifier);最终达到感知检测行人的目的。

基本的训练特征主要有灰度、颜色、纹理、梯度、形状等。机器学习的分类器主要包括朴素贝叶斯、决策树、k 近邻、最大期望算法、逻辑回归、支持向量机、反向传播神经网络等,以及近年来兴起的卷积神经网络等深度学习技术。

分类器的选择需要结合具体的应用,主要考虑因素有实时性、分类数据的属性、分布特征。如果训练集很小,那么高偏差、低方差分类器(如朴素贝叶斯分类器)要优于低偏差、高方差分类器(如 k 近邻分类器),因为后者容易过拟合。然而,随着训练集的增大,由于高偏差、低方差分类器不能够提供准确的模型,因此具有较高的渐近误差,其性能将会下降很快,最终低于低偏差的分类器。可以认为这种现象是生成模型与判别模型的区别。

特征学习的方法一般分为训练和测试两个过程,其中,特征提取是共有环节。测试过程一般来说是在线测试,指的是一种端到端的检测过程。测试过程比较简单,使用训练得到的特征构建检测器,用于待测样本的分类判别。训练过程则有离线学习和在线学习两种。离线训练过程有两个独立步骤:首先需要对大量的行人样本进行特征提取;然后需要将提取的特征送入分类器中学习。在线学习将上述两个步骤衍生到了测试过程中,每一批样本训练完成后,根据该批样本的测试结果不断地在线修正、更新学习的模型,训练与测试交替迭代进行。

4.2.3 行人特征算子

特征的宏观定义是对对象进行某种抽象描述的结果。特征的微观定义一般由实际问题具体决定,可以从函数角度定义,可以从数理统计角度定义,也可以从机器学习角度定义。特征是大多数计算机视觉分析算法的基础,也是算法成功的关键。泛化能力是特征提取应遵循的一个最重要基本原则,即同一内容属性的不同图像所提取的特征应该是相同的。

1. 传统图像特征

传统的图像特征主要有颜色特征、纹理特征、形状特征等。

1) 颜色特征

颜色特征描述的是图像中元素的表面性质,是一种基于像素的全局特征。常用的颜色空间有 RGB(Red Green Blue)空间、HSV(Hue Saturation Value)空间。常用的颜色特征的描述方法有颜色直方图、颜色集、颜色矩、颜色聚合向量、颜色相关图等。

颜色空间不善于描述图像的局部特征,也不能很好地适应图像区域的大小、方向等变化。另外,由于同样颜色分布的不同物体普遍存在,因此仅使用颜色特征检索图像或检测目标会导致虚警率过高。

2) 纹理特征

纹理特征描述的是一种像素邻域的规律性,是一种基于区域的全局统计特征。纹理特征常具有旋转不变性,并且具有较强的抗噪能力,因此可以忽视局部偏差带来的影响。基于纹理特征的描述方法有统计法、频域法、形态法、模型法等。

纹理特征的缺点是其计算结果会随着图像分辨率、光照的变化而变化,图像中显示出来的纹理未必是景物的真实纹理,例如摩尔纹现象、水中倒影现象等。另外,由于纹理只是一种物体表面的特性,仅仅利用纹理特征无法获得高语义的图像内容。

3) 形状特征

在二维空间中,图形的几何形状特征可以很好地描述图像中的信息。基于形状特征的描述方法有边缘特征法、傅里叶形状描述子法和形状参数、形状不变矩法。

对于二维图像中的物体,除了视角变换、形变等各种外界因素干扰外,形状特征描述图像本身还存在以下问题:无法进行完备的数学表达;计算复杂度较高、占用存储空间较大;特征空间与人的直观感受存在差异性。

2. 行人特征算子

对于行人感知检测,常用的特征算子一般基于梯度、纹理、灰度、颜色等信息。具体而言,基于梯度的有方向梯度直方图、基于纹理的有局部二值模式、基于灰度的有类哈尔、基于颜色的有颜色自相似性等,以及基于上述特征算子的各种组合。

4.2.4 行人感知检测数据库

由于行人的外观易受穿着、尺度、遮挡、姿态和视角等影响,行人感知检测也具有一定的挑战性。行人感知检测常用的数据库可分为两类,即行人感知检测专用数据库和目标感知检测通用数据库,其中包含人的分类。

1. 行人感知检测专用数据库

基于行人感知检测的任务,世界各国研究人员建立了多个具有挑战性的专用数据库用于评估检测行人检测算法的可靠性。常用的主要包括法国国家信息与自动化研究所建立的 INRIA Person 数据库、瑞士苏黎世联邦理工学院建立的 ETH 数据集、美国加州理工学院建立的 Caltech 数据库、戴姆勒公司建立的 Daimler 数据库,以及达姆施塔特工业大学建立的 TUD-Brussels 数据库等。

1) INRIA Person 数据库

该训练库训练集包含 614 张正样本图像和 1218 张负样本图像,正样本中含有 2416 个人,正样本分辨率为 176×257～1080×976,负样本分辨率为 320×240～640×480;测试集包含 288 张正样本图像和 453 张负样本图像,正样本中含有 1126 个人,正样本分辨率为 447×358～1201×960,负样本分辨率为 320×240～640×480。数据集中图像清晰度和分辨率较高,是目前使用最多的行人训练数据库之一(图 4-5)。

图 4-5 INRIA Person 数据库示例

2) Caltech 行人数据库

该数据库视频总时长约 600min,分辨率均为 640×480,30 帧/s。标注了约 250000 帧(约 350000 个 Bounding Box),还标注了 Bounding Box 之间的时间对应关系及其遮挡情况。数据集包含 set00～set10 共 11 个子集,6 个作为训练集(set00～set05),5 个作为测试集(set06～set10)。该数据库还提供了 Matlab 工具包及性能评测工具,是目前使用最广泛的数据集(图 4-6)。

图 4-6　Caltech 数据库示例

3）Daimler 行人检测标准数据库

该数据库包含检测数据集和分类数据集。检测数据集中的训练集包含 15560 张正样本图像和 6744 张负样本图像，正样本分辨率为 18×36～48×96，负样本分辨率为 360×288～640×480；测试集包含 21790 张图像序列，分辨率为 640×480，其中含有 56492 个人。分类数据集分辨率均为 18×36，训练集有三个子集，共包含 14400 张正样本图像和 15000 张负样本图像；测试集有两个子集，共包含 9600 张正样本图像和 10000 张负样本图像。另外还有 3 个补充负样本图像集，共 3600 张图像（图 4-7）。

图 4-7　Daimler 数据库示例

4）TUD-Brussels 数据库

该数据库中，训练集包含 1092 对正样本图像和 192 对负样本图像，正样本图像分辨率为 720×576，含有 1776 个人；测试集含有 508 对图像，分辨率为 640×480，含有 1326 个人。另外还有一个补充训练集，含有 183 个人（图 4-8）。

图 4-8　TUD-Brussels 数据库示例

5) ETH 数据库

该数据库采用一对车载相机进行拍摄,分辨率均为 640×480,13 帧/s。目前包含 3 个子数据集(Setup1~Setup3),其中 Setup1 子集使用最为广泛,该数据集也广泛应用于静态图像行人感知检测算法评估(图 4-9)。

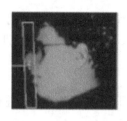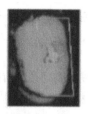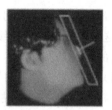

图 4-9 ETH 数据库示例

除此之外,还有 MIT 数据库、NICTA 数据库、CVC-ADAS 数据库和 USE 数据库等。其中,MIT 数据库是最早公开的行人检测数据库,但由于现有算法对其已几乎能达到 100% 的检测率,目前已经很少被使用。其余的数据库通常应用于行人目标跟踪或行为识别,行人感知检测方面现在也使用较少。

2. 目标感知检测通用数据库

对于一般目标检测,还有更具挑战性的 PASCAL VOC 数据库以及目前规模最大的 ImageNet 数据库。

1) PASCAL VOC 数据库

PASCAL VOC 挑战赛包含分类识别、目标检测和图像分割三项内容,并提供了一系列带有类别标签和注释的图像数据集和标准的性能评价系统(包括准确率、召回率、效率等)。比赛于 2005 年开始,起初只有 4 类物体,以后每年组织者都不断更新数据集。到 2007 年,目标类别由起初的 4 类增加到了 20 类,测试图像的数量也由开始的 1578 张增加到了 9963 张。2009 年之后采取扩增图片的形式取代了重构图库的形式,至 2012 年举办的最后一届 PASCAL VOC 挑战赛,其对应的数据集图像数量已达到 11530 张,包含 24750 个带标记和注释的目标。时至今日,PASCAL VOC 数据库的测试检测结果依然是目标检测领域普遍接受的可靠性评价标准。

2) ImageNet 数据库

2009 年,作为 PASCAL VOC 挑战赛的一部分,由斯坦福大学人工智能实验室主任 Fei-Fei Li 副教授发起的 ILSRC 挑战赛计划建立一个更大规模的 ImageNet 数据库,2012 年,ILSRC 挑战赛作为 PASCAL VOC 挑战赛的一部分由二者联合举办,之后正式接替了后者,如今 ImageNet 已成为世界上最大的图像分类识别、检测的数据库。在目标感知检测数据库中,包含多达 200 类不同的目标,训练集包含 456567 张图像,478807 个目标物体;验证集包含 20121 张图像,55502 个目标物体;测试集包含 40152 张图像,测试标签未公开。目前,ImageNet 数据库总图片数量已经超过 1400 万张。

4.3 智能车辆的外界显示界面

4.3.1 设计背景

在智能车辆应用之初,道路交通系统将进入人为驾驶车辆和无人驾驶车辆并存的混合状态,这个时期预计将持续20年左右。在人为驾驶车辆和无人驾驶车辆并存混行时期,智能车辆的特征是:

(1) 智能车辆的手动驾驶设备不会取消,如转向盘、刹车等。

(2) 依然要求有驾驶资格的人员操作,以便在紧急情况下接管智能车辆,进行手动干预。

(3) 用户处于从传统车辆向智能车辆的过渡期,对智能车辆的信任度和接受度较低。

在人为驾驶车辆和无人驾驶车辆并存混行时期,与智能车辆相关的法律法规和设施建设还不够完善,所以在这个时期手动驾驶设备会作为后备选项存在,一方面是对技术层面和法律法规层面不完善的补充;另一方面也帮助人们更平稳地从手动驾驶时代过渡到全自动驾驶时代。在混合模式时期,人为驾驶车辆和无人驾驶车辆同时存在,且支持无人驾驶车辆的相关城市设施还不完善,所以道路交通系统将更为复杂,在这种情况下难免会出现无人驾驶系统无法解决的情况,所以需要有驾驶资格的人员在紧急情况下进行手动干预。

4.3.2 设计目标

智能车辆的外界显示界面不仅应该帮助用户更好地驾乘智能车辆,为用户创造更好的驾乘体验,也应向其他道路使用者提供详细的智能车辆行驶状态参数,以辅助其他道路使用者做出最合理的决策。

在混合模式时期,智能车辆面临的主要问题是各道路使用者不清楚道路上行驶的车辆处于自动驾驶状态还是人工驾驶状态,这也是智能车辆外界显示界面需要解决的首要问题。对智能车辆行驶模式及行驶状态的不确定性是人们对智能车辆接受度较低的一个重要原因。

将与智能车辆相关的各项信息,以及各项驾驶任务完成情况透明化地展示出来是让其他道路使用者了解智能车辆行驶模式及状态的有效方式。这是智能车辆外界显示界面概念设计的主要功能和职责。

在混合模式时期,智能车辆面临的另一个问题是其仍然需要人类驾驶员在某些极端情况下进行手动接管。所以智能车辆的外界显示界面也要具备提醒功能,在极端情况出现时,提醒其他道路使用者智能车辆可能转为人工驾驶。

4.3.3 设计方向

智能车辆外界显示界面的主要目标是将智能车辆的各种状态信息透明化地展示出来,

使其他道路使用者更加清晰、容易地判断智能车辆的行驶模式及行驶状态。

在信息显示方面,不光要清晰易辨,更要能减少其他道路使用者的认知负担,提高认知效率。在这样的目标下,全景 AR-HUD 显示技术是最适合智能车辆外界显示界面的显示形式。

全景 AR-HUD 显示技术是智能车辆外界显示界面的主要发展趋势。将智能车辆的整个挡风玻璃作为 HUD 显示介质,把显示的图像信息与当前道路环境相结合。相较于 HUD 只能展示二维图像,全景 AR-HUD 技术将信息融合于真实环境中,能有效地减少其他道路使用者的认知负荷;且在展示信息的同时,又不会切断真实的行驶情境,充分提高认知效率。将全景 AR-HUD 作为智能车辆外界显示界面的显示介质,以此为方向进行设计工作,一方面,可以充分利用车内空间,增加显示面积;另一方面,显示信息与实景融合的显示技术,又可以更加清晰地展示汽车目前面临的路况和行驶决策。这些特性都更加有利于其他道路使用者对展示信息的认知。

另外,随着 AR 技术的逐渐成熟,AR-HUD 也成为各大汽车厂商的研究重点,与智能车辆一样,是汽车行业的下一个风潮。智能车辆与全景 AR-HUD 技术的结合是新兴技术与新兴技术的结合,是无人驾驶汽车领域的发展趋势。

4.4 智能车辆与行人的交互

与车辆交通相比,行人的运动更加复杂,这也使得智能车辆与行人的交互更加具有挑战性。行人运动的复杂性具体表现为:

(1) 运动速度。车辆交通的平均速度要远高于行人交通,按照速度水平划分,车辆交通属于快行交通,行人交通属于慢行交通。

(2) 运动维度。多数情况下,车辆沿单条车道行驶,车辆交通可视为一维运动;而行人交通常态下就表现出二维运动特性,例如左右摆动。

(3) 运动方向。车辆交通沿单一方向行驶,常态下的车辆交通流可视为单向流;而行人的运动经常会出现多向流的情况。

(4) 物理接触。车辆交通正常运行状态下,不存在物理接触力,车辆个体的物理属性是刚性的,一旦发生意味着发生了碰撞事故;而行人的运动很多时候可以说是由物理接触力来驱动的,特别在密集人群中,行人交通的物理属性经常表现为可压缩性。

(5) 交互关系。车辆之间的交互更大程度上被规则所束缚,例如交通规则、人机互动规则;而行人之间的交互行为大多数是由潜意识驱动。

(6) 各向异性。车辆交通有很强的各向异性,车辆对行驶方向的敏感度极高;而行人交通在不同方向上的异质性差别相对轻微,行人可以相对容易地改变自己的运动方向。

4.4.1 行人意图识别

行人的行为意图预测是智能驾驶技术中的研究难点之一,由于有些行人不遵守交通规则和行人本身灵活多变的特征,增加了行人行为意图预测的难度,使其成为道路中潜在的安全隐患。此外,由于行人有时候也存在注意力不集中的现象,很有可能忽视周围与之冲突的车辆。所以,智能车辆很有必要对行人的意图进行准确预测,才能保证交通安全。

行人意图受不同因素的影响,比如行人自身的速度、与道路边缘的距离、与车辆的距离、是否结伴而行、头部是否偏转等。

4.4.2 轨迹预测

轨迹预测是指基于目标的一段历史轨迹,利用算法来准确预测其在未来一段时间内的轨迹。轨迹预测方法可以分为两类:①基于物理模型的轨迹预测方法;②基于驾驶场景的轨迹预测方法,该方法又包括基于操作的轨迹预测方法和基于交互的轨迹预测方法。

1. 基于物理模型的轨迹预测

基于物理模型的轨迹预测方法将车辆视为受一系列物理学定律约束的运动实体,以被预测车辆运动状态的演化模型为基础,根据被预测车辆的状态或控制输入来预测其未来的行驶轨迹。

运动状态演化模型将控制输入(如转向、加速等)、车辆特性(如重量等)、外部条件(如路面摩擦系数等)与车辆运动状态演变(如位置、速度、朝向等)紧密联系在一起。演化模型包括动力学模型和运动学模型。

(1) 动力学模型描述了车辆的运动机理,其基于拉格朗日方程,考虑各种影响车辆运动的力(如横纵向轮胎力、道路倾斜度等)。车辆运动是一个复杂的物理过程,影响因素众多(如驾驶员操作对引擎、变速箱和车轮等的影响),动力学模型虽能够综合考虑车辆特性和道路环境的影响,但其往往过于复杂并包含大量的车辆内部参数。而对于实际应用(如轨迹预测等),该模型则应尽可能简洁。为解决该问题,在实际应用中,车辆常被简化为二自由度模型。

(2) 运动学模型描述了车辆的运动机理,其基于运动参数(如位置、速度、加速度等)间的数学关系,未考虑力对运动的影响。该模型忽略了摩擦力,并假定各车轮的速度方向与车轮方向一致。就轨迹预测而言,运动学模型更适用,因为该模型更简洁并且已足够满足应用需求。运动学模型包括:①固定速度模型和固定加速度模型,其都假定车辆做直线运动。②固定角速度及速度模型和固定角速度及加速度模型,其都通过引入偏航角及偏航角速度来分析车辆绕 Z 轴的变化情况。由于在该模型中速度和偏航角速度不相关,故该模型的复杂程度仍然较低。③固定转向角度及速度模型和固定转向角度和加速度模型,其都以转向角度代替偏航角速度作为车辆状态变量。该模型考虑了速度和偏航角速度间的相关性。

基于演化模型进行车辆轨迹预测的方法主要包括单一轨迹模拟、高斯噪声模拟和蒙特卡洛模拟。

(1) 单一轨迹模拟。该方法直接利用演化模型(动力学模型或运动学模型)表达车辆当前状态,并假定车辆当前状态完全已知,且演化模型可精确表达车辆运动机理。该方法计算效率高,适用于对实时性要求高的应用环境。然而,由于该方法未考虑车辆当前状态的不确定性,也未考虑演化模型存在的不足,故其轨迹预测结果就长期预测(大于1s)而言并不可靠。

(2) 高斯噪声模拟。该方法假定车辆当前状态及其演化的不确定性可用正态分布模拟。利用高斯噪声理论表示不确定性兴起于卡尔曼滤波的使用。基于有噪声的传感器测量结果,卡尔曼滤波可递归地估计车辆状态。第一步(预测步),t 时刻的估计状态被输入演化模型,得到 $t+1$ 时刻的预测状态(服从高斯分布);第二步(更新步),$t+1$ 时刻的传感器测量结果与预测状态结合形成 $t+1$ 时刻的估计状态(服从高斯分布)。通过在预测步的循环,未来每个时间步都可得到一个关于车辆状态的均值和协方差矩阵,即可得到一条与不确定性相关的平均轨迹。该方法的优点在于在预测轨迹上反映了不确定性,不足在于使用单峰的正态分布模拟不确定性并不足以代表不同的可能情况。

(3) 蒙特卡洛模拟。一般情况下,如未假定不确定因素的高斯分布特性,预测状态的分布通常是未知的。为了解决该问题,蒙特卡洛模拟被用于近似该分布,即通过在演化模型的输入变量中随机取样得到潜在的未来轨迹。为了考虑道路结构的约束,权重被用于轨迹生成评价以惩罚那些违反道路布局约束的轨迹。为了考虑某一操作的可行性,可行的方法为去除横向加速度超过物理学允许的情况下生成的轨迹或考虑演化模型中车辆的物理学边界。

由于仅仅基于低水平的运动特性(动力学或运动学特性),基于物理模型的轨迹预测仅适用于短期预测。另外,该模型不能预测任何由于某一操作的介入(如在交叉口先减速,再以固定的速度转弯,最后加速完成转弯)或外部因素(如因前方拥堵而减速)导致的车辆运动的改变。

2. 基于操作的轨迹预测

基于操作的轨迹预测方法将车辆视为独立的被操控的实体,其假定车辆在路网中的运动对应于一系列操作,且各车辆执行的操作相互独立。其通过识别驾驶员意图采取的操作完成车辆轨迹预测。该预测方法或基于原型轨迹进行,或基于操作意图估计进行。基于原型轨迹的预测方法的中心思想即车辆在路网中的轨迹可以被分类为有限的群集,且每一群集各代表一种典型的运动模式。在训练阶段,通过学习训练数据获得原型轨迹。在匹配测阶段,基于获得的车辆的局部轨迹搜索其最可能的运动模式并将原型轨迹视为其未来的运动模型。该方法对于结构化路面上路口等环境的适应性较好,但原型轨迹的适应性不好导致其数量较大,同时车辆纵向速度的变化对其分类效果有较大影响。

3. 基于交互的轨迹预测

基于交互的轨迹预测方法将车辆视为互相影响的被操控的实体,其假定车辆运动受其他车辆运动的影响。相较于基于操作的轨迹预测方法,该预测方法考虑了车辆运动间的相关性,因此可以更好地解释车辆运动机理。但目前关于该类预测方法的研究相对较少,已有预测模型主要基于原型轨迹或动态贝叶斯网络构建而成。以通过交叉口场景为例，各方法预测效果如图4-10所示。

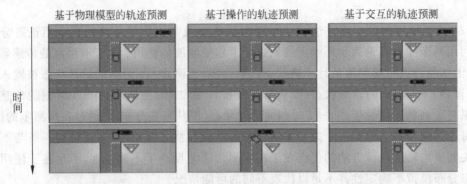

图4-10 轨迹预测效果示意图

4.4.3 碰撞风险评估

智能车辆需根据自车、周围其他车辆及道路信息对当前自车的碰撞风险进行评估，并进而做出相应的避撞控制策略。碰撞风险评估按照评估方式的不同可以分为基于状态不变的评估方法和基于轨迹预测的评估方法。

基于状态不变的评估方法即假定自车和前车均保持评估时刻的状态不变，并基于此评估二者间发生碰撞的可能性。包括时间型安全逻辑模型和距离型安全逻辑模型。

安全模型作为主动避撞系统对目标车辆危险程度判定的标准，其合理性将影响整个主动避撞系统的性能。一般地，安全模型的构建应满足以下要求：①保证安全性原则。安全模型应尽可能符合真实交通环境中车辆的运动规律，保证安全模型的科学性，并且其临界值（如临界报警距离和临界制动距离）的选取要以保证安全为第一要义。②模型参数易于获取原则。安全模型所需参数应是可以直接或者间接得到的，例如本车信息、路面信息以及可通过本车传感器测得的前车信息等。③兼顾驾驶员驾驶特性原则。安全模型应尽可能符合大部分驾驶员的驾驶习惯，在满足安全避撞的前提下，应尽可能保证驾驶员的驾驶体验感和舒适性，这样才能保证整个系统被驾驶员所接纳进而得到应用。

1. 时间型安全逻辑模型

该模型通过比较安全时间阈值和系统计算的车辆间碰撞时间来判断自车行驶的安全状态。代表性评估指标为避撞时间余量（Time to Collision，TTC），即自车和目标车分别维持碰撞时刻的速度至碰撞发生时所需的时间。由于不同驾驶员之间驾驶特性存在很大差异，安全时间阈值很难符合各类驾驶员的驾驶习惯，因此时间型安全逻辑算法于驾驶员而言其舒适度较差，在实际中很少被使用。

2. 距离型安全逻辑模型

该模型通过比较安全距离和当前时刻车辆间实际距离来判断自车行驶的安全状态。安全距离即车辆行驶过程中为避开前方车辆或障碍物所需保持的最小车辆间或车辆与障碍物间的距离。常见的用于跟驰场景下的安全距离模型有：

(1) 固定的安全距离模型。即以固定的距离作为判断是否制动的阈值,当自车与前车的实际距离小于该固定值时,系统则采取制动措施。该模型构建简单,容易实现,可在一定程度上保证跟车安全。在实际情况下,前车的运动状态及行驶路面的工况存在很大差异,为应对不同的行驶场景,安全距离的设定也应各不相同。然而,固定的安全距离模型并不能随车辆运动状态及路面工况的变化而变化,对行驶环境的适应能力较差,因此该模型实用性较差,并且其所需的固定值也难以确定。安全距离设置过大,虽可以确保跟车安全,但系统频繁起作用影响驾驶体验,并导致道路使用率降低;安全距离设置过小,又易致追尾碰撞发生。

(2) 基于制动过程的安全距离模型。一般地,车辆的制动过程可描述为驾驶员意识到危险并做出判断,踩下制动踏板进行制动,直至车辆停止。该模型根据车辆的制动特性计算了车辆行驶过程中制动所需的实际距离,在一定程度上能够模拟真实的车辆制动行为。该模型仅适用于前车静止或前车紧急制动并迅速减速到零的情况。此外,该模型仅考虑了交通安全的要求,未考虑驾驶员驾驶特性,也未考虑道路使用效率,导致其计算结果较为保守。一般情况下,该模型计算得到的安全距离要大于驾驶员主观感觉的安全距离。

(3) 基于车间时距的安全距离模型。车间时距即车辆间实际距离与车辆间相对速度的比值。在实际的跟车过程中,驾驶员也是根据车间时距和自车车速来控制车辆运动状态的。该模型可有效提高道路使用率,但当车辆间相对速度较大时,通过该模型得到的安全距离较小,车辆跟车安全性不能得到有效保证。

(4) 驾驶员预估安全距离模型。在实际驾驶过程中,驾驶员会对车辆行驶状态进行预测,以决定当前车辆间距离条件下是否需要采取制动措施。驾驶员预估安全距离模型则是根据驾驶员的预估行为来确定跟车行驶的安全距离。该模型模拟了驾驶员对车辆行驶状态及危险情况的主观判断,具有更高的拟人性,于驾驶员而言具有更高的舒适度。但该模型中一些参数的具体数值很难确定,因此其计算结果的准确性往往受到质疑。

(5) 根据驾驶员特性制定的安全距离模型。该模型继承了驾驶员预估安全模型的优点,充分考虑了驾驶员驾驶特性对安全距离的影响,能适用于比较激进的驾驶员。各安全模型的优缺点总结于表4-4。

表 4-4 安全模型优缺点

类　　型	名　　称	优　　点	缺　　点
时间型	碰撞时间余量	构建简单	未考虑驾驶员之间驾驶特性的差异,安全时间阈值很难符合各类驾驶员的驾驶习惯

续表

类　型	名　称	优　点	缺　点
距离型（跟驰场景）	固定的安全距离模型	构建简单	不能随车辆运动状态及路面工况的变化而变化，对行驶环境的适应性较差
	基于制动过程的安全距离模型	一定程度上能够模拟真实的车辆制动行为	仅考虑交通安全的要求，未考虑驾驶员驾驶特性及道路使用效率等，计算结果保守
	基于车间时距的安全距离模型	有效提高道路使用效率	当车辆间相对速度较大时，所得安全距离较小，车辆跟车安全性不能得到保证
	驾驶员预估安全距离模型	模拟了驾驶员对车辆行驶状态及危险情况的主观判断，具有更高的拟人性，驾乘舒适性更高	模型中一部分参数的具体数值很难确定
	改进的驾驶员预估安全距离模型	继承了驾驶员预估安全距离模型的优点，并改进了其部分参数难以确定的缺点	—

相较于跟驰运动，换道运动更加复杂，其不仅要考虑车辆的纵向动力学与控制，还要考虑车辆的横向动力学与控制。因此，相较于跟驰安全距离模型，换道安全距离模型更复杂，研究难度更大。目前，对换道安全距离模型的研究还相对较少，主要包括 NETSIM 模型、FRESIM 模型、MITSIM 模型、MRS 模型和南加州大学最小安全距离模型。

这些安全模型均假定自车和目标车辆保持预估时刻的状态不变，未考虑从预估到碰撞发生过程中驾驶员驾驶意图、驾驶操作等的变化，因此基于这些模型的碰撞风险评估的准确性仍有待改善。另外，这些安全模型仅能应对单一驾驶场景（如跟驰场景）下可能出现的单一冲突类型（如追尾），不能完全解决复杂交通环境下可能出现的各种冲突。相较而言，基于轨迹预测的碰撞风险评估方法具有更高的科学性。该方法通过对目标车辆在未来一段时间内的运动轨迹进行预测，然后结合自车的行驶区域，来评估两者间发生碰撞的可能性。

4.4.4　路径规划

智能车辆的路径规划即结合已知环境空间中障碍物的分布情况以及给定的智能车辆的起始位置和目标位置，规划一条满足车辆运动学约束，并且不与障碍物碰撞的可行路径。常用的智能车辆路径规划方法有基于图搜索的方法、基于采样的方法、基于数值优化的方法以及人工势场法等。

智能车辆的路径规划必须满足车辆正常行驶的标准要求，主要包括以下几个方面：

（1）安全性。智能车辆的路径规划算法要保证生成的路径都是安全合理的，保证不与其他障碍物碰撞。

(2) 满足约束性。车辆具有非完整性约束,规划的路径曲率应该满足车辆固有的最小转弯半径限制,并且需要满足车辆的运动学等约束。

(3) 最优性。对于智能车辆的路径规划问题,规划的路径应该在某个量度内是最优的,比如时间、长度和代价等。

(4) 实时性。路径规划算法的复杂度要考虑车辆的执行速度,因此智能车辆的路径规划问题对实时性要求很高,所以要求车辆的路径规划算法可以实时响应变化的道路环境状况。

(5) 舒适性。智能车辆研究的初衷是解放驾驶员,但其主要目的还是为乘客提供便捷的出行服务。因此,要求智能车辆平稳行驶,不能出现突然的大幅度转向,并且要求规划的路径需要具有连续的曲率并减少不必要的转向。

(6) 环境适应性。智能车辆的路径规划算法应能够随环境的改变而规划出适应各种不同路况的路径。

智能车辆的路径规划应该满足上述所有设计要求,但是不同的设计要求之间存在固有的矛盾,例如实时性和最优性标准。因此,应该根据要解决的路径规划任务的不同权衡各个设计标准。

在规划过程中,需满足的车辆物理学约束包括:

(1) 加速度/减速度约束。由于车辆动力系统及制动系统的限制,并考虑到驾乘人员的安全性和舒适性要求,车辆的加/减速度应根据具体情况控制在合适范围内。

(2) 非完整性约束。车辆具有三个自由度,但只有两个可控制自由度,其非完整性约束决定了轨迹的物理可行性。

(3) 动力学约束。考虑到车辆的动力学特性和车身稳定性,行驶过程中其运动曲率和横摆角速度受到一定限制。

智能车辆路径规划框架如图 4-11 所示。

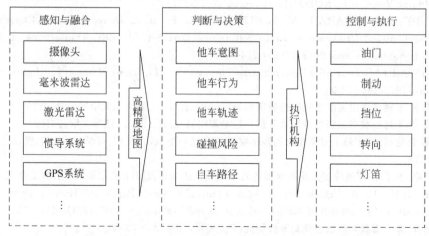

图 4-11　智能车辆路径规划框架

参 考 文 献

[1] RUSSELL S J, NORVIG P. 人工智能：一种现代的方法[M]. 北京：清华大学出版社, 2013.
[2] 中国电子技术标准化研究院. 人工智能标准化白皮书[R]. 北京：中国电子技术标准化研究院, 2018.
[3] 黄欣荣. 新一代人工智能研究的回顾与展望[J]. 新疆师范大学学报(哲学社会科学版), 2019, 40(4)：86-97.
[4] 陈思宇. 基于多传感器智能汽车环境感知系统研究[D]. 南昌：南昌航空大学, 2017.
[5] 刘弋锋. 基于浅层学习引导深度学习的行人检测[D]. 武汉：武汉大学, 2016.
[6] 陈益如. 基于视觉的行人检测算法研究及系统设计[D]. 杭州：浙江大学, 2014.
[7] 李凤英. 基于静态图像的人体检测[D]. 天津：天津大学, 2014.
[8] 许素萍. 深度图像下基于特征学习的人体检测方法研究[D]. 厦门：厦门大学, 2014.
[9] 许宏伟. 融合深度视频与跟踪学习的运动人体检测方法研究与实现[D]. 北京：北京邮电大学, 2014.
[10] GUO J, HSIA C, LIU Y, et al. Fast Background Subtraction Based on A Multilayer Codebook Model for Moving Object Detection[J]. IEEE Transactions on Circuits and Systems for Video Technology, 2013, 23(10)：1809-1821.
[11] GIBSON J L. Optical Motions and Transformations as Stimuli for Visual Perception[J]. Psychological Review, 1957, 64(5)：288.
[12] NEGAHDARIPOUR S. Revised Definition of Optical Flow: Integration of Radiometric and Geometric Cues for Dynamic Scene Analysis[J]. IEEE Transactions on Pattern Analysis and Machine Intelligence, 1998, 20(9)：961-979.
[13] 李晓凡. 全自动无人驾驶汽车人机界面概念设计[D]. 南京：东南大学, 2018.
[14] 施晓蒙. 行人交通流复杂运动特性与交互行为实验研究[D]. 南京：东南大学, 2018.
[15] 车领. 智能车辆对行人的运动感知和过街意图预测研究[D]. 西安：西安理工大学, 2019.
[16] 刘创. 无人驾驶车辆多目标容错跟踪与轨迹预测研究[D]. 杭州：浙江大学, 2019.
[17] 辛煜. 无人驾驶车辆运动障碍物检测、预测和避撞方法研究[D]. 合肥：中国科学技术大学, 2014.
[18] RAJAMANI R. Vehicle dynamics and control[M]. New York：Springer, 2012.
[19] LEFÈVRE S, VASQUEZ D, LAUGIER C. A Survey on Motion Prediction and Risk Assessment for Intelligent Vehicles[J]. ROBOMECH Journal, 2014, 1(1)：1.
[20] AOUDE G S, DESARAJU V R, STEPHENS L H, et al. Driver Behavior Classification at Intersections and Validation on Large Naturalistic Data Set[J]. IEEE Transactions on Intelligent Transportation Systems, 2012, 13(2)：724-736.
[21] HAYWARD J C. Near Miss Determination Through Use of a Scale of Danger[J]. Highway Research Record, 1972, 384：24-34.
[22] 罗莉华. 车辆自适应巡航系统的控制策略研究[M]. 上海：上海交通大学出版社, 2013.
[23] 杨晗. 基于驾驶状态识别的自动紧急制动控制策略研究[D]. 镇江：江苏大学, 2019.
[24] 罗强, 许伦辉. 基于最小安全距离的跟驰模型的建立和仿真研究[J]. 科学技术与工程, 2010, 2(10)：569-573.
[25] 梁忠艳. 基于车-车通信安全距离模型的驾驶员辅助决策研究[D]. 哈尔滨：哈尔滨工业大学, 2010.
[26] YI K, HAN D. A Vehicle Stop-and-Go Control Strategy Based on Human Drivers Driving characteristics[J]. Journal of Mechanical Science and Technology, 2005, 19(4)：993-1000.
[27] 杜卓洋. 无人驾驶车辆轨迹规划算法研究[D]. 杭州：浙江大学, 2019.

第 5 章 车路协同系统人机交互设计

本章亮点：

- **车路协同下的人机交互设备总述**：驾驶模拟及心生理采集设备在车路协同中的集成。
- **车路协同人机交互系统实验**：车路协同人机交互系统实验设计及实施方法。
- **车路协同人机交互下的驾驶人视觉**：关注车路协同人机交互下的视觉分心影响。
- **车路协同人机交互下的驾驶人行为**：探究车路协同人机交互下的驾驶行为表现。

引 言

作为目前交通领域的重要发展方向及研究热点，车路协同技术为驾驶人提供了丰富的道路条件、天气环境、车辆运行等驾驶辅助信息，改变了驾驶人与车辆、环境间的信息交互内涵与交互方式，为驾驶人带来更加安全、高效、生态的驾驶体验。同时，车路协同技术在全面落地应用前需要经历计算机仿真、模拟实验及实地测试三个阶段，而模拟驾驶技术为车路协同技术的应用前评估提供了有效手段。本章以车路协同人机交互系统的实验测试方法为中心，首先介绍驾驶模拟技术及驾驶人心生理采集设备的基本组成及在车路协同环境人机交互平台中的应用集成，然后以典型雾天高速应用场景为例，详述车路协同人机交互系统平台构建、终端设计、场景设计及实验实施设计方法，探讨车路协同人机交互系统的驾驶人视觉行为特性及分心影响，揭示车路协同人机交互系统下的驾驶行为表现，展示以人为本的车路协同人机交互系统的研究方法及体系。

5.1 驾驶模拟平台

随着时代的进步，通信、计算机等技术为各领域的研究提供了有力的支持，促进了科研工具的发展与进步。虚拟现实技术便是一种高端技术应用于科学研究的典型代表。虚拟现实技术是一种可以创建和体验虚拟世界的计算机仿真技术，它利用计算机生成一种模拟环境,通过多种传感器设备提供给用户逼真的三维视、听、触等感觉,使人作为参与者通过适当装置,自然地对虚拟世界进行体验和交互。驾驶模拟系统是虚拟现实技术的一个重要应用。

5.1.1 驾驶模拟平台概述及发展历程

驾驶模拟系统利用虚拟现实仿真技术营造一个虚拟的驾驶训练环境,用户通过操作模拟器的部件与虚拟环境进行交互,进行驾驶训练。驾驶模拟系统由动力学仿真系统、视景仿真系统、声频仿真系统、运行操作系统和数据记录系统组成,用户在驾驶舱使用驾驶模拟器时,计算机实时产生行驶过程中的虚拟视景、音响效果和运动感觉,使用户沉浸在虚拟环境中,给予真实的驾驶感觉。

汽车厂商和科研机构开展的关于驾驶模拟器的研究,使得驾驶模拟器不断升级和完善。20世纪70年代,德国大众率先引进驾驶模拟器技术,用于车辆相关研发探索工作。21世纪后,随着智能技术的不断发展,汽车的智能化程度也在不断增强,因此驾驶模拟器技术被广泛应用于汽车智能化的相关验证中。与此同时,为了追求更好的车路交互,且更加贴近真实的驾驶体验,研究人员开始设计更高自由度的驾驶模拟器。2003年爱荷华大学和美国高速公路管理局共同投资建造了具有13个自由度的NADS-1,建成之初为世界上最大最复杂的驾驶模拟器,可提供360°交通场景,具有先进的控制系统。除此之外,日本丰田、英国利兹大学、中国同济大学也相继推出了不同自由度的驾驶模拟器用于科学研究与工程实践。

5.1.2 驾驶模拟器组成结构

1. 硬件组成结构

驾驶行为模拟实验平台,硬件系统主要由三部分组成:控制系统、显示系统和车辆系统。硬件基本组成如图5-1所示。其中控制驱动系统是整个平台的核心,用于实现对实验系统的设计、控制、监控、记录等功能。车辆系统则是实现人机对接的平台,也是驾驶员能够进行驾驶操作的接口,实现为驾驶员提供逼真的车辆驾驶感受,并提供驾驶员驾驶操作的平台。显示系统是系统运行主要结果的体现,实现为驾驶员提供虚拟3D道路交通场景。

2. 软件组成结构

驾驶模拟平台中,最重要的软件系统便是虚拟场景搭建系统以及模拟场景系统。前者实现根据需求设计完成虚拟场景,后者实现模拟场景的计算和运行。其软件组成结构如图5-2所示。

软件系统以计算机为依托,模拟软件系统主要负责车辆运行与虚拟场景交互的动态效果,以及对交通环境中其他车辆运行及道路设施的模拟。首先,通过计算呈现出虚拟驾驶场景,接收驾驶员控制操作信息,实现在驾驶员操作情况下虚拟场景的动态运行,同时包括车辆振动信息和音效信息的输出。其次,该软件实现对车辆运行状态的实时监控和记录,能够对车辆运行状态、驾驶员操作特征、车辆运行环境周边特征等均以30Hz的频率进行记录输出。

第 5 章　车路协同系统人机交互设计

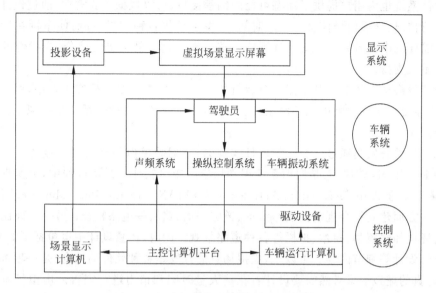

图 5-1　驾驶行为模拟实验平台硬件结构图

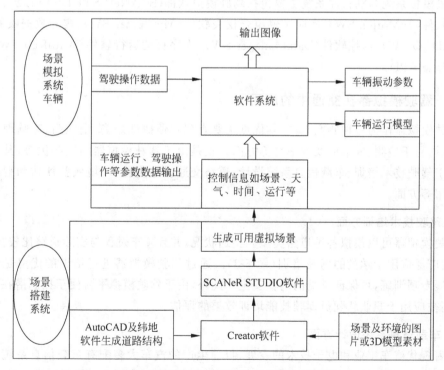

图 5-2　驾驶行为模拟实验平台软件结构图

该软件系统也为用户提供了动态可控的编程接口,可以根据实验需求,通过设计包括其他车辆运行情况、交通信号信息、天气、时间、突发事件等各种效果,进而使车辆在运行过程中达到所需要的事件效果。这套软件系统是整个平台运行最重要的部分,为我们的研究工作提供了重大支持。

虚拟场景搭建系统是驾驶模拟平台运行的基本条件,尤其是在研究工作中,由于研究的需求,往往需要特定的驾驶虚拟环境系统。因此,虚拟场景开发软件系统是模拟平台的重要组成部分。

虚拟场景的开发是通过结合多款软件实现的,与驾驶模拟平台实现对接的是该平台系统配套的 Roadtools 软件,它是模拟系统识别场景的接口软件。开发过程中,为实现场景的逼真性,需要结合 AutoCAD、HintCAD(纬地)、3D-MAX、Creator、Photoshop 等软件,运行这些软件一方面建立符合规范的道路线形、道路路面、路肩等道路特征;另一方面制作出场景需要的环境如建筑物、树木、护栏等各种道路景观。同时,场景设计中也包括了灯光设计、交通信号灯设计等细节内容。可以说,虚拟场景的开发是各种软件的结合,是一项细腻的工作,良好逼真的虚拟场景必然需要设计者花费大量时间和精力进行完善。虚拟场景的设计与开发,其核心在于研究者对所要研究因素的控制与设计。

场景模拟系统车辆软件系统主要包括驾驶模拟软件(SCANeR STUDIO v1.2)、运动平台控制软件(4xMotion SW)、实时车辆组合仪表软件(MyCluster SW)、实时数据收集-通信软件(MDAQ SW)、监控软件(DataManager SW)、程序自动运行软件(AutoRun SW)、API软件(ModelAPI)。

5.1.3 驾驶模拟器在交通中的应用

驾驶模拟器作为一种研究工具,其优点主要表现在便捷性好、安全性高、影响因素易于控制、数据易于检测、成本低及效率高等方面。正是由于驾驶模拟器的这些优势,其已经广泛应用于驾驶技术培训、车载信息系统设计、道路交通设施优化、环境效益评估和智能交通系统应用等方面。

1. 驾驶技术培训方面

驾驶模拟器可以模拟各种道路类型和交通状况,并且驾车过程与实际道路比较接近,因此,其被广泛应用于学员的驾驶培训(图 5-3)。通过驾驶模拟器进行培训的优势是便于对学员开展专项训练,可保证学员的驾驶安全。此外,由于驾驶模拟平台便于控制潜在影响因素,其还被应用于职业驾驶员驾驶技能培训效果的评估。

2. 车载信息系统设计方面

随着现代汽车工业和电子技术的发展,目前生产的汽车大多配有车载信息系统。人的认知资源有限,车载信息系统的使用是否会影响驾驶人的行为表现值得探索。由于驾驶模拟便于设计情境任务,且能兼容车载信息系统,因此,驾驶模拟平台也被应用于研究车载

第 5 章 车路协同系统人机交互设计　137

图 5-3　基于驾驶模拟器的学员培训

信息系统特性(如车载信息系统信息输出方式、视觉信息内容及布局、语音信息内容及播报等)对驾驶人行为表现(如驾驶分心、驾驶绩效)的影响(图 5-4)。

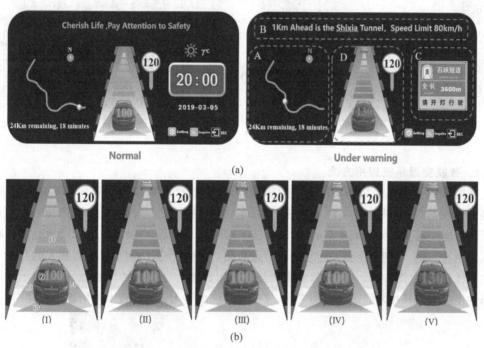

图 5-4　基于驾驶模拟器的车载信息系统界面布局设计
(a) 人机界面设计；(b) 车载信息系统情况展示

3. 道路交通设施优化方面

驾驶模拟器可以较为真实地还原实际中的道路类型、交通设施和交通组织等要素,并且具备重复性好、成本低、潜在影响因素可控等优势,便于采集在不同道路线形和交通标志设计方案下驾驶人的行为表现数据,因此,其被广泛应用于研究驾驶人对道路交通设施的认知过程,以及道路交通设施设计的安全性、效率性、科学性和宜人性评价等方面(图 5-5),旨在为道路交通设施的优化提供参考。

4. 环境效益评估方面

通过驾驶模拟器,研究者可以再造所设计的路侧景观,克服了实地测试路侧景观难以更改的难题,因此,驾驶模拟器被广泛应用于研究高速公路路侧景观和隧道侧壁景观等环境要素对驾驶人行为及心生理的影响。此外,驾驶模拟平台便于采集各种交通运行状态(如自由流、稳定流和拥堵流)下实验车辆与周围车辆的各种状态参数,通过这些数据可以进一步获取不同驾驶方式和交通运行状态下车辆尾气的排放情况,因此,驾驶模拟器也被应用于生态驾驶等相关研究中(图 5-6)。

图 5-5　基于驾驶模拟器的指路标志优化　　图 5-6　基于驾驶模拟器的隧道侧壁景观评估

5. 智能交通系统应用方面

智能交通系统已是当今交通发展的新趋势,与智能交通系统设计和应用有关的实验需求极大。现阶段,要构造能实现车辆与车辆、车辆与道路设施、道路设施与道路设施之间互联互通的智能交通实验平台成本高、耗时长且技术难度大。但是,驾驶模拟技术可通过触发程序实现车辆与车辆、车辆与路侧设施之间的动态联动,为研究车路协同条件下驾驶人的行为表现提供了试验条件(图 5-7)。此外,驾驶模拟技术可以设置各种类型的交通场景,有利于开展不同条件下无人驾驶技术测试等相关工作,故也逐渐被用于无人驾驶技术评估相关研究中。

图 5-7　基于驾驶模拟器的车路协同条件下驾驶行为研究

5.2 驾驶人生心理参数采集设备概述

驾驶人生心理参数采集设备主要包括眼动仪、脑电仪和心电仪。眼动仪主要采集驾驶人的眼动行为数据,如受试者眼球转动的角度,受试者瞳孔位置在垂直平面内的位置变化量、注视点的位置、注视持续时间、注视频率以及注视的轨迹等。脑电仪主要采集驾驶人的脑电波信号(EEG),如 δ 波、θ 波、α 波、β 波等。心电仪主要采集每个心动周期的心电信号(ECG),如 P 波、T 波、U 波等。这些生心理参数采集设备被广泛用于道路交通安全评价、分心驾驶或疲劳驾驶识别等研究中。此外,随着科技的发展,这些设备的采集精度和记录速度不断提高,对受试者的干扰不断减少,应用方向逐渐扩大。

5.2.1 眼动仪组成及应用

随着摄像技术、红外技术和微电子技术的飞速发展,特别是计算机技术的应用,极大地推动了高精度眼动仪的研发,目前国外已经有了很多眼动仪生产商,如德国 SMI 公司生产的 iView X 眼动仪、美国应用科学实验室(ASL)生产的 EVM3200 型眼动仪、H6 型和 R6 型单眼眼动仪系统、4000 型和 6000 型系列眼动仪、加拿大 SR 公司生产的 Eyelink Ⅱ 型头盔式眼动仪等。下面以德国 SMI 公司生产的 iView X 眼动仪为例介绍几类常见的眼动仪的组成及功能特点。

1. 非接触式眼动仪

SMI 的 iView RED 500 遥测眼动追踪系统(图 5-8)是一款典型的非接触式眼动仪,包括 iView PC 测试计算机、Stimulus PC 图像显示计算机和下方安装的两组红外光源及摄像头。受试者注视前方 Stimulus PC 计算机屏幕上的图形。测试人员通过 iView PC 测试计算机控制 Stimulus PC 上显示的图像,安装在 Stimulus PC 屏幕下方的摄像头摄取受试者眼睛图像并传入 iView PC 测试计算机,采集分析受试者眼动数据。Stimulus PC 屏幕可以采用液晶显示器、投影机或纸张。基于摄像机采集的数据,RED 眼动仪 BeGaze 分析软件可以进一步推导出注视点移动轨迹、不同位置的注视时间、注视点停留的区域分布,勾画兴趣

图 5-8 非接触式眼动仪

区并得到各个兴趣区每次目光停留时间、总停留时间、进出次数等数据。RED 500眼动仪采样率达到500Hz。校准最快仅需要十几秒,可以采用2点、5点、9点或13点校准,受试者注视屏幕上顺序显示的几个光点即可,而且针对儿童有专门的儿童校准法。RED 500眼动仪的优点是受试者不用佩戴任何设备,头部可以在一定范围内自由活动,受试者感觉舒适,可以进行较长时间的测试。这款眼动仪被广泛用于神经科学、心理学、精神病学、心理语言学、人为因素及人机工程学、市场研究等诸多领域。

2. 头盔式眼动仪

SMI的iView X HED可移动眼动追踪系统(图5-9)是一款典型的头盔式眼动仪,包括iView PC测试计算机和轻便头盔。受试者头戴头盔,头盔上装有半反半透镜和红外摄像头。受试者目光透过眼前的半反半透镜注视物体图像,一部分光线反射到摄像头被记录下来从而确定眼珠和瞳孔的位置,进而计算出眼珠水平和垂直运动时间、距离、速度及瞳孔直径。另一个摄像头摄取受试者的物体图像并确定注视位置。摄像机追踪虹膜和瞳孔上的角膜反射对头部相对运动进行补偿。iView X HED眼动仪采样频率为50Hz,特殊应用时可以有更高的采样率。校准需要十几秒,受试者注视几个提前设定好的点,仪器会自动探测到这些点并校准。iView PC测试计算机可以控制系统的多种功能,如眼动、视觉刺激和数据采集等。iView X HED眼动仪的优点是佩戴者活动不受任何限制,安装简单,操作效率高,可在几分钟之内轻松设置完毕,具有全自动跟踪功能,可快速获得跟踪数据,可与笔记本电脑或微型笔记本电脑连接使用,工作范围没有任何限制,无论户内还是户外均可昼夜全天候使用。这款眼动仪被广泛用于神经科学、心理学、精神病学、心理语言学、人为因素及人机工程学、体育、专业培训与教育、市场研究等诸多领域。

3. 眼镜式眼动仪

SMI的iView ETG 2w眼镜式眼动追踪系统(图5-10)是一款典型的眼镜式眼动仪,包括iView PC测试计算机和轻便眼镜。眼镜鼻梁处的红外线摄像机可提取受试者眼睛图像,

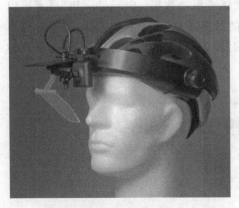

图5-9 头盔式眼动仪

图5-10 眼镜式眼动仪

经过 MPEG 编码后送入 iView PC 测试计算机。测试计算机进而对采集的图像数据进行分析，实时计算出眼珠水平和垂直运动的时间、位移距离、速度及瞳孔直径、注视位置。此外，通过注视分析可以获得视觉刺激发生时注视点移动的路径，观看活动图像或静止图像时目光停留位置和时间；通过统计分析可以获得绝对和相对注视时间，以及选定时段内注视持续时间所占的百分比。眼动仪采样频率为 50Hz，校准过程在数秒内完成。iView ETG 2w 眼动仪的优点是设计外观自然、佩戴舒适；系统不受环境限制，受试者可随身携带并可以自由活动，对使用的环境和使用者的活动范围没有限制。这款眼动仪被广泛用于公共设施设计、货架摆放、移动设备测试、体育训练和人机交互等领域。

上述三种眼动仪各有各的特点。与头戴式和眼镜式眼动仪相比，非接触式眼动仪无须受试者佩戴电子设备，实验过程中受试者处于一种比较自然放松的状态，这样可使实验结果更加真实可信。但是，由于非接触眼动仪的体积较大，其不适用于开展需要受试者运动的实验。而头盔式和眼镜式两种眼动仪都属于接触式眼动仪，体积相对较小。这两种眼动仪的应用领域也比较相近，均可采集被试者运动过程中的眼动数据。但是，与眼镜式眼动仪相比，头戴式眼动仪需要被试者佩戴头套，如果实验时间较长，更容易造成被试疲劳。纵观三种眼动仪，从应用范围和轻便性上来看，眼镜式眼动仪更优，但是，这种眼动仪仅对隐形眼镜兼容(即受试者佩戴隐形眼镜也可参与实验)，而非接触式眼动仪和头戴式眼动仪对普通眼镜和隐形眼镜均兼容。

5.2.2 脑电仪组成及应用

Neuroscan 32 无线事件相关电位系统(图 5-11)是目前世界范围内广泛使用的脑电采集分析系统，由脑电帽、放大帽、数据采集软件和数据分析软件组成。该脑电系统可以记录脑电图和事件相关电位信号。Neuroscan 具有全新的脑电分析研究方法，包括采用 DC 方式(也可采用 AC 传统方法)采集脑电信号、在线实时分析(事件相关电位、脑电频谱分析、相干同步分析等)、通过 ICA/PCA(独立成分分析和主成分分析)的方法去掉 EEG 中无效成分、通过 Source 实时观察偶极子的状态等，因此非常适合进行脑与认知科学的研究。

5.2.3 心电仪组成及应用

KF2 型动态多参数生理检测仪是北京保迈科技有限公司研制的一种先进装备，用于长时间检测受试者在各种状态(运动、睡眠等)下的生理参数(心电图、心率、呼吸、体位(体动)以及体表温度等信号)的多参数动态生理检测仪，由检测仪主机、副带、软件光盘和充电器构

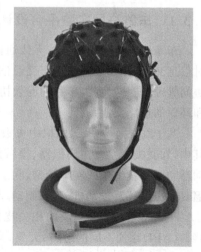

图 5-11 脑电仪

成,见图 5-12。分析软件用于分析检测仪记录的数据,具有下列功能：显示信号波形、QRS 波检测、呼吸率检测、心律失常分析、HRV 分析、ST 段分析、体动强度分析。

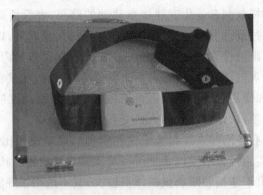

图 5-12　心电检测仪

5.3　车路协同人机交互系统实验设计方法

目前,车路协同技术下的人因研究在自然驾驶状态下开展较为困难,驾驶模拟技术作为评估与车内系统使用相关的驾驶员行为的常用工具,创造了一种安全可控和经济有效的实验环境,在系统设计和开发过程的早期进行相关研究,在一定程度上减轻了在现实环境中开发和实现的相关成本。依托模拟驾驶实验测试平台,借助其安全性高、设计性强、便于控制外部因素等特点,搭建车路协同驾驶模拟环境,以便开展车路协同人交互系统实验。本节以雾天高速公路车路协同系统实验为例,介绍车路协同人机交互系统实验设计相关内容。

5.3.1　车路协同实验平台设计

车路协同是采用先进的无线通信和新一代互联网等技术,全方位实施车车、车路动态实时信息交互,并在全时空动态交通信息采集与融合的基础上开展车辆主动安全控制和道路协同管理,充分实现人车路的有效协同,保证交通安全,提高通行效率,从而形成安全、高效和环保的道路交通系统。

基于驾驶模拟系统、虚拟中央数据库及智能终端构建车路协同系统实验平台(图 5-13)。其中,驾驶模拟系统由模拟器、操纵台和投射装置组成,模拟器是由转向盘、油门、离合器、制动器和后视镜组成的实车模型,除了具有和实车一样的真实操作外,还能在车辆运行时产生逼真的振动感及发动机、车辆制动、车辆运行等音效,给驾驶人真实的驾驶体验。

平台搭建过程中解决的相关技术问题包括：①3Dmax 软件开发虚拟场景；②应用程序接口(API)添加不同的道路、天气、交通状况的模拟器脚本语言以及其他车辆的运行参数；③用户数据协议(UDP)接口实现驾驶模拟平台与外部数据处理单元间的数据交互；④无线通信技术(Wi-Fi)实现计算机与 HMI 载体之间的数据通信,从而实现模拟平台与平板终端

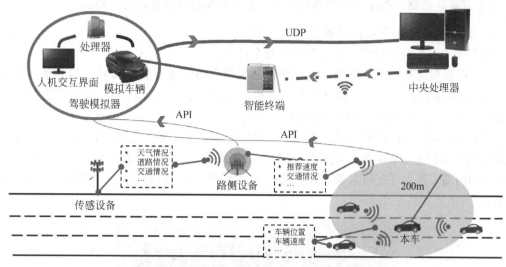

图 5-13 车路协同系统实验平台

的互联互通。平台系统的具体功能说明可从以下三部分进行解释：

第一部分为场景构建及数据转移。首先，通过调研及文献确定实验场景的道路、交通及环境参数，利用编程函数在模拟器中进行再造，同时利用数据采集函数实时采集实验车辆操作数据、周边交通情况数据及环境数据。其次，通过 UDP 在驾驶模拟器与中央数据库之间进行实时数据共享，数据库与驾驶模拟器保持等频率(30Hz)保存数据。最后，中央数据库的数据以 5Hz 的频率实时无线传输到外部终端设备中。

第二部分为数据处理。中央数据库中的数据具备完整性且呈现复杂性，然而过多冗余的信息通过路侧设备及车载终端设备进行显示反而会事倍功半，故而亟需通过对数据的处理提取特征数据生成警告消息，并在合适的位置进行广播。假设可探测范围为本车周边200m，即仅显示本车 200m 范围内附近车辆位置及速度信息。类似地，驾驶的路侧设备检测到相关天气等情况时将通过车载与路侧设备通信的方式传递给相关设备。

第三部分为信息显示。外部终端设备通过无线通信技术从中央数据库接收消息，同时显示器中展示场景中实时接收天气、道路和交通状况以及周围车辆的速度和位置。信息共包括三种类型：其一为常规显示信息，该信息仅用于展示；其二为预告信息，该信息为驾驶人提供潜在危险的相关信息；其三为危险警示信息，该信息触发条件为车辆处于碰撞或其他危险情况。

5.3.2 车路协同系统人机交互终端设计

雾天高速公路车路协同系统预警信息利用周边车辆速度、位置及道路天气信息检测驾驶人速度控制情况。而现阶段应用较为广泛的载体包括可变信息板及车载设备。实验将车路协同的信息作为实验控制因素之一，分为 3 个水平：无提示、智能路侧设备及智能车载设备,本节就智能路侧设备及智能车载设备的信息及界面设计方法进行介绍。

1. 智能路侧设备-可变信息板

对于可变信息板的设计主要包括以下几个部分:

(1) 可变信息板提示信息颜色。可变信息板信息的颜色对警示驾驶人起着重要作用。在中国,不同标志的文本信息颜色具有不同的含义:红色表示禁止,黄色表示警告,绿色表示允许。因此,选择黄色作为可变信息板文本颜色。

(2) 可变信息板的设置方式。交通标志设置类型多为悬臂式(单和双)及门架式。高速公路上的可变信息板多采用门架式类型,由于门架式标志比悬臂式标志更引人注意的特点,因此采用门架式作为可变信息板支架。模拟实验场景中可变信息板的大小和设置如图5-14所示。

图 5-14 可变信息板设置内容及方式

(3) 可变信息板预告距离及间距。为了提高预警效果,一般在预警位置前设置多个可变信息板。式(5-1)为可变信息板最佳视认距离设计公式。根据公式,理论上可变信息板的视认距离为371m。综合考虑国内现实情况及实验研究需要,选取雾区前2000m作为预警范围,且各可变信息板间距为500m。

$$D \geqslant (n-1)\frac{V_1}{3.6} \times t_2 + \frac{V_1^2 - V_2^2}{254(f+i+\varphi)} + \frac{V_1}{3.6} \times t_1 - (b+4.3)/a \tag{5-1}$$

式中,D 为可变信息板的消失点;n 为双向车道的数量,取 4(本实验为双向四车道);V_1 为驾驶人发现可变信息板时的速度(km/h),可以采用85%的运行速度或限速,根据预实验测试得平均速度为102km/h;V_2 为驾驶人视认结束时的速度,该速度可取最低速度,即60km/h;f 为滚动阻力系数,沥青混凝土路面为0.015;i 为道路的总坡度,通常取3%;φ 为路面附着系数,沥青混凝土路面取0.6;a 为标志的倾斜角,通常需取15°;b 为可变信息板的高度,设为10m;t_1 为感知和制动反应的总时间,通常需要2.5s;t_2 为车辆一次换车道所需的时间,通常需要6.5s。

2. 智能车载设备-车载交互终端

以华为平板电脑 M3 智能终端为原型(图 5-15),设备内置 Android 6.0 系统,尺寸为 215.5mm×124.2mm×7.3mm,像素为 800 万,同时具备触屏功能,该设备大小与现阶段车载设备类似,同时具有无线通信(Wi-Fi)功能。通过无线通信协议实现驾驶模拟平台与智能终端的互联互通,构建满足雾天高速公路车路协同测试要求的数据交互平台。智能终端给驾驶人提供相关信息提示的同时尽可能减小驾驶人分心水平,本次实验中设备固定于图 5-15 中所示的驾驶员前方左侧区域。鉴于雾天高速公路车路协同系统预警功能,将基于驾驶模拟及外部终端设备的车载显示要求归纳如下:

(1) 本车周边车辆的运行状况,包括位置及速度等相关情况的感性描述;
(2) 通过周边车辆及环境的情况,给予本车速度和可变限速的相关提示;
(3) 天气状况和道路的紧急情况;
(4) 本车状况。

图 5-15 华为平板电脑 M3 及布置位置

车载设备是车路协同系统与驾驶人交互的载体,车载提示内容的设计主要考虑两种因素,即雾区提示信息给予的完整性及适用性,综合考虑车载人机交互界面的要求及考虑因素,基于特斯拉车载终端界面及国内车载终端界面设计终端显示界面,相关的预警及提示信息总共分为四个部分,如图 5-16(a)所示,分别为:

(1) 为前车车距提示模块。该模块实时提示驾驶人前车距本车的距离,当距离大于 200m 时,车载终端显示">200m";当距离为 200m 以内时,则显示两车实时距离。

(2) 为可变限速控制模块。该模块通过语音及图像实时提醒驾驶人当前限速及当前车速,当平台检测到驾驶人超速时将触发语音"您已超速,减速慢行"。本次研究对象包括雾区及常态两种状态下高速公路场景,根据我国限速规定,高速公路无雾区及轻雾条件下限速 120km/h,浓雾限速 60km/h。随着车辆处于不同环境下,车载将会提示车辆不同的限速信息。

(3) 为紧急情况及雾区提示模块。当平台检测到与前车碰撞时间(TTC)小于2s时,红色三角形惊叹号警示标志会常亮并伴随"滴滴"声;当平台检测到车辆处于雾区渐变区或雾区时,黄色三角的雾区警告标志常亮。

(4) 为周边交通环境提示模块。该模块根据周边交通状况显示图5-16(b)中的各种箭头样式,当周边车辆与本车距离超过200m时,显示为绿色箭头,当距离小于200m时显示黄色箭头,当TTC小于2s时将会显示红色箭头。图5-16(b)中的Ⅰ~Ⅲ表示本车与前车不同车距时,该模块各箭头显示情况;Ⅳ~Ⅵ表示本车与右侧(右前方、右后方)不同车距时,各箭头显示情况。实验未区分右前方车辆及右后方车辆与本车的距离信息,一方面过多的显示设置容易造成驾驶人分心;另一方面主要研究对象为雾天车路协同系统对驾驶绩效的

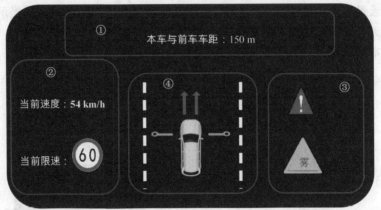

① 前车车距提醒区域; ② 可变限速控制区域; ③ 紧急情况及雾区提醒区域; ④ 周边车辆情况警示区域

(a)

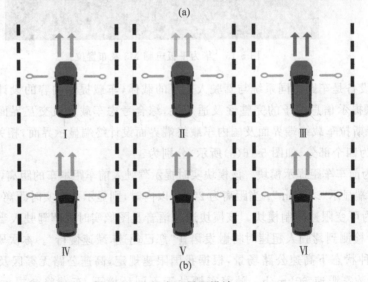

(b)

图5-16 人机交互界面设计

(a) 车载信息设计;(b) 箭头变化示意图

影响,而对于邻近车道车辆的提示主要是针对驾驶换道的预警,故而综合考虑信息过剩等因素本书未对邻近车道的车辆前后距离位置进行区分。

5.3.3 实验场景设计

1. 道路设计

实验道路模型选自北京周边高速公路,设计依据为中华人民共和国交通部发布的JTG 1001—2017《公路工程技术标准》。路段总长约6km,其道路总宽度为18.8m(车道宽度为3.75m,绿化带宽度为0.8m,路肩宽度为1.50m),全路段限速120km/h,浓雾路段限速60km/h。实验路段分为3个区域:无雾区(4000m)、渐变区(500m)及雾区(1500m),各区域划分如图5-17所示。无雾区前1500m为驾驶准备区,该区域为被试进入自由驾驶状态提供空间;无雾区后2500m为雾区警示区,该区域内设置可变信息板以及车载提示,从预警1至预警4所处位置每隔500m设置可变信息板,同时车载终端会在该位置对驾驶人进行预警,预警5所处位置仅放置车载提示以提示驾驶人进入雾区。其中,车载终端循环播报"前方雾区,减速慢行"语音提示,间隔为1s循环3遍播报。渐变区能见度逐渐降低,直至达到雾区能见度水平。

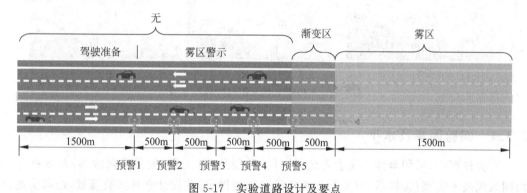

图5-17 实验道路设计及要点

注:其中预警1至预警4所处位置处放置可变信息板,同时发布车载终端预警;预警5所处位置未放置可变信息板,但车载终端会提示驾驶人进入雾区。

2. 交通流设计

交通流设计基于北京周边高速公路路段相关数据。由于雾通常在清晨形成,在此期间交通流呈现为自由流,与此同时,相关研究表明雾天高速公路交通流状态多为自由流。因此,设计交通流平均车头时距为36s的自由流,在无雾区,周边车辆的平均速度设置为100km/h,雾区为55km/h。

3. 能见度设计

针对能见度设计主要参考《中国雾等级划分》(GB/T 27964—2011),一般当道路能见度小于10000m时,道路及环境信息将被传递至气象管理中心。管理中心将能见度与雾等级相关的分类标准的阈值进行比较,以确定雾的水平(表5-1)。

表 5-1　中国雾等级划分(GB/T 27964—2011)

能　见　度	雾　等　级	能　见　度	雾　等　级
1000m≤V<10000m	轻雾	50m≤V<200m	强浓雾
500m≤V<1000m	大雾	V<50m	超强浓雾
200m≤V<500m	浓雾		

基于此,该实验设计中雾区包含3种能见度水平,分别为无雾、大雾(能见度为725m)及强浓雾(能见度为175m),其能见度情况如图5-18所示。同时,为了匹配现实及驾驶模拟的相对有效性,本研究招募了30名驾驶员,要求其观察3种雾等级下驾驶模拟场景状况,并据此对不同能见度与其在实际情况中的匹配度进行打分。经过实验可知,其中25名实验人员确定模拟的能见度完全符合实际能见度情况,另5名实验人员确定模拟的能见度基本符合实际条件下能见度情况。

无雾　　　　　　　　　　大雾　　　　　　　　　　强浓雾

图 5-18　3种能见度水平驾驶模拟场景

5.3.4　实验因素及水平

实验过程中,采用全样本实验方法,针对3种能见度(无雾、大雾及强浓雾)及3种车路协同系统技术类型(无提示、可变信息板提示及车载提示)共设计9种实验场景,选取交通流状况为自由流。驾驶员遍历9种实验场景,通过实验平台采集速度、加速度、转向盘转角、刹车等操控和运行状态指标,并通过眼动仪采集驾驶人视觉行为参数。表5-2为实验场景设计表。

表 5-2　实验场景安排及要素设计

因素/水平	交通流	车路协同系统技术等级	雾
1	自由流	无提示	无雾
2	自由流	无提示	大雾
3	自由流	无提示	强浓雾
4	自由流	可变信息板车载	无雾
5	自由流	可变信息板车载	大雾

续表

因素/水平	交通流	车路协同系统技术等级	雾
6	自由流	可变信息板车载	强浓雾
7	自由流	车载提示	无雾
8	自由流	车载提示	大雾
9	自由流	车载提示	强浓雾

5.3.5 实验过程设计

1. 样本量选取

实验邀请 45 名视力及听力状态良好且驾龄均在 3 年以上的被试。被试均有高速公路行驶的经历,其中男性驾驶人 30 名,女性驾驶人 15 名。被试选取遵从我国现有驾驶人分布情况,通过预实验及问卷获得被试基本情况,并筛除不符合实验要求的驾驶人,最终保留 43 名被试。实验之前,所有被试均在实验知情书上签字,实验人员人口统计数据见表 5-3。为了验证本实验被试人数的有效性,并确定本研究的显著性水平,本书基于统计量(Z)、标准误差(σ)和最大误差(E)计算实验样本量是否满足要求。测量方法的如式(5-2)所示。

$$N = Z^2 \times \sigma^2 / E^2 \tag{5-2}$$

在实际计算中,当研究选取的置信水平为 95% 时,取 $Z=1.96$;当置信水平为 90% 时,$Z=1.25$。由于驾驶模拟实验的人数限制,选择 10% 的显著性水平来反映未知参数的 90% 置信水平。根据前人对于驾驶模拟的研究,最终选取 $Z=1.25, \sigma=0.5, E=10\%$。最终得到研究所需的样本量为 40。因此,可知样本量基本符合统计要求。

表 5-3 被试人口统计学数据

统计项目	均值(标准差)	
	男性被试	女性被试
年龄/年	37.5(13.1)	25(12.97)
驾龄/年	16(10.2)	13(9.3)
年平均驾驶里程/(km/年)	18524(3548.22)	9584(5514.21)

2. 实验任务及流程

驾驶人个人属性及性格特征也是研究分析的重点因素;同时,由于研究中涉及对车路协同系统接受性,故而实验问卷的设计需要包含相关内容。基于以上目标,实验流程如下:

(1)预约被试。在实验准备阶段记录被试基本信息,包括年龄、职业和驾驶经验等人口统计学信息,完成测试前问卷。该问卷包括驾驶人生心理情况以及驾驶人性格属性,平均耗时 10min。

(2)实验前准备。实验前对被试讲解指导语,并教导驾驶人车载显示的各信息表示的含义,同时告知驾驶人实验相关路段限速情况,要求驾驶人按照个人习惯进行驾驶,该阶段平均耗时10min。

（3）适应驾驶。为了让被试熟悉驾驶模拟器的操作，在正式实验开始之前要求被试在准备路段（与实验路段相似的一条高速公路）进行适应操作，操作时间约为5min，在适应操作过程中实验人员在旁指导各操作部分的使用方法，并伴随被试驾驶过程让其熟悉车载显示各部分含义。

（4）正式实验。实验人员为被试佩戴眼动仪并校准。被试按照场景随机排列的顺序依次进行驾驶模拟实验，被试总共驾驶9个场景，每个场景平均驾驶7～9min，为防止被试疲劳驾驶，每驾驶3个场景被试将下车休息5min，故而每个驾驶人共参与驾驶任务约1.5h。

（5）填写测试后问卷。被试参加试验后需要对雾天高速公路车路协同系统的有用性及易用性等进行评价。该阶段平均耗时5min。

（6）数据获取。实验结束后获取43名被试在9个场景下的驾驶行为数据、交通运行数据及视觉行为数据及主观评价数据，经过数据清洗后保存。

5.4 车路协同人机交互环境下的视觉特性

5.4.1 车路协同环境下的驾驶人视觉特性

视觉是获取外界信息的主要来源，通过眼球运动可以了解人的心理特征。人的视觉特征一般可分为3类：注视（fixation）、眼跳（saccade）和眨眼（blink），其中注视和眼跳经常被用于分析驾驶人视觉特性。注视一般发生在眼睛对齐时，此时注视的目标或感兴趣的区域在一定时间内（100～20000ms）落在被测对象的视觉中心点上，而眼跳一般指一个注视点移动到另一个注视点的移动过程。通常研究需要将多个目标区域定义为兴趣区域（AOI）以分析不同区域的注视分布及区域间的视觉变化及转移，而此时扫视（glance）定义为注视从一个区域转移至另一个区域，再从这个区域离开至其他区域的过程。因此，驾驶人视觉特性分析一般围绕注视、眼跳和扫视这些一般视觉特征描述指标展开。同时，AttenD算法也是量化外侧分心事件带来的分心影响程度的有效方法之一。本节选择强浓雾能见度下无HMI提示和有HMI提示的实验数据进行案例分析，以评估实验中自行设计的HMI所带来的注视分心影响程度。视觉特征指标选取前方路面以外眼跳频次、前方路面以外注视频次、前方路面的注视占比、前方路面的注视持续时间占比、AttenD面积、单位时间AttenD面积和AttenD缓冲值减少到零作为评估指标体系。

5.4.2 车路协同人机交互环境下视觉指标体系

1. 数据预处理

首先对导出的眼动仪数据进行数据预处理，步骤如下：

（1）眼动仪以时间为单位输出数据，因此以时间维度截取分析路端数据，开始时间为驾驶人进入雾区警示区前 10s,结束时间为驾驶人到达目的地的时间,对数据进行截取。数据截取范围包括雾区警示区、雾区渐变区和雾区。

（2）根据截取数据内驾驶人注视点和眼跳的数据及坐标位置信息,绘制每位被试的注视点散点图。

（3）比对每位被试的散点图与原始视频,确定散点图前方道路区域、左侧后视镜区域、前方道路区域和仪表盘区域,如图 5-19 所示(在无 HMI 条件下没有注视车载区域)。

（4）根据确定区域的坐标筛选出每个区域对应的注视点和眼跳数据。

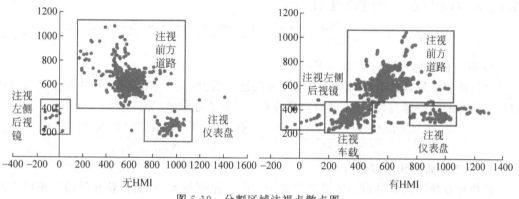

图 5-19　分割区域注视点散点图

2. 视觉行为特征指标

视觉行为特征指标采用前方路面以外眼跳频次、前方路面以外注视频次、前方路面的注视占比和前方路面的注视持续时间占比来分析车路协同人机交互环境下驾驶人的视觉特征,指标的定义和计算公式中缩写定义如表 5-4 和表 5-5 所示。

表 5-4　视觉行为特征指标定义

指　　标	单位	定　　义
行车时长(Time)	s	路段行车总时长
前方路面以外眼跳频率（FSa）	个/s	判断驾驶人在与驾驶相关区域以外地方的搜索频率
前方路面以外注视频率（FF）	个/s	判断驾驶人视线离开与驾驶相关区域的频率
前方路面的注视占比(Pf)	%	判断驾驶员的视觉分心
前方路面的注视持续时间占比（Pfd）	%	

表 5-5　公式中的缩写定义

缩　写	定　　义	缩　写	定　　义
F	注视点	Sa_{RA}	前方路面范围内的眼跳
RA	前方路面	N_{data}	眼动仪输出的数据个数
F_{RA}	前方路面范围内的注视点	Num	符合条件的样本的总数
Sa	眼跳	Duration	符合条件的样本的持续时间总和

各指标计算方法如下：

1) 行车时间（Time）

$$\text{Time} = \frac{N_{\text{data}}}{30} \tag{5-3}$$

因为眼动仪样本输出频率为30Hz，所以样本数据个数除以30为行车时间。

2) 前方路面以外眼跳频率（FSa）

用于判断驾驶人视线离开与驾驶相关区域的频率。频率越高，驾驶员在道路外固定的频率越高，越容易分心。计算方法如式(5-4)：

$$\text{FSa} = \frac{\text{Num}(Sa) - \text{Num}(Sa_{RA})}{\text{Time}} = \frac{(\text{Num}(Sa) - \text{Num}(Sa_{RA})) \times 30}{N_{\text{data}}} \tag{5-4}$$

3) 前方路面以外注视频率（FF）

该指标表示驾驶员查看与前方道路无关的地方的频率。频率越高，驾驶人注视前方道路以外地方的频率越高，驾驶人就越容易分心。计算方法如式(5-5)：

$$\text{Ff} = \frac{\text{Num}(F) - \text{Num}(F_{RA})}{\text{Time}} = \frac{(\text{Num}(F) - \text{Num}(F_{RA})) \times 30}{N_{\text{data}}} \tag{5-5}$$

4) 前方路面的注视占比（Pf）

该指标反映了驾驶员对前方道路的关注程度。比例越大，驾驶员花在看前方道路上的时间越多，分心程度越低。计算方法如式(5-6)：

$$\text{Pf} = \frac{\text{Num}(F_{RA})}{\text{Num}(F)} \tag{5-6}$$

5) 前方路面的注视持续时间占比（Pfd）

该指标反映了驾驶员对前方道路的关注程度。比例越大，驾驶员看前方道路的时间越长，分心程度越低，驾驶安全性越高。计算方法如式(5-7)：

$$\text{Pfd} = \frac{\sum_{i=1}^{\text{Num}(F_{RA})} \text{Duration}(F_{RA_i})}{30} \tag{5-7}$$

3. 视觉行为特征指标影响分析

前方路面以外注视点的频率和前方路面以内注视的比例服从正态分布，可用单因素方差分析法对这两个指标的数据进行显著性检验，其显著性水平在1%。前方路面以外眼跳频率和前方路面注视持续时间所占比例不服从正态分布，因此采用相关样本的非参数检验方法对两组数据的显著性进行检验，其显著性水平在1%。这些指标的平均值、标准差（SD）及箱线图或柱状图如图5-20所示。

图5-20(a)表明有HMI的情况下前方道路外的眼跳频率明显高于无HMI的情况。在高速公路上，浓雾会导致能见度下降，而更高频率的眼球跳向前方道路外的区域表明有HMI会导致驾驶人在前方道路外的区域的搜索过程更长。

第 5 章 车路协同系统人机交互设计

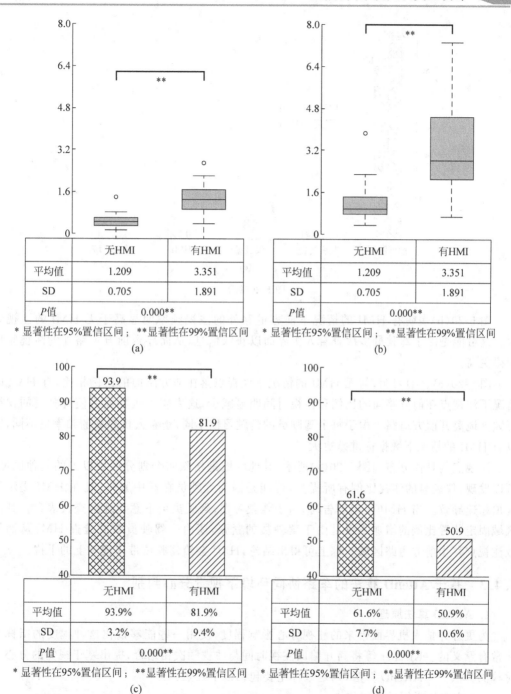

图 5-20 指标的箱线图及柱状图

(a) 前方路面以外眼跳频次 FSa(个/s);(b) 前方路面以外注视频次 FF(个/s);(c) 前方路面的注视占比 Pf(%);(d) 前方路面的注视持续时间占比 Pfd(%);(e) 各区域注视点分布

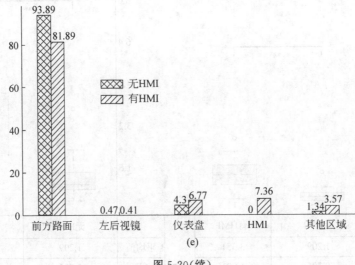

图 5-20（续）

图 5-20(b)表明有 HMI 的情况下前方道路外的注视频率明显高于无 HMI 的注视频率。这可能是由于驾驶员多次查看人机界面以获取信息，从而导致前方道路外的注视频率变得更高。

图 5-20(c)、(d)表明，与无 HMI 的情况下注视点落在前方路面的比例相比，有 HMI 的情况下注视点在前方路面的比例和注视时间明显减少，这表明人机界面将使驾驶员的视线更频繁地离开前方道路。由于每个驾驶员的驾驶习惯不同，查看人机界面的频率也不同，所以有 HMI 的情况下数据标准差更大。

注视点的具体分布如图 5-20(e)所示，其他区域是指除四个划分区域以外的其他区域。可以发现，仪表盘的注视比例有所提高，可能是因为驾驶员在雾中紧张，且在 HMI 提示下害怕超速导致。当 HMI 发出警告时，由于驾驶习惯，驾驶员会下意识地检查仪表盘。其他区域固定装置比例的增加不仅是由于驾驶员的紧张，还由于驾驶员希望检查 HMI 从而导致注视点移出前方道路区域。综上可得出结论，HMI 会给驾驶员带来视觉上的干扰。

5.4.3 基于 AttenD 算法的车路协同环境下视觉分心判别

1. AttenD 算法原理

为更好评估人机界面带来的注视分心影响程度，使用一些能够量化这种程度的指标是非常有意义的。Kircher 等将离开路面注视时间与注视频次相结合，提出基于视觉的分心实时检测算法——AttenD 算法，判定条件主要包括以下几点：

(1) 定义视觉缓冲区阈值 2s；

(2) 离开路面注视则缓冲区下降；

(3) 重新注视路面则缓冲区上升，有 0.1s 生理反应间隔；

(4) 注视仪表盘及后视镜 1s 内缓冲区保持不变,超过 1s 后下降;
(5) 缓冲区为 0 时判定为视觉分心。

Kircher 表明 AttenD 算法的应用条件是基于驾驶环境内一切与驾驶无关的事实。虽然 HMI 放置在驾驶环境中,但研究目的是分析 HMI 带来的分心影响,因此将 HMI 视为外部分心因素,则 AttenD 算法是成立的。基于此,研究还结合基于 AttenD 算法的三个指标(AttenD 面积、单位时间 AttenD 面积和 AttenD 缓冲值减少到 0)以评估驾驶人视觉负荷及分心,指标定义如表 5-6 所示。

表 5-6　AttenD 指标定义

指　　标	单位	定　　义
AttenD 面积(AA)	s^2	判断驾驶员的视觉负荷
单位时间 AttenD 面积(AAp)	s^2/s	
AttenD 缓冲值减少到 0(ABr0)	%	判断驾驶员的视觉分心

图 5-21 是 AttenD 算法和 AttenD 面积的定义。如图例所示,观看人机界面是主要的干扰事件。在图的顶部,白色、黑色和灰色矩形分别表示驾驶员查看前方道路、人机界面和其他区域(仪表板或后视镜)的时间段。注视缓冲区的阈值定义为 2s。一开始,驾驶员看着前面的路,所以注意力缓冲不会改变。当驾驶员开始查看人机界面时,注意力缓冲区的值开始迅速下降。当驾驶员的眼睛回到前方道路时,由于生理间隔的原因,注意力缓冲区将在 0.1s 的延迟后上升。当注意力缓冲区降到 0 时,它不会再下降,此时表示驾驶员已被视觉分心。当时间大概在 8s 时,驾驶员开始观察后视镜或仪表盘。当驾驶员盯着后视镜或仪表盘超过 1s 时,注意力缓冲区开始下降。阴影部分区域的大小是 AttenD 面积(AA)。

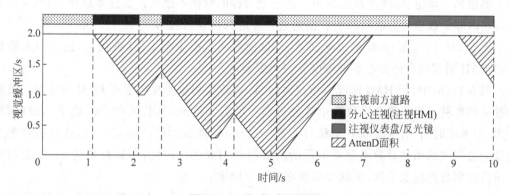

图 5-21　AttenD 算法描述

2. 分心指标计算方法

1) AttenD 面积(AA)

分析的 AttenD 面积(AA)是驾驶人 AttenD 缓冲区差值的总和,它表示驾驶人视觉分

心程度及视觉负荷。数值越大,分心对驾驶员造成的视觉负荷越大,交通风险水平越高。计算方法如式(5-8):

$$AA = \frac{\sum_{i=1}^{N_{data}} 2 - buffer_i}{30} \tag{5-8}$$

式中,N_{data}代表眼动仪输出的数据个数;$buffer_i$为第$i/30s$ AttenD视觉缓冲区数值;眼动输出仪样本的频率为30Hz。

2) 单位时间AttenD面积(AAp)

该指标表示AttenD面积的变化率。每位驾驶员的行车时长不同,因此引用该指标讨论以消除时间因素带来的影响。计算方法如式(5-9):

$$AAp = \frac{A}{Time} = \frac{\sum_{i=1}^{N_{data}} 2 - buffer_i}{30} \times \frac{30}{N_{data}} = \frac{\sum_{i=1}^{N_{data}} 2 - buffer_i}{N_{data}} \tag{5-9}$$

3) AttenD缓冲值减少到0(ABr0)

该指标反映了驾驶员的视觉分心时间占总行车时间的比例。数值越大,驾驶员视觉分心占比越高。计算方法如式(5-10):

$$ABr0 = \frac{num(buffer_i = 0)}{N_{data}} \tag{5-10}$$

3. 分心结果判定

图5-22(a)、(b)、(c)分别为AttenD面积、单位时间AttenD面积和AttenD缓冲值减少到0的指标平均值、标准差及箱形图。这三个指标的数据不服从正态分布规律,因此采用相关样本的非参数检验方法对两组数据的显著性进行检验,其显著性在99%水平。

图5-22(a)中,无HMI的情况下AttenD面积明显小于有HMI的情况,这表明实验设计的HMI对驾驶员的分心影响程度有很大影响。

图5-22(b)中,无HMI情况下单位时间AttenD面积也明显小于有HMI的情况。虽然驾驶员的驾驶习惯不同会导致整个驾驶过程中的行车时间不同,从而会影响AttenD面积结果,但单位时间AttenD面积的统计结果与AttenD面积的统计结果一致,这表明驾驶员视觉分心程度的明显差异不是由不同的行车时间引起的。因此,可以解释为HMI会对驾驶员造成明显的视觉干扰,从而带来潜在的安全隐患。

图5-22(c)中,有HMI的情况下AttenD缓冲值减少到0占比明显高于无HMI的情况。视觉缓冲区数值减少到0意味着驾驶员处于视觉分心状态,对驾驶安全有负面影响。在有HMI的情况下,该指标平均值提高了2%,说明自行设计的HMI是一个视觉要求很高的人机界面,需要进行优化。

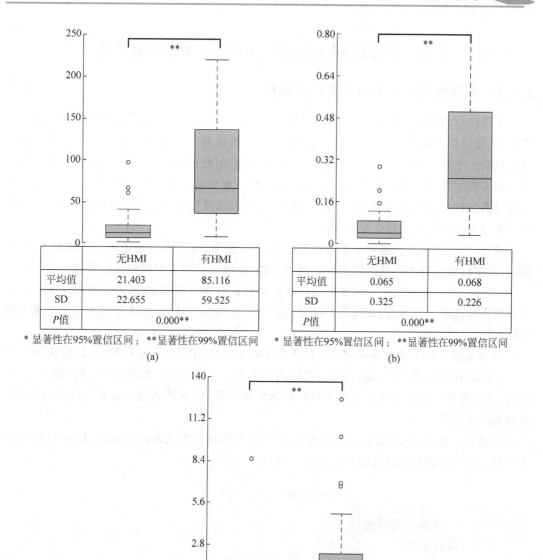

图 5-22 AttenD 面积、单位时间 AttenD 面积和 AttenD 缓冲值减少到 0
(a) AttenD 面积 AA(s^2); (b) 单位时间 AttenD 面积 AAp(s^2/s); (c) AttenD 缓冲值减少到 0 占比 ABr0(%)

5.5 车路协同人机交互环境下的行为服从度

5.5.1 车路协同环境下的驾驶行为特性

在驾驶行为特征分析中,选择的因素水平为能见度(无雾、大雾、强浓雾)和技术等级(无提示、可变信息板提示、车载提示)。驾驶行为指标选取速度、加速度、横向偏移。由于实验路段包括三个区域,即无雾区、渐变区及雾区,能见度的改变及车路协同系统提示的差异导致不同区域的指标体系有所不同。故采用进入雾区速度对无雾区有效性进行分析,最大减速度对渐变区驾驶行为进行分析,雾区速度与无雾区速度变化率对雾区驾驶行为进行分析。接下来对各指标定义进行详细说明。

速度(V):速度是交通状态最直观的反映,速度越快,说明驾驶员的风险感知能力较差。同时,速度标准差反映驾驶人纵向操作的稳定性,标准差越大说明驾驶人操作越不稳定。

加速度(a):加速度一定程度上可以反映驾驶员心理紧张程度,加速度越大说明驾驶员心理紧张程度越大。同时,加速度标准差反映驾驶人的操控情况,标准差越大说明驾驶人操作越危险。

横向偏移(LP):横向偏移表示驾驶车辆中心偏离车道中心的相对距离,该距离说明了驾驶人横向操作的稳定性,偏移越大,说明驾驶人操作中有明显的换道意识,操作越不安全。同时,其标准差也表示驾驶人对前方风险感知的紧张程度,标准差越大说明驾驶人越紧张,越容易产生危险。

限速服从率($\text{Proportion}_{\text{limit}}$):限速服从率反映驾驶人服从速度的情况,同时也可演化为驾驶人遵守车路协同系统提示的程度。其计算公式如下:

$$\text{Proportion}_{\text{limit}} = \frac{V_{\text{limit}} - V}{V_{\text{limit}}} \tag{5-11}$$

式中,V_{limit}——道路当前限速;

V——当前车速。

进入雾区速度(V_{end}):进入雾区速度是驾驶人进入雾区的瞬时速度,该指标一方面表示了车路协同系统在无雾区的减速预警效果,另一方面也反映了不同能见度对驾驶行为的影响。值得注意的是渐变区能见度逐渐下降,进入雾区时达到系统设置的能见度水平,故而进入雾区速度选取的仍旧是雾区开始位置速度。

最大减速度($a_{\max}$):最大减速度是驾驶人在渐变区的最大减速度,由于在渐变区能见度不断减小,故而该指标反映了驾驶人在该区域的操控效率及紧张程度。

雾区速度与无雾区速度变化率($\text{Proportion}_{\text{fog}}$):经过无雾区及渐变区的驾驶,驾驶人在雾区操作已经趋向平缓,而雾区速度与无雾区速度变化率用来对比进入雾区前后驾驶人速度的改变,一方面表示了驾驶人进入雾区前后行为特征差异性,另一方面表示外部条件的影响程度。计算公式如下：

$$\text{Proportion}_{\text{fog}} = \frac{V_{\text{clear}} - V_{\text{fog}}}{V_{\text{clear}}} \tag{5-12}$$

式中，V_{clear}——无雾区速度均值；

V_{fog}——雾区速度均值。

5.5.2 车路协同系统环境驾驶行为影响判别

针对不同车路协同系统对驾驶行为特征影响进行分析，由于车路协同提示应用主要针对雾区，故仅对大雾及强浓雾情况下的驾驶行为进行探讨。分析分为三个部分，即大雾和强浓雾两个情况下不同水平的车路协同系统对驾驶行为的影响，以及不同区域车路协同对驾驶行为影响特征指标分析。

1. 大雾状态下影响分析

1）速度

技术类型的变化对速度影响显著，组别：$F(2, 25944) = 159$，$P = 0.000 < 0.01$。由图 5-23 可知，对比不同区域速度的变化，随着雾区预警的提示，驾驶人提前进行了减速，并以更小的速度进入雾区。对比车载提示与可变信息板，可变信息板在提示驾驶人降速方面更有效果，驾驶人在提示区域已完成了减速。可变信息板与车载提示之间被试速度差异的显著性 $P = 0.013$，而其余提示对比之间均为 $P = 0.000$，表示不同的提示之间存在显著差异，详见表 5-7。

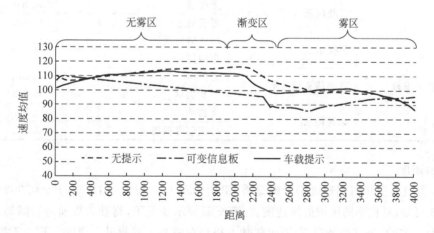

图 5-23 大雾条件下速度均值变化曲线

分析结果表明，技术类型的变化对速度标准差的影响显著，组别：$F(2, 1.126) = 106.15$，$P = 0.000 < 0.01$。由图 5-24 可知，对比不同提示状态下的速度标准差，进入雾区之前，有提示状态下的操作标准差高于无提示状态，其中可变信息板对速度标准差影响较大，即驾驶

人进行普遍的速度调整保证在进入雾区前完成了减速动作。无提示及车载提示对比条件下被试速度标准差差异的显著性 $P=0.501$，而其余能见度之间均为 $P=0.000$，见表 5-7。

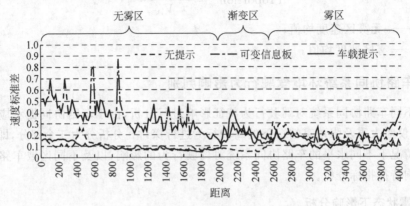

图 5-24 大雾条件下速度标准差变化曲线

表 5-7 各指标显著性

参　　数	技术类型	技术类型	显　著　性
速度均值	无提示	可变信息板提示	0.000
		车载提示	0.000
	可变信息板提示	无提示	0.000
		车载提示	0.013
	车载提示	无提示	0.000
		可变信息板提示	0.013
速度标准差	无提示	可变信息板提示	0.000
		车载提示	0.501
	可变信息板提示	无提示	0.000
		车载提示	0.002
	车载提示	无提示	0.501
		可变信息板提示	0.002

2）加速度

技术类型的变化对加速度的影响显著，组别：$F(2,0.374)=31.58, P=0.000<0.01$。由图 5-25 可知，对比不同区域的加速度，在有车载提示情况下，驾驶人提前进行减速，当进入渐变段之后减速快于其他情况下，说明驾驶人得到车载提示并提升了风险意识。无提示与车载提示两种情况下的加速度无显著差异，其他提示条件下存在显著差异 $P=0.000$，见表 5-8。

分析结果表明，技术类型的变化对加速度标准差的影响显著，组别：$F(2,0.064)=63.36$，$P=0.000<0.001$。由图 5-26 可知，对比不同区域加速度标准差的变化，可变信息板提示情况下加速度变化幅度较大，在提示区域驾驶人加速度标准差呈现升高趋势。而随着能见

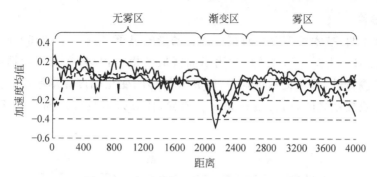

图 5-25 大雾条件下加速度均值变化曲线

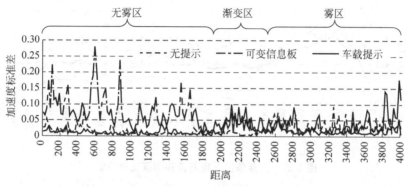

图 5-26 大雾条件下加速度标准差变化曲线

度等级的降低,加速度标准差上升幅度减少,表示驾驶人操作趋向稳定,说明驾驶人在进入雾区前进行较大的操作调整。其中无提示及车载提示之间无显著性差异,其余对比条件下 $P=0.000$,见表 5-8。

表 5-8 各指标显著性

参 数	技 术 类 型	技 术 类 型	显 著 性
加速度均值	无提示	可变信息板提示	0.000
		车载提示	0.536
	可变信息板提示	无提示	0.000
		车载提示	0.000
	车载提示	无提示	0.536
		可变信息板提示	0.000
加速度标准差	无提示	可变信息板提示	0.000
		车载提示	0.563
	可变信息板提示	无提示	0.000
		车载提示	0.000
	车载提示	无提示	0.563
		可变信息板提示	0.000

3）横向偏移

分析结果表明，技术类型变化对横向偏移的影响显著，组别：$F(2,50.68)=183.17$，$P=0.000<0.01$。由图 5-27 可知，对比不同区域的横向偏移，在有提示情况下，驾驶人更偏向于向右侧行驶，且在提示过程中，驾驶人偏移的变化幅度逐渐减小。其中，车载提示与可变信息板提示之间，横向偏移无显著差异，而其余能见度之间均为 $P=0.000$，见表 5-9。

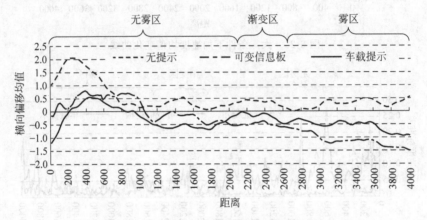

图 5-27　大雾条件下横向偏移均值变化曲线

分析结果表明，不同提示对横向偏移标准差的影响不显著，组别：$F(2,0.002)=2.78$，$P=0.062>0.05$。由图 5-28 可知，对比不同提示情况下的横向偏移标准差，驾驶人横向偏移标准差并无明显不同。另外，无提示与车载提示之间，被试横向偏移标准差差异的显著性 $P=0.019$，而其余能见度之间均不存在显著差异，见表 5-9。

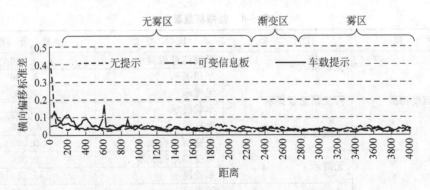

图 5-28　大雾条件下横向偏移标准差变化曲线

表 5-9　各指标显著性

参　数	技术类型	技术类型	显著性
横向偏移均值	无提示	可变信息板提示	0.000
		车载提示	0.000
	可变信息板提示	无提示	0.000
		车载提示	0.341
	车载提示	无提示	0.000
		可变信息板提示	0.341
横向偏移标准差	无提示	可变信息板提示	0.292
		车载提示	0.019
	可变信息板提示	无提示	0.292
		车载提示	0.193
	车载提示	无提示	0.019
		可变信息板提示	0.193

2. 强浓雾状态下影响分析

1) 速度

与大雾条件下一致,技术类型的变化对速度的影响显著,组别：$F(2,2064.68)=6.88$,$P=0.001<0.01$。由图 5-29 可知,对比不同区域速度的变化,随着雾区预警的提示,驾驶人提前进行了减速,并以更小的速度进入雾区。对比车载提示与可变信息板,车载提示在强浓雾条件下对于驾驶人降速方面更有效果,驾驶人在提示区域已较好地完成了减速。可变信息板与车载提示之间被试速度差异的显著性 $P=0.195$,说明两者对比并不显著,而其余提示对比之间均为显著,表示不同的提示之间存在显著差异,详见表 5-10。

分析结果表明,技术类型的变化对速度标准差影响显著,组别：$F(2,1.107)=3.70$,

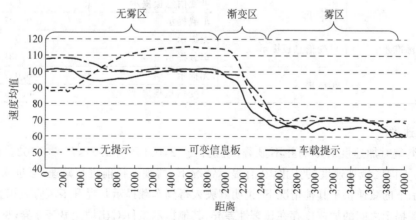

图 5-29　强浓雾条件下速度均值变化曲线

$P=0.025<0.05$。由图 5-30 可知,进入雾区之前有提示状态下的速度标准差低于无提示状态,即驾驶人操作较为稳定;而针对能见度不断下降的速度调整,在车载提示情况下该变化趋势明显提前,表现为驾驶人对危险的提前感知。无提示及车载提示对比条件下被试速度标准差差异的显著性 $P=0.007$,而其余能见度之间均无显著性,见表 5-10。

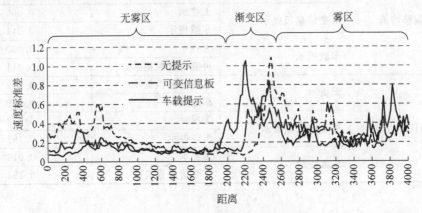

图 5-30　强浓雾条件下速度标准差变化曲线

表 5-10　各指标显著性

参　　数	技 术 类 型	技 术 类 型	显　著　性
速度均值	无提示	可变信息板提示	0.018
		车载提示	0.000
	可变信息板提示	无提示	0.018
		车载提示	0.195
	车载提示	无提示	0.000
		可变信息板提示	0.195
速度标准差	无提示	可变信息板提示	0.097
		车载提示	0.007
	可变信息板提示	无提示	0.097
		车载提示	0.301
	车载提示	无提示	0.007
		可变信息板提示	0.301

2) 加速度

提示类型对加速度的影响并不显著,组别: $F(2,0.97)=2.27$, $P=0.103$。由图 5-31 可知,对比不同区域加速度的变化,在有提示情况下,驾驶人提前进行减速,当进入渐变段之后车载提示下的减速快于其他情况,说明驾驶人得到车载提示并提升了风险意识。同时,无提示与车载提示之间的加速度存在显著性差异,其他提示条件对比均无显著差异,见表 5-11。

分析结果表明,技术类型的变化对加速度标准差的影响不显著,组别: $F(2,0.006)=$

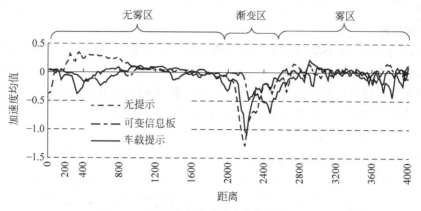

图 5-31 强浓雾条件下加速度均值变化曲线

2.85,$P=0.058$。由图 5-32 可知,对比不同区域加速度标准差的变化,车路协同提示在雾区对于加速度标准差影响不大,各提示条件对比的显著性与加速度均值对比情况一致,见表 5-11。

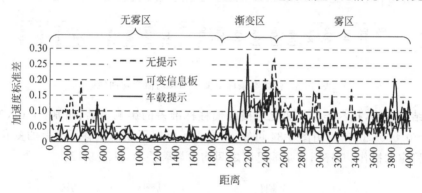

图 5-32 强浓雾条件下加速度标准差变化曲线

表 5-11 各指标显著性

参　　数	技术类型	技术类型	显　著　性
加速度均值	无提示	可变信息板提示	0.040
		车载提示	0.130
	可变信息板提示	无提示	0.040
		车载提示	0.589
	车载提示	无提示	0.130
		可变信息板提示	0.589
加速度标准差	无提示	可变信息板提示	0.017
		车载提示	0.187
	可变信息板提示	无提示	0.017
		车载提示	0.287
	车载提示	无提示	0.187
		可变信息板提示	0.287

3) 横向偏移

分析结果表明,技术类型的变化对横向偏移的影响显著,组别:$F(2,133.02)=556.49$,$P=0.000<0.01$。由图 5-33 可知,对比不同区域横向偏移的变化,在有可变信息板提示情况下,驾驶人更偏向于向右侧行驶。且在提示过程中,驾驶人偏移的变化幅度逐渐减小。其中,对比车载提示与可变信息板提示,车载提示对驾驶人横向操作影响较小,不同提示之间显著性均为 $P=0.000$,见表 5-12。

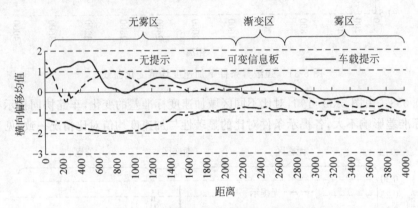

图 5-33 强浓雾条件下横向偏移均值变化曲线

分析结果表明,技术类型的变化对横向偏移标准差的影响显著,组别:$F(2,0.008)=23.02,P=0.000<0.01$。由图 5-34 可知,在有提示情况下横向偏移标准差的变化较小,体现为更加稳定的操作。另外,其余能见度之间均为显著差异,见表 5-12。

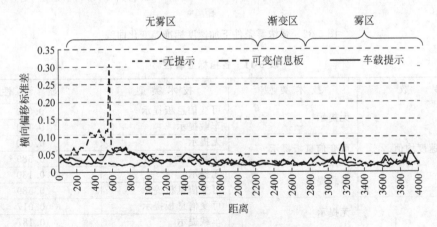

图 5-34 强浓雾条件下横向偏移标准差变化曲线

表 5-12 各指标显著性

参　　数	技术类型	技术类型	显　著　性
横向偏移均值	无提示	可变信息板提示	0.000
		车载提示	0.000
	可变信息板提示	无提示	0.000
		车载提示	0.000
	车载提示	无提示	0.000
		可变信息板提示	0.000
横向偏移标准差	无提示	可变信息板提示	0.000
		车载提示	0.000
	可变信息板提示	无提示	0.000
		车载提示	0.000
	车载提示	无提示	0.000
		可变信息板提示	0.000

5.5.3 车路协同系统行为服从度

驾驶人对车路协同系统服从性为出发点,应用驾驶模拟实验测试平台,通过改变雾天能见度水平、信息给予方式等外部条件,选择限速服从率(Proportion$_{limit}$)为评价指标,构建车路协同系统给予条件下驾驶人限速服从性影响模型,获得提升驾驶人服从性主要影响指标,为面向驾驶人进一步优化车路协同系统的作用提供依据。

选取限速服从率进一步分析驾驶人对系统的服从性,为了对比不同指标差异,对不同提示情况下 43 名驾驶人行为特征进行分析。

由图 5-35 可知,图中显示能见度水平较高时限速服从率基本在 0 以下,即基本不存在超速行为。而车载提示对于限速服从率有显著影响,且车载提示能有效提醒驾驶人在无雾区的限速,并保持更好的安全性。而从标准差可以看出,驾驶人对于车载提示的接受性有差异。

随着能见度逐渐降低,限速值随之变化,大雾的限速值仍旧是 120km/h,而强浓雾情况下限速值为 60km/h。在大雾情况下,进入雾区后限速服从率与无雾区限速服从率变化相似,且各提示之间无显著差异,说明大雾能见度变化并没有对驾驶人产生显著的影响。其次,在强浓雾情况下,驾驶人的限速服从率有显著变化,说明驾驶人在驾驶过程中对低能见度情况下限速值的适应性较差。对比不同提示情况的速度跟随比,结果表明强浓雾状态下有车载提示的速度跟随比明显低于无提示及可变信息板提示,同时车载提示及无提示之间呈现显著性差异。换言之,低能见度情况下车载提示使得驾驶人以更低速度行驶,说明驾驶人对车载提示具有较好的服从性。另外可以看出,在车路协同系统的提示下,限速服从率标准差有所提升,证明不同驾驶人对车路协同系统接受性有差异。

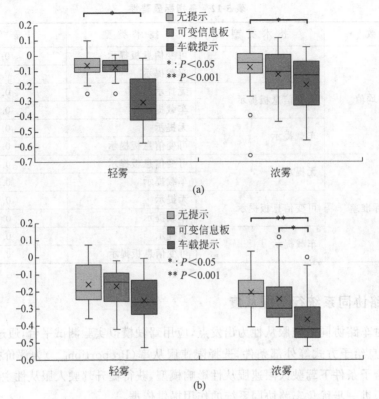

图 5-35 不同区域及不同能见度条件下限速服从率均值
(a) 无雾区限速服从率均值;(b) 雾区限速服从率均值

参 考 文 献

[1] RICHR B. Driving Simulator Studies:The Influence of Vehicle Parameters on Safety in Critical Situations[EB/OL].[2015-09-09]. https://doi.org/10.4271/741105.

[2] FISHER L D,Rizzo M,Caird J K,et al. Handbook of Driving Simulation for Engineering,Medicine,and Psychology[M]. Boca Raton:CRC Press,2011.

[3] HAUG E J. Feasibility Study and Conceptual Design of a National Advanced Driving Simulator,HS-807 596[R]. Iowa City:University of Iowa,1990.

[4] WU Y,ABDEL-ATY M,PARK J,et al. Effects of Real-Time Warning Systems on Driving under Fog Conditions Using an Empirically Supported Speed Choice Modeling Framework[J]. Transportation Research Part C:Emerging Technologies,2018,86:97-110.

[5] 王娟. 高速公路可变信息标志发布内容与设置位置研究[D]. 西安:长安大学,2009.

[6] 中华人民共和国交通部. 公路工程技术标准(JTG 1001—2017)[S]. 北京:中华人民共和国交通部,2018.

[7] 中华人民共和国标准化管理局. 中国雾等级划分(GB/T 27964—2011)[S]. 北京:中华人民共和国

气象局,2012.

[8] CHOW S C,SHAO J,WANG H,et al. Sample Size Calculations in Clinical Research[M]. Chapman and Hall/CRC,2017.

[9] KIRCHER,K,AHLSTRÖM C. Issues Related to the Driver Distraction Detection Algorithm AttenD[C]// First International Conference on Driver Distraction and Inattention. Gothenburg,Sweden,2009.

[10] 姚莹. 基于视觉特征的驾驶员分心驾驶行为甄别方法研究[D]. 北京:北京工业大学,2017.

第6章 智能车辆拟人化驾驶

本章亮点：
- **拟人化驾驶自主决策系统**：承担着驾驶员"大脑"的重要功能。
- **拟人化驾驶模块**：旨在不同驾驶场景下提升驾驶舒适感、驾驶信任感和驾驶愉悦感。
- **车内助手拟人化设计及拟人化情感交互**：主宰未来智能车辆拟人化驾驶人机交互。
- **外观拟人化设计**：是智能车辆向完全自动化迈进的过渡阶段的前提。

引　　言

汽车自动化或无人驾驶是未来智能车辆发展的大趋势，而实现拟"人"化驾驶或类"我"驾驶将是体现人性化和个性化的无人驾驶的关键技术，也是无人驾驶技术得以广泛应用的基础。当前，人工智能与云计算技术的飞速发展与融合应用，衍生出一系列创新的智能系统，提升了智能车辆、周边设备、应用和服务等数据处理能力并构建了更加完善的出行生态系统。未来，智能车辆将围绕大数据和云计算技术，建立复杂场景下的多维交通信息综合大数据应用平台，将车辆感知数据、驾驶行为数据、出行过程数据进行融合、结构化处理，从而实现更安全、舒适、智慧的拟人化驾驶。本章将重点聚焦于智能车辆拟人化驾驶行为学习、驾驶决策与控制、拟人化交互方案设计，梳理出拟人化驾驶热点研究内容和未来发展趋势。

6.1　拟人化驾驶相关概念

汽车自动化或无人驾驶是未来智能车辆发展的大趋势，而实现拟"人"化驾驶或类"我"驾驶将是体现人性化和个性化的无人驾驶的关键技术，也是无人驾驶技术得以广泛应用的基础。

6.1.1 拟人化驾驶概述

1. 拟人化驾驶定义

拟人化驾驶是智能车辆一种驾驶模式,主要基于车内的各类传感器并以计算机系统为主的拟人驾驶模块来实现拟人化驾驶。拟人化驾驶的车辆是通过车载传感系统感知道路环境,自动规划行车路线并控制车辆达到预定目标的智能车辆。

通过给车辆装备智能软件和多种感应设备,包括车载传感器、雷达以及摄像头等,实现车辆的自主安全驾驶,安全高效地到达目的地并达到降低或消除交通事故的目标。它集自动控制、人工智能、视觉计算等众多高新技术于一体,是计算机科学高度发展的产物,也是衡量一个国家科研实力和工业水平的一个重要标志。

2. 拟人化驾驶体系结构

拟人化驾驶的体系结构是智能车辆的"骨架",它描述的是智能车辆各个系统各个组成部分的分解与组织,以及各个部分之间的交互。常见的体系结构主要有三种:第一种是分层递阶式体系结构,第二种是反应式体系结构,第三种是混合式体系结构。体系结构控制着系统各个模块的输入/输出,以及各个信息流与控制流,提供总体的协调机制。

1) 分层递阶式体系结构

这是一个串联的体系结构,在这种结构中,传感器感知、轨迹建模、任务规划、运动控制和执行器等模块次序分明。该结构具备良好的规划推理能力,问题求解精度逐层提高,比较容易实现高层次的智能。这种结构对传感器的要求很高,但是从传感器到执行器的控制回路出现延时,缺乏实时性和灵活性,而且可靠性也不是很高。

2) 反应式体系结构

这种体系结构一般是基于行为的,也称为包容结构。它采用并联式结构,针对各个局部目标设计基本行为,形成不同层次的能力,它突出了"感知-动作"的行为控制,封装了控制中应具备的感知、探测、避障、规划和执行任务等能力。这种结构具备一定的灵活性和实时性,但是缺乏较高等级的智能,因此业内开始将两者结合,提出了混合式体系结构。

3) 混合式体系结构

这种结构能在较低层次时生成面向目标搜索的反应式行为,在较高层次则生成面向目标定义的递阶式行为,是一个结合传感器、传感器数据处理、数据存储、计算机建模和控制为一体的操作框架,可以进行多种方式的交互。

3. 拟人化驾驶的主要技术组成

1) 动态传感避障系统

拟人化驾驶车辆作为一种车辆首先需要保证乘员乘坐的舒适性和安全性,这就要求对其行驶方向和速度的控制更加严格;另外,它的体积较大,特别是在复杂拥挤的交通环境下,要想能够顺利行驶,对周围障碍物的动态信息获取就有着很高的要求。国内外很多智能车辆研究团队都是通过分析激光传感器数据进行动态障碍物的检测。

针对这些问题,提出一种利用多激光传感器进行动态障碍物检测的方法,采用三维激光传感器对智能车周围的障碍物进行检测跟踪,利用卡尔曼滤波器对障碍物的运动状态进行跟踪与预测,对于智能车辆前方准确性要求较高的扇形区域,采用置信距离理论融合四线激光传感器数据确定障碍物的运动信息,提高了障碍物运动状态的检测准确率,最终在栅格图上不仅对智能车辆周围的动、静态障碍物进行区别标示,而且还根据融合结果对动态障碍物的位置进行了延时修正,消除传感器处理数据延时带来的位置偏差。

2) 机器视觉系统

机器视觉也可以称为环境感知,是实现拟人化驾驶中最重要也是最复杂的一部分。拟人化驾驶车辆的环境感知层的任务是针对不同的交通环境,对传感器进行合理的配置、融合不同传感器获取的环境信息、对复杂的道路环境建立模型。拟人化驾驶系统的环境感知层分为交通标志识别、车道线的检测与识别、车辆检测、道路路沿的检测、障碍物检测以及多传感器信息融合与环境建模等模块。

拟人化驾驶车辆感知环境的传感器繁多,常用的有摄像头、激光扫描仪、毫米波雷达以及超声波雷达等。针对不同的传感器,采用的感知算法会有所区别,跟传感器感知环境的机理是有关系的。每一种传感器感知环境的能力和受环境的影响也各不相同。比如摄像头在物体识别方面有优势,但是距离信息比较欠缺,基于它的识别算法受天气、光线影响也非常明显。激光扫描仪及毫米波雷达能精确测得物体的距离,但是在识别物体方面远弱于摄像头。同一种传感器因其规格参数不同,也会呈现不同的特性。为了发挥各自传感器的优势,弥补它们的不足,传感器信息融合是未来的趋势。

6.1.2 拟人化驾驶程度分级

表 6-1 所示为拟人化驾驶程度分级。

表 6-1 拟人化驾驶程度分级

拟人化驾驶分级	level0	level1	level2	level3	level4	level5
称呼	无拟人化	辅助拟人化	部分拟人化	条件拟人化	局域拟人化	全域拟人化
定义	由驾驶员全权操作汽车,在行驶过程中可以得到警告和保护系统的辅助	通过驾驶环境对转向盘和减速中的一项操作提供驾驶支援,其他的驾驶动作都由驾驶员进行操作	通过驾驶环境对转向盘及加减速中的多项操作提供驾驶支援,其他的驾驶动作都由驾驶员操作	由无人驾驶系统完成所有驾驶操作,根据系统请求,驾驶员提供适当的应答	由无人驾驶系统完成所有驾驶操作,驾驶员不一定需要做出应答,限定于道路和环境条件等	由无人驾驶系统完成所有驾驶操作,驾驶员在可能的情况下接管,在所有的道路和环境条件下驾驶提供适当的应答

续表

拟人化驾驶分级		level0	level1	level2	level3	level4	level5
主体	动态驾驶任务 驾驶操作	人	人+车	车	车	车	车
	动态驾驶任务 周边监控	人	人	人	车	车	车
	动态驾驶任务支援	人	人	人	车	车	车
系统作用域		无	部分				全域

动态驾驶任务(Dynamic Driving Task,DDT)：包含"驾驶操作"和"周边监控"两个驾驶任务，指车辆在道路上行驶所需的所有实时操作和策略上的功能(决策类的行为)，不包括行程安排、途经地的选择等战略上的功能。

动态驾驶任务支援(DDT Fallback)：设计智能车辆时，需要考虑系统失效或者出现系统原有设计运行范围之外的情况发生。当上述极端工况产生时，智能车辆需要给出最小化风险的解决方案。

系统作用域(Operational Design Domain,ODD)：自动驾驶设计参数值，自动驾驶系统启动条件以及适用范围，根据已知的天气环境、道路情况、车速、车流量等信息做出测定，以确保系统的能力在安全的环境之内。

6.1.3 拟人化驾驶研究内容

1. 研究构架

图 6-1 所示为拟人化驾驶整体研究架构。

2. 关键问题

1) 实验环境搭建与数据采集

智能车辆计算机系统是严格按照设定的逻辑程序语言来执行相关驾驶操作的，而人的行为是复杂多变的且受到多方面因素的干扰，因此人机驾驶机理的差异性和冲突机理是实现拟人化驾驶需要解决的最基本问题。搭建模拟驾驶环境，通过驾驶模拟器收集各类驾驶员的驾驶行为、驾驶情绪和驾驶特性等驾驶人状态数据，从数据中学习是消除或最小化人机驾驶机理的差异性和冲突性最有效的方法之一。本节将以 ANSYS 自动驾驶仿真验证平台为例进行简单介绍。

（1）系统方案

ANSYS 高精度自动驾驶仿真验证平台提供了基于物理的三维场景建模、基于语义的道路事件建模、基于物理光学属性的摄像头和激光雷达的仿真、基于物理电磁学属性的毫米波雷达的仿真，从而实现多传感器、多交通对象、多场景的复杂环境实时闭环仿真。

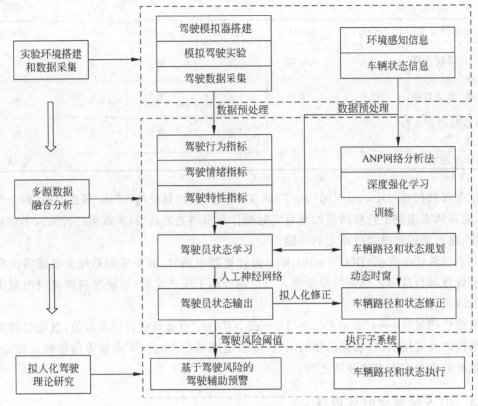

图 6-1 拟人化驾驶整体研究架构

(2) 系统组成

ANSYS 自动驾驶仿真验证平台主要由以下模块组成：开放式交通场景编辑模块，自定义设定道路和交通场景，可以自定义设定道路两旁的建筑物、绿化带等；开放式交通流场景编辑模块，可以根据驾驶人需求自定义设定道路上来往的车辆、行人和交通指示灯；开放式车辆动力学编辑模块，可以根据驾驶人需求，自行设定主动驾驶（或算法控制车辆）的车辆动力学参数；高精度的三维场景仿真模块，支持高精度的物理属性的传感器仿真，包括毫米波雷达的仿真、摄像头的仿真和激光雷达的仿真；开放式的接口模块，驾驶人可以与实物传感器、VR 设备、控制器、各类测试数据进行无缝的联入，从而更好地满足不同级别、不同目标的测试仿真要求，更加逼真地反映"人-车-路"在环仿真测试，该平台还提供了开放的接口。

(3) 数据采集

在完成平台硬件和软件的适配及调试后，根据年龄、性别、教育背景和性格等因素召集一批志愿者参与模拟实验，通过驾驶模拟器内置拟人化驾驶模块对不同驾驶人的大量驾驶状态的学习与训练，生成基于不同驾驶人的个性化驾驶行为，并通过内置数据采集模块对平台输入数据和输出数据进行收集。

2) 驾驶员状态的表征、评价与辨识

汽车驾驶员人数众多,年龄、性别、驾龄各异,涉及心理和生理性差异极大,因此驾驶员也是车辆行驶环节中最复杂、最不确定和最危险的因素之一。在驾驶任务过程中,驾驶员对车辆的操作是决定车辆行驶安全和交通通行效率的主要因素之一,也是车辆行驶诸多环节中最具有潜在危险性的薄弱环节。因此,对驾驶员状态的表征、评价与辨识研究是实现拟人化驾驶的核心问题之一,具体包括驾驶行为、驾驶情绪和驾驶特性等驾驶员状态研究。

3) 人机交互友好性研究

智能车辆时代背景下,除了满足人们的正常出行要求以外,更多的是让驾驶人感受到更加优越的出行服务体验。因此,人机交互友好性研究亦是拟人化驾驶需要解决的关键问题之一。

人机交互友好性研究主要包括人机界面拟人化研究和人机交互协调性研究,其中人机界面拟人化研究包括车内助手拟人化和车辆外观设计拟人化,人机交互协调性研究包括人机共驾协调水平和监控友好程度。

(1) 人机共驾协调水平

人机共驾协调指的是智能车辆与人在共同控制车辆运行过程中的协调性,主要通过以下指标来衡量和优化:车辆对驾驶员驾驶意图的理解程度;人机共驾的冲突程度;人机共驾交接过程的平顺程度和人机共驾的相互干扰程度。

(2) 监控友好程度

监控友好程度指的是智能车辆所提供的模式、参数设置操作和系统状态信息反馈的完备性、便捷性和友好性,主要通过以下指标来衡量和优化:智能车辆提供给驾驶员参数、指令系统启停的方便、准确和便捷程度;智能车辆在驾驶过程中对必要信息的显示、提示和警示的有效、可靠和友好程度。

4) 驾驶座舱智能化研究

由于高新技术不断向汽车产业渗透,汽车的产品形态正在发生巨大改变,智能驾驶座舱也向智能化进程转变,尤其是 5G 技术的商业化将带给智能驾驶舱更多可能性。中国汽车技术研究中心所发布的《智能座舱技术发展及应用案例解析》报告显示,汽车智能驾驶舱进化分为三个阶段:第一阶段,传统中控平台;第二阶段,信息娱乐系统集成;第三阶段,智能驾驶集成。

当前智能驾驶舱处于第二阶段的普及期,也是第三阶段的导入期。随着智能驾驶舱的不断进化和融合,自动驾驶的价值逐渐增加。也就是说,拟人化驾驶和智能驾驶舱不可分割,而是高度集成,在未来,智能车辆领域,具备拟人化驾驶功能的智能驾驶舱将成为下一个发展方向。

6.2 拟人化驾驶行为

6.2.1 驾驶行为

驾驶员在驾驶车辆的过程中,会接收到各种各样的外界交通环境信息,包括周围车辆信息、行人信息、交通信号、标志表现、交通流状况信息等。通过自身的视觉、触觉以及听觉等感觉器官,驾驶员采集对其行车有重要作用的信息,进而根据自身的驾驶水平和反应能力判断执行何种操作,然后通过控制手、脚等运动器官控制转向盘、制动踏板以及油门踏板等控制车辆的速度和方向变化。

行车过程中,驾驶员不仅要关注车辆周围的交通环境信息,同时也要不断判断车辆速度、行驶方向、姿态以及振动等参数的变化,通过综合处理外界交通环境信息与车辆自身运动状态,及时修正并优化手和脚等肢体运动器官的执行动作,在保证行车安全与车辆稳定性的基础上,顺利完成驾驶任务。

1. 相关概念

驾驶行为是驾驶员行车过程中各种操作行为的总称,包括感知外界交通信息并形成决策的思维过程,通过运动器官操纵车辆运行的肢体行为,以及自身车辆与周围车辆等交通环境要素之间的相对运动关系的控制行为(图 6-2)。

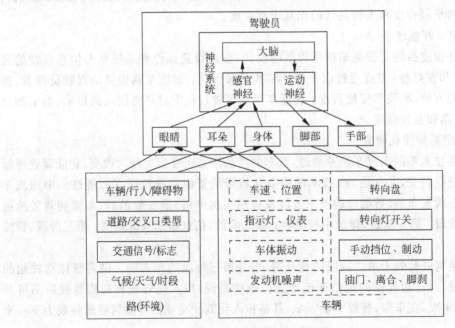

图 6-2 驾驶行为形成要素

2. 驾驶行为的分类

1) 自由行驶

自由行驶状态,例如车道保持状态,在道路中没有其他交通参与者对本车的行驶状态造成干扰。

2) 跟车

道路交通中,通过跟车距离安全阈值的计算可以提高车辆在城区道路行驶的安全性,所以拟人化驾驶考虑对跟车行为进行描述是十分有意义的。在一定的速度调整范围内跟车也可视为加速状态与减速状态的集合。

3) 车道变换

超车、根据导向箭头汇入目标车道等行为都可视为车道变换行为的拓展,因此,车道变换是一种基础的驾驶行为。在拟人化驾驶中,增加车道变换状态对提高道路通行能力和驾驶人的驾驶安全性有益。

4) 停车

由于有些驾驶环境较为拥堵,不同的交通参与者一定程度上增加了行驶的复杂度,因此,需考虑交通阻塞时的车辆运行状态。停车也可视为减速行为达到一定阈值后的行为。

驾驶意图是驾驶员接收到外界信息并决策执行何种驾驶行为的思维活动,是驾驶行为的内在状态,因此,研究驾驶行为的形成应从驾驶员的驾驶意图入手。驾驶行为的执行过程是驾驶员的感觉、知觉等器官按照一定的时间序列分层次完成的。行车过程中,驾驶员首先会对当前道路交通环境信息进行感知并决策,形成某种驾驶意图。驾驶行为的产生可以看作某种驾驶意图的外在表现,而驾驶员执行某种驾驶意图产生了某种驾驶行为后,需要综合考虑自己的主观愿望(如目的地)、驾驶经验(如车速需求)和操作习惯(如转向操作)等进一步指导驾驶意图的形成,为后续驾驶员行为的产生起指导作用。图 6-3 所示为驾驶行为与驾驶意图的产生过程。驾驶意图和驾驶行为可能产生于驾驶员执行驾驶过程的任何一个环节,然而,驾驶员能够自我感知到,并且能够对执行后续驾驶行为具有指导作用的驾驶意图,仅存在于驾驶员感知到外界交通环境信息并形成决策之后,至驾驶员执行肢体动作控制车

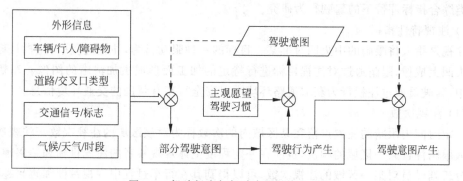

图 6-3 驾驶行为与驾驶意图的产生过程

辆的操作行为之前这段时间之内。

驾驶意图的最终目的是为驾驶员执行后续驾驶行为提供指导作用,使车辆按照自身的意愿安全行驶;同时,车辆运行状态的变化也反映出驾驶员的驾驶意图。由于驾驶员可以通过不同操作组合改变自己驾驶车辆的运行状态,也就是说在同一驾驶意图指导下,实现车辆运行的驾驶行为操作组合具有多样性,具体采用哪种操纵组合是由当前实际道路交通环境要素和驾驶员的驾驶习惯决定的。从危险驾驶行为预警角度考虑,对驾驶员当前的驾驶意图进行及时准确的辨识,可以以此为基础,结合当前交通状况及驾驶员自身特性,对下一阶段的驾驶行为做出预测,并对预测出的危险驾驶行为进行及时的预警,纠正驾驶员产生错误的操作行为,预防交通事故的发生。

由于驾驶意图的产生与车辆控制过程中的驾驶员行为动作紧密联系,车辆周围的交通环境要素决定了驾驶员可能产生的不同类型的驾驶意图集合和分布,驾驶员的驾驶意图直接驱使其习惯性操作行为等驾驶员行为动作,因此,在时空上应先有驾驶意图产生,而后才能做出执行动作。因此,通过辨识驾驶员意图可以有效预测驾驶行为,而通过驾驶行为辨识驾驶意图的过程则是一个相反的过程。然而,从驾驶行为预测角度来分析,除了利用医学技术通过分析驾驶员脑电信息进行识别外,并没有其他精确的方法。因此,只能通过可直接观测到的驾驶员行为动作间接辨识驾驶员的驾驶意图进而预测驾驶行为。

3. 驾驶行为表征指标

实际的行车过程中,面对不同的驾驶环境,驾驶员会形成不同的驾驶行为,甚至面对同一种交通环境,不同的驾驶员也会形成不同的驾驶行为。这主要是由驾驶员的驾驶行为形成主因子决定的。驾驶行为形成主因子是指道路交通环境中对驾驶员形成驾驶行为的过程具有关键作用的影响要素。

通过对驾驶行为的形成机理分析可以发现,驾驶行为形成与对外界交通环境信息的感知和决策过程中,驾驶员主要是视觉、听觉等感官系统感知周围道路交通环境等信息。相关研究表明,驾驶员行车过程中获取的信息中有左右来自视觉系统。因此,通过分析不同环境下驾驶员眼动规律有助于有效地展开驾驶员驾驶行为研究,尤其是在注视、扫视以及头部运动三类综合指标评价下的驾驶行为研究。

1) 注视特性指标

注视是指人将眼睛的中央凹对准某一目标的一种眼动行为,注视过程中,注视目标在眼睛中央凹上成像,眼睛通过对注视目标进行特定的加工而形成更加清晰的图像。车辆行驶过程中,驾驶员通过注视行为获取道路环境中对安全行车有帮助的交通环境信息。

(1) 注视次数

一定时间内眼睛的注视点落在某区域内的次数称为对该区域的注视次数。注视次数反映了人眼睛注视某一区域的频次,也能在一定程度上体现观察者的注视目标和感兴趣区域。通过分析驾驶员对某一区域的注视次数,可以得到其在行车过程中注视目标和感兴趣区域,有助于进行驾驶员的意图方面的研究。

(2) 注视时间

注视时间也称为注视持续时间,是一次注视过程中,人眼睛保持视轴中心位置不变的时间,它反映了驾驶员从注视目标上提取可用信息花费的时间,也反映了驾驶员对注视目标的感兴趣程度以及驾驶员提取有效信息的难易程度。一般用平均注视时间衡量该阶段驾驶员对某一区域的综合感兴趣程度。

(3) 视线点转移概率

视线点的转移过程构成了视线转移路径,它表征的是驾驶员在当前阶段的视觉搜索序列。车辆行驶过程中,驾驶员会根据经验及信息需求在重要的区域之间进行信息搜索。不同的驾驶行为过程中,驾驶员关注的目标不同,因此视线点在各个区域间转移的概率也不同,视线点转移概率越大,说明驾驶员对该区域的关注程度越高。

2) 扫视特性指标

(1) 扫视时间

从眼球的一次扫视运动开始到该次扫视运动结束所持续的时间称为扫视时间,一定程度上体现了视觉搜索过程中观察者搜索目标所消耗的时间。扫视持续时间越长,说明驾驶员行车过程中所需要的交通环境信息越多;扫视持续时间越短,则行车过程中所需要的交通环境信息越少。

(2) 扫视幅度

扫视幅度是指一次扫视过程中眼睛视线扫过的范围,即从一次扫视行为开始到该次扫视行为结束,人眼视线跳过的范围。一般用视线扫过的角度来衡量。扫视幅度反映了人眼睛的注意深度。由于扫视行为是在两次注视行为之间搜索目标的过程,因此扫视幅度的大小与上次注视过程中获取信息的多少有直接关系,注视过程获取的信息越多,其后的扫视幅度越大;反之,注视过程获取的信息越少,那么接下来扫视行为的幅度就会越小。

(3) 扫视速度

扫视速度是扫视过程中,眼睛视线的转动速度,是眼睛视线扫过的角度与扫视时间的比值,单位为度/秒。平均扫视速度是指特定时间内所有扫视速度的平均值,该指标可以用来表征驾驶员寻找感兴趣目标的速度。

3) 头部运动指标

在行车过程中,驾驶员往往通过眼睛和头部运动共同作用获取道路交通环境信息。研究表明,在视线搜索过程中,驾驶员头部的运动在时序上先于眼睛运动。比如,当驾驶员意图将眼睛视线从当前位置转移到其他感兴趣区域时,首先通过头部转动获取恰当的角度,进而再通过眼睛的运动对头部转动进行一定角度的视觉补偿,通过眼睛和头部的共同作用完成视觉搜索任务。

驾驶员的视线转移是其眼睛转动、头部运动以及位置共同作用的结果。因此,在研究驾驶员视觉行为过程中,头部运动参数是不可忽略的,可以用眼动仪采集头部参数(包括头部位置参数以及头部转动参数),行车过程中驾驶员头部转动参数对视线变化影响较大,通过相关分析,从而为拟人化驾驶提供一定的参考学习。

6.2.2 驾驶情绪

1. 人工情绪

利用信息手段使机器对人类情绪进行识别理解,从而更好地进行人机交互,就是人工情绪。

2. 情绪识别

1) 生理情绪识别

生理学研究表明,人在生气和愤怒状态下的生理指标与正常状态的指标相比会发生变化。因此,可以通过检测驾驶员的生理信号,如心电信号、脑电信号、皮电信号、肌电信号等来判断驾驶员是否处于攻击性状态。

基于生理信号的检测方法准确性比较高,但此测量需要接触人体,检测设备会干扰驾驶员的正常操作,比如面部肌电图测试需要把传感器接在颧骨肌上,影响行车安全。另外,由于不同的人的生理信号特征有所不同,并且生理信号与心理活动关联较大,所以,此法实际用于驾驶员攻击性检测时有很大的局限性。

2) 语音情绪识别

语音情绪识别研究大多采用二维情绪空间的冷静、愤怒、高兴和悲伤这四种区分度大的情绪。有关研究发现,语音情绪识别对悲伤、愤怒这两种情绪识别率最高,准确率不低于 90%,其他情绪则为 50%。

关于语音识别的具体实施,可以先收集真实场景下人群的声音数据,进行情绪的评定和归类,再利用模拟场景诱发相应的情绪,加入愤怒、挫败感等。目前的语音识别技术可以识别字句单词,因人在愤怒生气时倾向使用攻击性词语、在紧张时容易说话结巴、出现语法错误,所以,语音识别系统对这些敏感词汇和语法进行理解归类,结合特征分析结果,可以更有效地识别人们的真实情绪。

安装车载语音交互设备,提高驾驶体验,在驾驶员情绪不良时给予关怀,在检测出攻击性驾驶时报警提醒,则可以减少交通事故的发生,促进驾驶安全。

3) 人脸表情识别

20 世纪 90 年代,人脸表情研究开始蓬勃发展,很多科研机构、大学等投入不少人力、物力着手这方面的研究。日本东京大学利用神经网络方法对表情进行机器识别,借助来自眉毛、眼睛和嘴巴这 3 个区域的 60 个特征点坐标获取表情信号,用神经网络法输入进行训练,得到恐惧、惊奇、厌恶、愤怒、悲伤、高兴等 6 个基本表情结果,识别率达到 70%。英国剑桥大学针对自动识别用户系统的实时精神状态,截取视频流里面的头肩序列,同样对所获取图像进行运动单元分析,利用分类器分析面部表情,对基本表情和混合表情的识别率都较高。

3. 驾驶情绪检测

1) 依据车辆状态

基于车辆运行状态的检测方法是利用车辆的车速、加速度、车道线偏离以及转向盘运动情况等来推测驾驶员的情绪状态。驾驶员攻击性驾驶时，踩油门、踩刹车、挂挡或转转向盘的尺度会变大，操纵汽车的动作会下意识地更加用力或者身体不稳定抖动，车辆也会随之产生变化。在油门、刹车、挡位、转向盘等处安装传感器，就可以获取相应的参量。最后，融合各传感器的数据，利用神经网络算法，可以得出车辆是否处于不良驾驶状态。

2) 依据驾驶员特征

检测驾驶过程中驾驶员特征参数，可以检测驾驶员状态，如眼睑偏向闭合、转向盘握力变松、无意识地点头动作，都可以判断驾驶员正处于疲劳驾驶状态。同理，检测驾驶员的表情，获得驾驶情绪，同样可以检测攻击性驾驶行为。

可以使用测握力转向盘来测试驾驶员的紧张度（同挫败情绪相关），用传感座椅来测试驾驶员是否处于厌烦或平和状态，用摄像头跟踪面部表情、头部运动、嘴巴闭合、闭眼次数等事件，也可以不同程度地识别出驾驶员所处的情绪。

当驾驶员处于攻击性驾驶状态下，瞳孔会扩大，眼睑眨动减少，眼睛闭合时间变短，点头动作减少，握力变大。通过驾驶员的个体特征来判断驾驶员是否正处于生气愤怒情绪状态具有准确性高和可靠性好的优点。这种方法对技术的要求比较高，目前被广泛研究。

若是能成功识别不良驾驶行为，我们把它融入安全驾驶辅助系统中，如图 6-4 所示。通过人工情绪计算，智能掌控驾驶员的情绪和驾驶倾向，及时做出相应对策。当驾驶者情绪不稳定时，系统给予提醒，或自动调节驾驶参数以防事故发生；根据驾驶者的情绪发出关怀式语音，提高驾驶体验，带来积极情绪，从而让驾驶更安全，交通更顺畅。

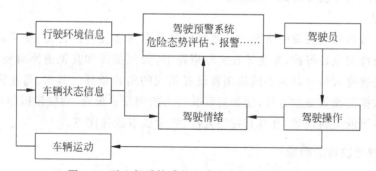

图 6-4 引入驾驶情感的汽车安全驾驶预警系统

6.2.3 融合驾驶行为的驾驶情绪研究

情绪拥有比较复杂的内在体验和外在表现，为了提高驾驶员情绪判定的精确性，需要对多种驾驶行为进行融合。驾驶员的情绪可用多种方法测试，将各种测量结果通过融合来获取最准确的结果。不良驾驶检测是一种二元逻辑判断,其输入/输出都是一种逻辑判断,需要各参量局部处理后再统一融合表决。

驾驶行为中表现出来的形式多样性,甚至不同驾驶员在同一个驾驶行为中都表现得不一致,这与道路交通状态中对驾驶行为的形成起关键或者主要作用的影响因素有关。从众多的驾驶行为影响因素,确定出主要因素对驾驶行为的影响程度,有利于客观评估驾驶安全可靠性。

实际道路驾驶中,驾驶行为受到驾驶员个性、道路状态和交通环境等因素的影响。所以,要同时考虑驾驶行为主要影响因素和驾驶操作、路面信息等各方面。驾驶行为和意图可以从驾驶员的当前操控推断得出,利用转向和加速等动作可以判断驾驶员下一时刻的状态。

6.2.4 驾驶决策

驾驶决策是一种在驾驶行为中表现出的风险决策,具体指驾驶员根据自己从驾驶经验中获得的关于如何操控车辆的概率,对不同交通场景进行评估,并做出选择,产生驾驶行为的过程。

1. 驾驶决策的主要研究方法

1) 心理测量法

心理测量法通过问卷,确定驾驶员在不同情境中的决策特点。通过决策风格问卷发现,在年龄、性别、行驶公里数、三年内的交通违章次数、行为模式和社会偏差等方面有差异的驾驶员,在决策风格上有着明显的区别。

心理测量法虽然研究了影响驾驶决策的因素,但这种方法的科学性仍受到质疑,在以往研究中使用的问卷并没有得到广泛应用。

2) 实验法

驾驶模拟器在驾驶决策的研究中广泛使用并具有诸多优势。首先,使用驾驶模拟器可以保证研究条件安全且可控,避免了在实际道路上,天气条件和其他道路对使用者的影响。驾驶模拟器使研究人员可以为不同使用者设置相同的实验条件。其次,驾驶模拟器的使用可以使研究数据的测量更加方便,比如对驾驶行为的测量。最后,驾驶模拟器可以有效地设计出不同条件下的交通场景,并具有可重复性、实验成本低等优点。

2. 影响驾驶决策的因素

1) 年龄

不同年龄的驾驶员其驾驶决策存在着差异。随着年龄的增加,承担风险的水平以及受影响的程度逐渐减少。从以往的研究结果来看,年轻的新手驾驶员更容易做出错误的决策。

2) 风险感知

与危险行为有关的决策模型假设决策风险行为是通过类似评估风险和收益后采取的行动。

3) 决策风格

决策风格是个体在决策过程中习惯的行为模式。个体在广泛的决策领域中采取一种相同的行为方式,这种行为方式就是决策风格的体现。

6.3 驾驶人特性的学习

6.3.1 生理特性

相关研究表明,驾驶员在疲劳状态下的生理特征与正常状态下的生理状态有所差异,故此差异可以向拟人化驾驶提供定量的学习。因此,可以通过检测生理特征判断驾驶人是否处于疲劳驾驶状态。目前,常用的检测方法主要包括脑电信号 EEG、心电信号 ECG、肌电信号 EMG 等。

1. 脑电信号

脑电是通过在头皮上不同电位布设电极,以测量大脑执行特定功能时的生理电信号。大脑是控制"感知-认知-反应"全过程的神经中枢。不同脑区对应不同的大脑功能,例如视觉、语言、决策、情绪、运动等。

脑电信号被认为是检测疲劳的"金标准"。可以采用支持向量机算法对正常和疲劳状态下的脑电信号进行分类,判断驾驶员的疲劳状态;使用动态脑电仪记录驾驶员行驶时的动态脑电波,通过对比分析正常和疲劳状态时的脑电波变化规律,获得判断驾驶员疲劳驾驶的依据。

基于脑电信号的检测可靠性好,灵敏度高;但是测试条件苛刻、信号采集设备昂贵,结构复杂、可扩展性差,并会对驾驶员的操作带来影响。

2. 心电信号

驾驶员疲劳状态出现常常伴随着心电信号的规律性下降。心电信号主要包括心率 HR (Heart Rate)和心率变异性 HRV(Heart Rate Variability)两项指标,这两项指标对于判断疲劳驾驶十分重要。有学者利用驾驶模拟器采集了多名驾驶员在不同驾驶状态下的生理指标,主要包括心率、肌电、呼吸、皮温、皮电等,构建了基于模糊聚类法的检测系统进行驾驶状态判别。

基于心电信号检测的方法克服了基于脑电检测的成本高、结构复杂、测试条件苛刻等缺点,心电检测装置轻便可随身携带、不会对被试驾驶员造成侵入影响,并能实现实时动态检测;但其不足之处在于受环境影响较大,可靠性和灵敏度不高。

3. 肌电信号

基于肌电信号的检测是使用诱发电位的方法,测量 EMG 信号,具体的实施过程是在驾驶员的肌肉表面粘贴一块电极,通过电极将肌电信号传送到肌电图记录仪。驾驶员疲劳程度的加深,会导致 EMG 频率下降,幅值增大。

基于生理参数特征的检测方法,其结果比较客观真实,可以较好地反映驾驶员的疲劳程度;不过,从另一方面看,很多生理传感器对人体肌肤有着一定的侵入性,这对于驾驶员的安全驾驶有着一定的影响。因此,该方法不适宜在实际驾驶过程中应用。

6.3.2 面部特性

基于面部特征的疲劳驾驶检测方法是利用图像传感器采集驾驶员的面部图像,主要包括人的眼睛状态、头部位置和嘴巴状态等,通过对驾驶员面部特征的分析进行疲劳状态判定。

1. 眼动特征

眼睛的状态与驾驶人的疲劳状态存在着密切联系。相关研究表明,当人处于疲劳状态时,眼睛状态也会发生相应的变化,瞳孔直径、扫视、注视,以及眨眼频率等随着疲劳程度变化而改变。PERCLOS 是指固定时间内眼睑闭合 80% 的时间所占百分比,最早由卡内基·梅隆研究所提出,是目前使用最为广泛的疲劳驾驶眼动检测指标。

诸多研究进展中,有利用红外光进行人眼定位和跟踪的方法,通过对眼睛的开闭状态进行分析,在眼睛闭合时给出警告,从而实现了状态检测;有将面部特征和静态特征进行融合,最终检测驾驶员眼部状态进行疲劳判别;有采用累积差分帧和 Hough 变换等图像处理技术对驾驶员的眼睛进行检测和跟踪,通过分析不同驾驶状态下眼睛的变化特征,统计眼睛在一段时间内的闭合时间,从而计算出 PERCLOS 值,以此判断驾驶员的疲劳状态。

2. 头部位置

研究表明,头部姿态也可以反映驾驶疲劳状态。ASCI 公司针对驾驶员疲劳时的头部位置特征,研制出一种头部位移传感器,该传感器通过对各个时间段头部位置的变化情况进行实时记录,进而判断驾驶员的疲劳程度。

通过计算驾驶员头部的旋转角速度和旋转角加速度,根据其头部的倾斜角度以及旋转角速度综合判断列车驾驶员的疲劳状态。

3. 嘴部状态

通过采集驾驶员脸部信息来进行疲劳状态检测的方法,结合驾驶员的嘴部张开程度、眼睛的睁闭频率和打哈欠状态进行对比分析,提取了不同状态下的嘴部变化特征,从而检测驾驶员的状态。

6.3.3 驾驶行为特性

基于驾驶行为的检测方法主要可以分为两类:基于驾驶员操作行为的检测方法和基于

车辆运行状态的检测方法。其中,基于驾驶员操作行为的检测方法是通过检测驾驶员对转向盘、刹车踏板、油门踏板等装置的操作行为来判断驾驶员的驾驶状态。基于车辆运行状态的检测方法是指通过检测车辆的速度、加速度、车道横向位置和车身横摆角等车辆行驶信息来判断驾驶员的驾驶状态。

在正常驾驶状态时,驾驶员会不断对车辆的运行状态进行判断,从而控制车辆的行驶轨迹,以保证车辆的安全行驶。随着驾驶员疲劳程度的增加,其对周围环境的感知、判断能力会有所下降,导致驾驶员对车辆运行状态的判断误差变大、控制精度降低,进而使车辆的操作变量和运行状态变量出现较大波动。因此,对驾驶员不同驾驶状态下的驾驶行为变化规律进行研究,可以实现疲劳驾驶的检测。

1. 驾驶人操作行为

针对转向盘转角、转向盘转角速率、油门等操作行为变量,提取能够表征疲劳状态的判别指标,可以搭建基于多元回归分析法的疲劳状态检测模型。根据驾驶员在疲劳驾驶时对转向盘的操作特性,通过计算转向盘转角的频数分布直方图,提取频数作为特征指标,并基于神经网络算法建立了疲劳状态检测模型。采用双时间窗法从转向盘转角参量中提取了最大零速百分比和最大角度标准差两个判别指标,构建了基于线性判别分析法的疲劳驾驶检测模型。

2. 车辆状态

通过开展模拟驾驶实验,采集驾驶员在不同驾驶状态下的车速、转向盘转角、车道偏移位置变量和行驶偏角进行测量,通过模型建立,可以有效分析出车辆状态对驾驶行为的影响。

6.3.4 多源信息融合

基于信息融合技术的检测方法是指融合以上两种及两种以上指标的检测方法,以达到提高检测精度的目的。

近年来,随着信息融合技术的快速发展,很多学者开始尝试将多种疲劳特征参量进行融合,构建基于信息融合技术的疲劳驾驶检测方法,从而克服基于单特征参量的判别系统存在的缺陷,以提高判别系统的准确性和有效性。

奔驰公司研发的"疲劳识别辅助系统",融合驾驶员的眨眼数据、车辆行驶数据以及脑电信号等参数,并融入驾驶员的个人驾驶习惯、驾驶时间以及当前交通状况等信息,形成驾驶员的个性特征参数,进而实现驾驶疲劳的个性检测。

欧盟的 AWAKE 系统融合驾驶员的眼睑特征、手握转向盘的用力变化以及转向盘转角数据特征对驾驶员的疲劳状态进行检测,当检测到疲劳驾驶时,在听觉、视觉、和触觉方面给予驾驶员提示。

6.4 拟人化驾驶的决策与控制

对于传统车辆的驾驶,驾驶员往往通过眼睛、耳朵等外部感知器官来收集道路环境信息,依据驾驶经验与期望追求来选择驾驶行为,从而自主完成驾驶任务的全过程。而智能车辆是一种具有自主行驶或半自主驾驶能力的车辆,除了能够完成常规的汽车驾驶动作外,还具有针对交通场景的环境感知、行为决策、运动规划、车辆控制、自动避障等类人化行为能力。因此,智能车辆应具有"拟人化"的决策与控制机制,在驾驶任务中学习并记忆驾驶人的行为特性、感知驾驶人的情绪,对车辆下一时刻的驾驶行为进行拟人化的决策和控制,使驾驶人感觉到车辆的制动、减速、加速以及走停功能如同本人驾驶一样,从而提升在不同驾驶场景下的驾驶舒适感、驾驶信任感和驾驶愉悦感。

6.4.1 拟人化驾驶系统的架构

拟人化驾驶系统整体架构包括环境感知系统、自主决策系统(行为决策子系统和运动规划子系统)和控制执行系统(控制子系统和执行机构子系统)。具体设计架构如图6-5所示。

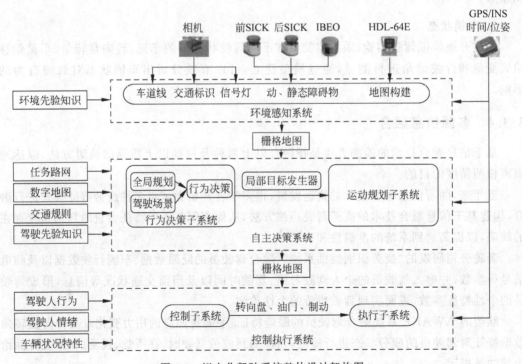

图6-5 拟人化驾驶系统整体设计架构图

由图 6-5 可以看出，该无人车采用的是自上而下的分层式体系架构，各系统之间均有明确的定义接口，并采用以太网进行系统间的数据传输，从而保证数据的实时性和完整性。

1．环境感知系统

系统环境感知是智能车辆关键技术中最基础的一个部分。无论是做驾驶行为决策还是规划车辆行驶的运动轨迹，都需要建立在环境感知的基础之上。依据对道路交通环境的实时感知结果，进行相对应的判断、决策和规划，使车辆实现自动驾驶。环境感知系统主要是利用各种传感器获取相关的环境信息，从而完成对环境模型的构建以及对于交通场景的知识表达。所使用的传感器包括相机、单线雷达（SICK）、四线雷达（IBEO）、吉维激光雷达（HDL-64E）等。其中相机主要负责红绿灯检测、车道线检测、道路标示牌检测和车辆识别；其他激光雷达传感器主要负责动静态障碍物的检测、识别和跟踪，以及道路边界的检测和提取。基于以上各传感器信息进行数据融合处理，生成一张能表达道路环境的栅格图，并发送给自主决策系统做进一步的决策和规划。具体配置见表 6-2。

表 6-2 环境感知系统传感器配置表

类型	数量	参数	用途
SPAN-CPT	1	定位精度：1cm 速度精度：0.02m/sRMS 位姿精度：0.05°（俯仰、横滚） 0.1°（方位角） 刷新率：5Hz	定位和 GPS 导航
Velodyne HDL-64E S2 LIDAR（HDL）	1	360°×26.8°范围（FOV） 角度分辨率：0.09° 最大量程：120m 扫描频率：5～20Hz 测量精度：2cm	全向立体探测，近距离障碍物检测
SICK LMS 291-S05 LIDAR	5	180°×0.9°视野（FOV） 角度分辨率：0.25° 最大量程：80m 扫描频率：25Hz	全向，中距离探测
Point Grey Firefly（PGF）	4	高动态范围相机 45°视野（FOV）	前后视，远距离探测
Delphi ESR 毫米波雷达	2	测程：174m FOV：±10° 更新率：50ms	远距离障碍物及速度检测
AGRS M2-M	1	位姿精度：0.4°（俯仰、横滚） 0.7°方位角 刷新率：1～100Hz	测量车辆姿态，惯性导航

续表

类　型	数量	参　　数	用　途
轮速传感器	2	AB相4倍频采集 分辨率：0.5mm	精确测量车辆行驶距离
IBEO LUX	2	最大量程：200m FOV：110° 角度分辨率：0.25° 扫描频率：12.5~50Hz	动态障碍物检测

2. 自主决策系统

　　自主决策系统是智能车辆系统的关键组成部分。该系统主要分为行为决策和运动规划两个核心子系统,除此之外还有一个辅助功能模块:健康管理模块。其中行为决策子系统主要是首先通过运行全局规划层(模块)来获取全局最优行驶路线,以明确具体驾驶任务;再根据环境感知系统发来的当前实时道路信息,基于道路交通规则和驾驶经验,决策出合理的驾驶行为,并将该驾驶行为指令发送给运动规划子系统。运动规划子系统的任务是:根据行为指令和当前的局部环境感知信息,基于安全性、平稳性等指标规划出一条可行驶轨迹,并发送至控制执行系统。健康管理模块主要负责整个系统异常状态的检测、系统错误恢复以及危险紧急处理等。该系统具体的结构框图如图6-6所示。

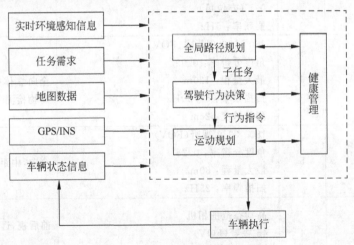

图6-6　自主决策系统结构框图

3. 控制执行系统

　　控制执行系统包括控制子系统和执行子系统两部分。其中控制子系统作用是将自主决策系统产生的可行驶轨迹转化为各个执行机构的具体执行指令,并通过CAN总线传递给执行子系统;执行子系统接收到来自CAN总线的指令后将其发往各个控制对象,对车辆的转向、制动、油口和挡位进行合理的控制,从而使得车辆自动行驶并完成相应的驾驶操作。

6.4.2 拟人化驾驶自主决策系统

在驾驶过程中,驾驶员的大脑思维决策过程是相当复杂的。在接到一个任务目标后,驾驶员必须首先根据大脑记忆模块中存储的道路交通网络,产生一个具体的行车路线;然后,根据自身车辆周围动态的道路交通状况,实时准确地决策当前的行车策略(驾驶行为)和行车线路,以便尽快到达目的地。由此可见,大脑在整个驾驶过程中起到了决定性的作用,而自主决策系统扮演的就是驾驶员"大脑"的角色。按照驾驶员在驾驶过程中的整个思维逻辑,该自主决策系统采用分层递阶式的体系架构模仿驾驶员的思维决策过程,自上而下依次分为全局路径规划层、驾驶行为决策层、运动规划层,其中健康管理层贯穿整个系统,如图 6-6 所示。

1. 全局路径规划层

全局路径规划层根据收到的来自用户的驾驶任务,基于地图数据信息和自身定位信息,在已知的路网文件中搜索出到达目的地的全局最优行驶路线,并将结果向下传递给行为决策层,如图 6-7 所示。同时,全局路径规划层还需要根据 GPS 定位信息,实时检测既定路线行驶情况,判断是否到达目的地;或者当前路线出现阻断时,及时进行路线重规划,以便继续完成行驶任务。这一全局最优路径的选择问题一般是在固定环境下的一个静态搜索问题,实际工程应用中常采用启发式搜索算法,例如 Dijkstra 算法或者 A* 算法。

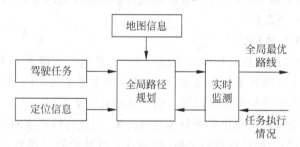

图 6-7 全局路径规划层原理图

2. 驾驶行为决策层

驾驶行为决策层依据全局最优行驶路线信息,基于对当前交通场景和环境感知信息的理解,首先确定自身的驾驶状态,在交通规则的约束和驾驶经验的指引下,推理决策出合理的驾驶行为,并将该驾驶行为转化为相应的接口指令,向下传递给运动规划层,如图 6-8 所示。

1) 驾驶行为决策层设计准则

智能车辆为了能实现各种交通场景下的正常行驶,其行为决策子系统需要具备以下功能:

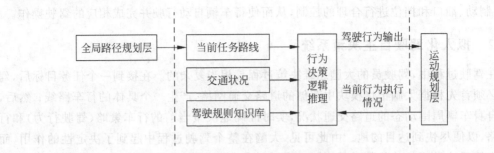

图 6-8 驾驶行为决策层原理图

(1) 合理性

行为决策系统的合理性是一个比较难以界定的概念。每个人对于驾驶行为是否合理都有一个评判标准,本书以交通规则和驾驶经验为基础,作为驾驶行为合理性的评判标准。主要考虑:自由行驶时,应该遵循优先靠右侧车道行驶的原则;在进行车道保持时,不应随意变道,应保持在本车道内;正常城市道路行驶时,应不要随意加速,确保不超过最大车速限制;高速公路行驶时,还应该注意最低车速的限制;在进行换道超车时,应能提前开启转向灯;对于"看到"的交通信号灯和交通标志,应该有相应的处理机制;对于危险情况的出现,应能够果断地执行紧急制动。

(2) 实时性

针对复杂的动态交通场景,行为决策系统能根据外部环境的变化,快速地做出驾驶策略上的响应,以避免危险情况的发生。

2) 驾驶行为决策层结构分析

对于每一个可能驾驶的道路环境都给出一个合理的行为策略是行为决策子系统的首要设计目标。另外,由于驾驶环境的特殊性,对实时性要求也很高,如何能快速地给出决策结果,也是行为决策子系统必须考虑的问题。由于不同驾驶场景对应不同驾驶行为,为了避免系统的冗余,根据环境的运动变化规律分场景的决策,不仅能提高实时性,更能保证合理性。该子系统首先针对道路结构环境进行分析,明确自身所处的驾驶场景,然后在此基础上,针对特定的驾驶场景,基于基本交通规则和驾驶经验组成的驾驶先验知识,进行驾驶行为的逻辑推理判断,在多个可选行为中基于驾驶任务需求等要素条件,决策出此场景下的最优行为。具体设计结构如图 6-9 所示。

3. 运动规划层

运动规划层是自主决策系统和控制执行系统之间的接口,主要负责将行为指令转化为控制执行系统能接受的轨迹序列。具体来说,运动规划层根据上层决策结果、局部动态环境信息和自身位姿信息,在考虑车辆运动学和动力学约束的条件下生成一组轨迹序列,再通过安全性、舒适性和时效性等指标函数的评价,挑选出一条最优的可行驶轨迹,并将其发送给控制执行系统;同时,其对于行为的执行情况还会被反馈给行为决策层,如图 6-10 所示。

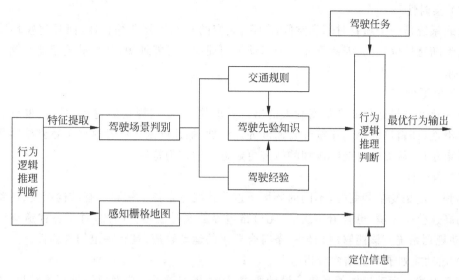

图 6-9　驾驶行为决策子系统

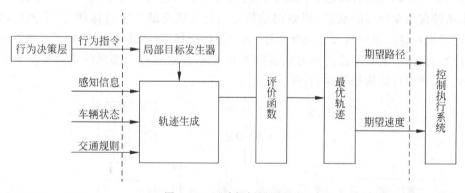

图 6-10　运动规划层原理图

1) 运动规划子系统设计准则

为了使智能车辆能够安全、稳定地完成各种驾驶任务,执行各种驾驶动作,其运动规划子系统考虑如下要素:

(1) 可执行性

智能车辆是一个受非完整性约束的系统,因此在做规划时,需要考虑生成轨迹是否满足车辆的运动学约束以及车辆执行机构约束,即轨迹的可执行性。否则,生成的轨迹有可能无法实现跟踪控制,这样不仅无法完成驾驶任务,更会对车辆机构造成损伤。

(2) 安全性

安全性是智能车辆需要关注的首要问题。在规划过程中要考虑障碍物约束,使得最终生成的轨迹满足一定的安全边界条件,满足安全行驶的要求。

(3) 实时性

交通系统是一个随着时间和空间而不断演变的动态的复杂综合体，而且驾驶环境中交通参与者随意性也很大，因此需要整个运动规划周期尽可能地短，从而满足智能车辆对实时性的要求。

(4) 舒适性

拟人化驾驶最终是要满足驾驶人的出行需求的，因此在规划的过程中还要重点注意轨迹的平滑性（即轨迹曲率的连续性）、速度的连续性、加速度的连续性这些关系到乘客驾乘体验的约束条件，从而使得最终规划的轨迹更贴近人的行为特性。

(5) 鲁棒性

驾驶环境是复杂多变的，不同的环境下道路状况也是各不相同。有结构明显、道路标线清晰的高速公路环境，也有道路狭窄、无道路边界的乡村公路。因此，对于各种道路交通环境，运动规划系统应该能够规划出一条符合要求的运动轨迹，具有一定的鲁棒性。

2) 运动规划子系统结构分析

基于上述对运动规划子系统的设计要求，运动规划子系统应对每一种行为结果，均能相应地生成一条车辆可执行轨迹。而对于轨迹的规划事实上可以理解为一个约束优化问题。其约束条件包括车辆当前状态（规划初始状态）、行为确定的期望目标状态、车辆运动学特性、动力学特性、横/纵向最大加速度指标、安全距离指标、时效性等，这些构成了最终轨迹优化和评价的标准。通过算法得到的众多轨迹中，能满足这些标准要求的就可作为最后的输出轨迹。具体设计结构如图 6-11 所示。

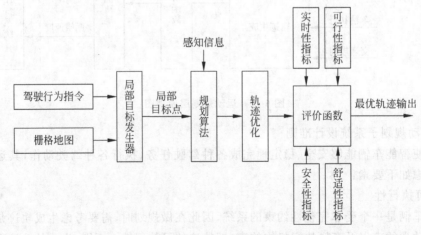

图 6-11 运动规划子系统设计结构图

4. 健康管理模块

健康管理模块看似一个独立的层面，但是对于整个系统的安全性和稳定性来说，其又是必不可少的。该模块主要用于车辆危险状态的监测、系统运行状况监测和错误恢复、车辆行驶状态的记录及分析和危险紧急情况处理等,具体原理如图 6-12 所示。

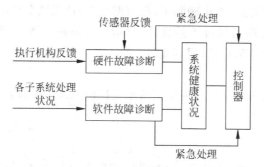

图 6-12　健康管理模块原理图

6.4.3　拟人化驾驶控制执行系统

拟人化驾驶控制执行系统主要包括控制子系统和执行子系统两部分,具体工作原理如图 6-13 所示。

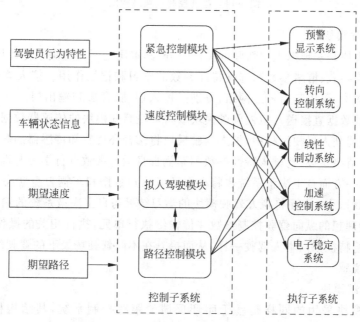

图 6-13　拟人化驾驶控制执行系统原理图

1. 控制子系统

控制子系统主要由紧急控制模块、速度控制模块、拟人驾驶模块和路径控制模块四部分组成。

1) 紧急控制模块

当环境感知系统的信息（如车辆间距、车道偏离等）达到紧急控制模块的危险阈值时，控制子系统将危险信息传递给执行子系统，同时给出具体执行指令，智能车辆迅速介入控制（如危险预警、主动减速停车等）以规避危险。

2) 速度控制模块

速度控制模块采用的是基于闭环反馈的跟踪控制系统，其结构框图如图6-14所示。

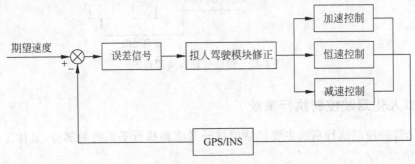

图6-14 速度控制模块结构图

3) 拟人驾驶模块

拟人驾驶模块是实现拟人化驾驶的关键部分，其本质上不参与决策与计算，只是起到对驾驶人驾驶行为参数、情绪参数和驾驶特性参数的学习和记忆作用。拟人驾驶模块主要采用增强型神经网络，采用三层神经网络，分别是输入层、隐含层和输出层。环境感知系统将环境感知传感器数据直接送入拟人驾驶模块或将环境感知模块的传感器数据融合后送入拟人驾驶模块，在驾驶人驾驶过程中，拟人驾驶模块将结合环境感知传感器的数据与驾驶人行为参数、驾驶人情绪参数、驾驶人特性参数和车辆自身运行参数进行学习与训练。当车辆处于工作模式时，一方面自主决策系统也将根据环境感知数据和车辆自身状态信息实时计算车辆的控制参数；另一方面将拟人驾驶模块的学习结果与自主决策系统的输出参数进行比较与修正，得到理想的纵向驾驶控制参数并传输给执行单元，执行相关的操作，使驾驶人感觉到车辆的运行特征如同本人驾驶一样，从而提升在不同驾驶场景下驾驶舒适感、驾驶信任感和驾驶愉悦感。

4) 路径控制模块

路径控制模块采用的同样是基于闭环反馈的跟踪控制系统，其结构框图如图6-15所示。

2. 执行子系统

执行子系统包括预警显示系统、转向控制系统、线性制动系统、加速控制系统和电子稳定系统。执行子系统主要执行控制子系统的执行命令，控制车辆制动、加速或保持车辆稳定等。它根据自主决策系统和控制子系统进行比较和纠正的结果输出给执行子系统，实现拟

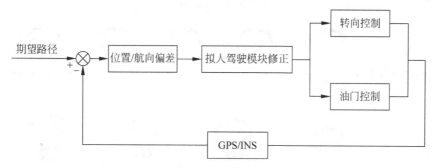

图 6-15 路径控制模块结构图

人化的加速、制动、换道等动作,符合驾驶人的驾驶习惯,达到驾驶的舒适性、稳定性和愉悦性。它根据控制子系统传递的决策信息,启动相应的部件,实现自适应巡航、自动紧急制动等功能中的某一项功能,或上述功能的组合运用。

6.5 拟人化驾驶的人机交互应用

6.5.1 车内助手拟人化

1. 拟人化设计

中国科学院计算机技术研究所智能科学实验室主任史忠植指出:"科学研究表明,情感是智能的一部分,而不是与智能相分离"。Microsoft 全球执行副总裁沈向洋也认为,"除了硬性的智商(IQ)以外,人工智能的研究更要强调机器与人之间的情感交互"。从实际应用来看,目前市面上已经出现了越来越多具备情感计算能力、能与人类进行情感交互的产品。例如,Microsoft 推出的人工智能机器人"小冰"、SoftBank 推出的情感陪护机器人 Pepper,还有 Google、Microsoft、Amazon、Apple 独立或合作推出的作为人工智能入口智能音箱产品等。上述部分产品已经可以根据不同的场景、不同的对象,做出有区别的适当的情感交互。

人工智能产品和人应该具有什么样的情感交流和互动,目前正是学术界和工业界研究的热点。2018 年,湖南大学设计艺术学院和百度人工智能交互设计院进行了智能体拟人度感性认知实验,如图 6-16 所示。研究发现,智能体外观的拟人度极大影响用户对智能产品的第一印象和预期。比如,在脸部造型上,两个眼睛或两个眼睛加鼻子的五官设计是相对比较保险的,增加嘴巴容易形成两极分化,即非常喜欢和非常不喜欢的比例都会增高。所以如果我们要进行拟人的脸部设计,对是否要"嘴巴"需要慎重。在全身拟人的设计上,"手"是一个关键部位,如果想要进行全身的拟人,最好将手带上。

在智能车辆领域,也会有类似的情况出现。例如,当智能车辆作为一个智能产品出现在道路上时,肯定也有其拟人化的情感考虑。因此上述相关研究预示着智能车辆的车内助手拟人化设计是未来智能车辆拟人化驾驶人机交互的重要研究内容。

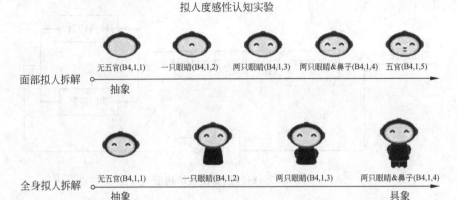

图 6-16 智能体拟人度认知实验

2. 拟人化情感交互

1) 与车内人员情感交互

在未来自动驾驶时代,智能汽车不能仅仅只是回应人们指令的工具,而应该和用户进行交流协作,与车内人员进行情感交互。"能理解,会思考"的能力使智能汽车能够胜任一些通常需要人类智能才能完成的复杂工作,以更高效的方式帮助用户完成驾驶任务,并通过交流互动满足人们提出的各种需求。各大车企也正将人工智能产品融合在汽车中。例如,2018 百度 AI 开发者大会上推出了 Apollo 小度车载 OS,如图 6-17 所示,这个面向量产的完整人工智能车联网系统解决方案中,就包含了一个小度车载机器人的组件,该组件是集成了语音和图像交互系统以及智能情感引擎的多模态交互情感化机器人。它能够像朋友一样用最自然的方式与用户进行交流,成为用户出行的贴心伙伴。

2) 与车外人员情感交互

这种情境下,智能驾驶汽车作为交流主体和周边的人通过多种形式互动并建立情感交互关系,当行人即将穿过街道时,需要能很好地知晓智能汽车的下一步行为——智能汽车的意图。Google 在 2015 年申请的一项"可与行人沟通"的无人驾驶技术专利中,提供了这样的解决方案:利用电子显示屏向周围的行人显示交通标志信号,同时发出诸如"安全行驶"的声音提醒,甚至通过安装电子眼或机械手臂的方式向行人示意。未来,针对智能汽车与行人的交互会有更进一步的解决方案,如在车外显示提示、问候的语言、表情等,这样能使处于弱势的行人在获得安全保障的同时感受到尊重。

3) 与周围车辆情感交互

智能汽车和周边车辆的关系同样会呈现出情感交互特征,它与周边车辆的互动不再只是通过鸣笛或车灯信号进行,而是可以通过多种形式和与之相遇的车辆相互交流。这就有助于形成良好的未来交通出行"礼仪"与规范,重构友好、有温度的情感交互关系。例如,Honda 2017 年的 Urban EV 概念车,如图 6-18 所示,包含车头灯的前脸显示屏可以显示不同语言的建议、问候甚至表情包,方便和周边的交通个体进行情感互动。

图 6-17　Apollo 小度车载 OS　　　　　图 6-18　Honda Urban EV 概念车

6.5.2　车辆外观拟人化

未来智能车辆还是会保留手动驾驶的功能。因此,如何让行人知道一辆车是否正处于自动驾驶模式中是有必要的,这也是智能车辆与行人进行交互的前提。

警车通过它独特的外观、外部的文字提示、灯条的闪烁以及共识性的鸣笛声设计,与社会车辆区分开。从某种程度上来说,在我们向完全自动化迈进的过渡阶段,能在马路上跑的智能车辆还是在少数,所以,它与外界"沟通"的目的效果,应与现在的警车相类似。

以下各公司在设计自动驾驶汽车时,也借鉴了设计一辆警车的想法,其中以吴恩达主导的自动驾驶创企 Drive.ai 为突出代表。值得一提的是,Drive.ai 在创立之初,就考虑到了人车交互的问题。

2018 年 7 月,Drive.ai 正式在得州推出无人驾驶打车服务,亮橙色的车身颜色以及遍布全身的"Self-Driving Vehicle"字样,让行人看到它的第一眼,就知道这是一辆特别的车辆,而它周身环绕的 4 块 LCD 显示屏,当车辆礼让行人时,其显示屏会显示"您先过"的文字提示,同时该车也通过显示屏来向行人传达该车是否有人驾驶的信息,如图 6-19 所示。虽然该车在外观上下了很大功夫,能让行人意识到这是一辆自动驾驶汽车,但在与行人建立沟通这个环节做得还不够。其与行人交互的唯一渠道就是 4 块显示屏,方式稍显单一,且显示屏尺寸也稍显局促,对行人的视觉冲击不足,甚至会让行人在读取信息时浪费掉不必要的时间,影响效率。

福特在其 Transit Connect 货车顶上安装了一个灯条,该灯条可以闪烁白、紫和蓝绿三种颜色的灯光,以此来提示行人该车目前的状态以及下一步的行动,如图 6-20 所示。相比于 Drive.ai 的单一视频显示,福特做的三色灯条视觉语言测试则更为完善一些。

此外,zoox 在福特的基础上,还给其原型安装了定向音响系统,该系统能够通过发出各种不同的声音来提示行人。但是,使用灯条作为人车之间的传递信号,对于视觉障碍患者就不太友善。其次,发光灯条不仅要保证在白天足够亮,能够让行人注意得到,还要确保在夜间不要太亮,影响他人正常通勤。

图 6-19　Drive.ai 自动驾驶汽车　　　　　图 6-20　福特三色灯条设计

显然,众多的灯条会对人的视线造成很大的困扰,奔驰的一项名为 Digital Light 的大灯技术则很好地解决了这一问题,如图 6-21 所示。当车辆在行驶过程中检测到行人横穿公路时,其能够自动施加制动,然后将虚拟的斑马线投射到前方道路上,以此示意行人先行。

2018 年 3 月,Uber 申请了一项专利,这家公司试图利用汽车闪光灯和声音与行人建立沟通。同年 12 月,Lyft 发布了一款名为自动驾驶车辆通知的系统。据介绍称,该系统能通过车窗屏幕将信息反馈到行人,如图 6-22 所示。

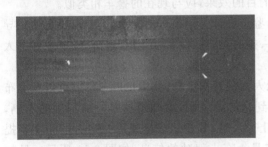 

图 6-21　奔驰 Digital Light 大灯技术　　　　图 6-22　Lyft 车窗显示界面

无论是 Drive.ai、福特还是 zoox,又或者其他几家公司,他们在设计自动驾驶汽车时都没有脱离"如何设计一辆警车"的思维桎梏,只是设计了一辆相对特殊点的车,而没有真正把智能车辆当作一个智能产品去进行拟人化设计。

捷豹路虎提出的"虚拟眼镜"概念让智能车辆拟人化外观设计。捷豹路虎直接将一双"LED 眼睛"安到了车上,以此来进行交互,如图 6-23 所示。当行人从它面前经过时,这双眼睛可以跟随行人移动的步伐,与行人进行"眼神交流",让行人知道其已经注意到他们了。

"虚拟眼睛"概念的可贵之处在于,眼神的交流是没有阻碍的,喜怒哀乐的五官表情更是全球通用的。要知道,智能车辆在向行人传递信号时,无论是使用照明、文字还是声音语言,它们都有一套自己的逻辑,虽然百花齐放,但是却也让人类混乱不堪。汽车上新的颜色外衣、不同语言的隔阂、各种灯条发光的含义等诸多问题,是需要人类自己去学习、适应的。

图 6-23 捷豹拟人化车辆外观设计图

总而言之,一个更高级的设计语言,应该是让车去适应人,而不是让人去适应车。而拟人化的设计语言,可能会是未来智能车辆外观设计的一个趋势。

本章涉及的标准

[1] 《驼峰毫米波测速雷达技术条件》(TB/T 2972—1999)
[2] 《北斗/全球卫星导航系统(GNSS)卫星高精度应用参数定义及描述》(BD-420025—2019)
[3] 《北斗/全球卫星导航系统(GNSS)基线处理及网平差软件要求与测试方法》(BD-420020—2019)
[4] 《北斗/全球卫星导航系统(GNSS)地理信息采集高精度手持终端规范》(BD-420024—2019)
[5] 《公共安全视频监控联网系统信息传输、交换、控制技术要求》(GB/T 28181—2016)
[6] 《信息安全技术 信息技术产品安全可控评价指标》(GB/T 36630—2018)
[7] 《汽车座椅、座椅固定装置及头枕强度要求和试验方法》(GB 15083—2019)
[8] 《系统间远程通信和信息交换中高速无线局域网媒体访问控制和物理层规范》(GB/T 36454—2018)
[9] 《系统间远程通信和信息交换局域网和城域网特定要求抗干扰低速无线个域物理层规范》(GB/T 36440—2018)
[10] 《星载光电跟踪成像系统通用规范》(GB/T 35437—2017)

参 考 文 献

[1] 周一鸣,毛恩荣. 车辆人机工程学[M]. 北京:北京理工大学出版社,1999.
[2] MASASHI S,TAKASHI N. Transition and Saturation of Traffic Flow Controlled by Traffic Lights [J]. Physical a-Statistical Mechanics an Its Applications,2003,325(3-4):531-546.

[3]　冀秉魁.基于驾驶员视觉特性的驾驶行为预测方法研究[D].长春:吉林大学,2014.
[4]　陈佳佳.城市环境下无人驾驶车辆决策系统研究[D].合肥:中国科学技术大学,2014.
[5]　PICARD R W. Affective Computing[M]. Cambridge,MA:MIT Press,1997.
[6]　林启万.基于情绪计算的驾驶行为研究[D].广州:广东工业大学,2014.
[7]　把余韬.基于行为和生理指标的驾驶风险分析与模式识别研究[D].北京:清华大学,2015.
[8]　汪宴宾.基于驾驶行为特征与眼动特征的疲劳驾驶辨识方法研究[D].成都:西南交通大学,2015.
[9]　陈晓晨.驾驶决策的特征及其影响因素研究[D].大连:辽宁师范大学,2013.
[10]　韩相军,关永,王雪立.基于DSP的疲劳驾驶实时监测系统研究[J].计算机技术与发展,2006(2):47-49+52.
[11]　李勇达,张超,孟令君.基于头部姿态特征的列车驾驶员疲劳驾驶检测系统研究[J].交通信息与安全,2014,32(5):114-119.
[12]　金雪.基于驾驶行为的疲劳驾驶检测方法研究[D].北京:北京工业大学,2015.
[13]　李啸.转向盘转角特性在驾驶疲劳检测中的应用研究[D].北京:北京林业大学,2009.
[14]　OKAMOTO S,SANO S. Anthropomorphic AI Agent Mediated Multimodal Interactions in Vehicles[C]//The International Conference,2017,110-114.

第 7 章 智能车辆伦理学设计

本章亮点：
- **伦理学困境**：自动驾驶汽车面临的困境和解决困境的可能进路。
- **伦理学理论**：看理论多元性如何导致自动驾驶汽车伦理决策冲突。
- **公众伦理偏好**：通过伦理实验范式，确定公众对自动驾驶汽车的伦理偏好。

引　言

　　公众和媒体对自动驾驶汽车伦理的关注可能高于对技术本身的关注。人类想象未来自动驾驶汽车会遇到悲剧性困境(尽管这种可能性极低)，需要在极短时间内做出审慎的理性决策，决定选择牺牲乘客还是行人，牺牲少数人还是多数人。自动驾驶汽车被想象成一个"杀人机器"(killing machine)，能够决定人的生死。人类因此非常希望能有一套合适的伦理准则来告诉自动驾驶汽车如何进行伦理决策，即要求自动驾驶汽车预先植入碰撞算法。本章首先描述伦理学"电车难题"和"天桥难题"思想实验、自动驾驶汽车可能的道德困境；其次，介绍三种主要的伦理学理论(利己主义、功利主义、义务论/道义论)，通过案例分析表明伦理学理论在指导自动驾驶汽车伦理决策时出现不可调和的冲突；再次，介绍目前已经颁布的《自动化和网联化驾驶伦理导则》，分析该导则对自动驾驶汽车伦理设定的有限作用；然后，介绍自动驾驶汽车伦理实验中发现的公众偏好，认为完全依赖公众偏好建立自动驾驶汽车伦理规范是不可接受的；最后，讨论关于自动驾驶汽车伦理设定的其他困境和挑战。本章主要传达如下信息：尽管我们非常关注和担忧自动驾驶汽车伦理设定，但是系统化的伦理学理论，现有自动驾驶汽车伦理导则，抑或公众伦理偏好，都无法帮助我们建立社会可接受的自动驾驶汽车伦理规范。可能目前最应该值得做的事情是：搁置担忧，尽快提高自动驾驶汽车技术性能。也许，当自动驾驶汽车技术性能达到很高水平后，可以在技术层面防止事故困境的产生。

7.1 伦理学困境

自动驾驶汽车面临多种伦理考量。例如,自动驾驶汽车的安全水平达到何种水平才是安全的。从直觉上来说,社会公众和消费者对自动驾驶汽车安全水平会有更高的要求。研究者提出一种测量公众对自动驾驶汽车可接受安全水平的表达偏好方法,在中国和韩国进行了跨国调查,发现这两国参试者都希望自动驾驶安全水平是目前人类驾驶员平均水平的4~5倍。如果自动驾驶汽车达不到人类驾驶的平均水平,就准许其大规模上路,这是有悖伦理的。

对于社会公众来说,最为熟悉的伦理学考量是自动驾驶在极端情况下可能面临的"电车难题"。自动驾驶汽车并非100%安全,肯定会遇到不可避免的交通事故。人类驾驶员在车祸发生的刹那间往往来不及做出有意识的反应。相对人类驾驶员,成熟的自动驾驶汽车将具备更高的计算能力,能够在极短时间内快速运算,可以做出更为审慎的决策。因此,自动驾驶汽车被视为一种人工道德主体或者道德能动者(Artificial Moral Agent,AMA),人们希望它们在危急关头做出合理的伦理决策。

站在自动驾驶研发、设计和工程人员的角度,这种考量可能是无稽之谈,甚至对自动驾驶技术发展是有害的。他们可能认为,自动驾驶伦理问题并不是当前最重要的问题。当前最重要的问题是保证自动驾驶技术的安全性和可行性。但是,并不意味着伦理问题会是次要问题。相对于自动驾驶安全性,公众更为关注自动驾驶伦理,甚至在某种程度上,认为伦理问题比技术问题更为重要。

2016年奔驰驾驶辅助系统和主动安全部的一位负责人表示,未来奔驰旗下所有的L4级和L5级自动驾驶汽车都将选择优先保护车内乘客。这一说法马上招致公众和媒体的强烈抗议。有媒体直接解释为"奔驰自动驾驶汽车将乘客安全置于路人安全之上"或"奔驰自动驾驶汽车为了保护车主,会杀死你的小孩"。面对公众和媒体的抗议,奔驰不得不收回这句话,说奔驰没有做出"在任何情况下保护车主"的设计决策。目前自动驾驶研发、设计和制造公司面临此类两难情形:如果声称要绝对保护车内乘客的安全,则会遭到公众和媒体的鞭笞和讨伐;如果不这么主张,则消费者购买和使用自动驾驶汽车的意愿会变低。

如果不解决智能车辆的伦理设定问题,势必影响它的未来发展和广泛应用。授权智能驾驶系统做出道德决策,可能令人不舒服。但是具备了L4级和L5级自动驾驶功能时,自动驾驶汽车很可能需要具备伦理推理和道德决策能力,成为道德能动者。社会和消费者会要求设计和制造出遵循合理的伦理规则或遵循一套指导其行为的伦理原则的自动驾驶汽车。关键问题是:应该采取哪一套伦理规则来指导自动驾驶汽车进行道德决策,以及如何在技术上实现这一目标。本章不关注怎样从技术上保证自动驾驶汽车能够成为一个合格的道德能动者,仅考虑应该采用何种伦理规则去指导自动驾驶汽车的伦理推理和道德决策。自动驾驶汽车伦理设计决定了采用什么样的碰撞算法(Crash Algorithm),因此伦理设计问题也是碰撞算法设计问题。

7.1.1 电车难题

"电车难题"(或"电车困境")是伦理学领域最为知名的思想实验之一。最早由英国哲学家菲利帕·福特(Philippa Foot)于 1967 年提出,基本表述如下:电车的铁轨上站着五个人,此时,一辆失控的电车朝他们驶来,若在原轨道上继续行驶,电车将撞死这五个人。但是电车驾驶员(或者操控转辙器的工人)可以选择操控电车转向另一条轨道,那么这五个人就可以幸免于难。问题是,另一条铁轨上也有一个人。此时,面临着两难选择:一是保持直行,会导致五人丧生;二是操作转向,这会撞死另一条轨道上的一个人。无论电车开向哪一条轨道,都会有人死亡(图 7-1(a))。面对这种情况,应当如何选择?

电车难题的另一种描述是:铁轨上有五个人,一辆失控的电车朝他们驶来,悲剧即将发生。此时一个人正好站在铁轨上方的一个天桥上,天桥上还有一个胖子,如果把这个胖子推下,就可以挡住电车(图 7-1(b))。面对这种情况,这个人应当做何选择?这一问题一般被称为"天桥难题"。

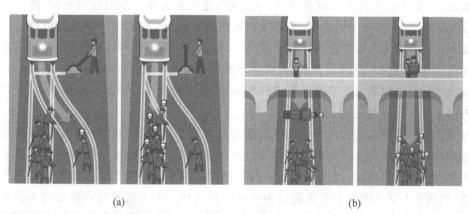

图 7-1 电车难题和天桥难题(来源:MIT 道德机器实验,https://www.moralmachine.net/)
(a) 电车难题;(b) 天桥难题

7.1.2 自动驾驶伦理困境

自动驾驶汽车所面临的伦理困境非常类似于"电车难题"和"天桥难题"。可能的困境场景如下。

场景一:一辆无人驾驶汽车行驶在单行道上,车道前方是隧道,车上有一位乘客。当汽车行驶到隧道入口时,忽然一个小孩跑到车道中间,堵住了隧道的入口。此时,无人驾驶汽车只有两个选择:继续行驶撞向孩子,或者转向隧道某侧的墙壁,这会导致车上的乘客丧生。这一场景(图 7-2)被称为自动驾驶的"隧道难题"(Tunnel Problem)。

场景二:一辆无人驾驶汽车驶入隧道,正前方是一辆校车,左侧是一辆承载 2 名乘客的

图 7-2 场景一隧道难题（来源：网络）

轿车。前方校车不知何故突然停车，而无人驾驶汽车来不及刹车。现在面临三个选择：撞向校车，使车上多名儿童面临致死风险；向左转，把左侧的轿车推向隧道墙壁，使 2 名乘客承担致死风险；向右转，撞向墙壁，车内乘客死亡或者重伤。这是另一种隧道难题。

场景三：一辆无人驾驶汽车行驶在道路上，前方一名粗心的行人突然窜出，试图穿过马路。如果无人驾驶汽车选择紧急制动，这会导致后方摩托车撞向前方的无人驾驶汽车，摩托车驾驶员会死亡；如果无人驾驶汽车选择不减速，将撞向行人并导致行人死亡，但是可以避免后方的摩托车驾驶员受到伤害。

场景四：一辆无人驾驶汽车在高速公路的最右侧车道行驶，此时一名未佩戴头盔的骑士驾驶摩托车从后方向无人驾驶汽车撞来。自动驾驶系统判断，唯一能够避免相撞的办法是无人驾驶汽车向左变道，这会撞向另一辆摩托车。左车道摩托车骑士佩戴头盔和先进防护装备，因而在与无人驾驶汽车的碰撞中将仅受到轻伤。无人驾驶汽车后方骑士因为没佩戴头盔，一旦发生碰撞，将必死无疑。但是，无论无人驾驶汽车是否选择避让，车内的乘客均不会受到伤害。

场景五：一辆无人驾驶汽车在马路上正常行驶，突然对面驶来一辆失控的大货车，此时无人驾驶汽车可以向左或向右躲闪，但左右两侧都各有一辆摩托车，不同的是左侧骑士没有佩戴头盔而右侧骑士佩戴头盔，当然无人驾驶汽车也可以不躲闪但会造成车内乘客伤亡。

场景六：一辆高速行驶的无人驾驶汽车载乘一位乘客前往目的地。车道前方突然出现 3 位行人正在过马路，此时刹车已经来不及了。如果保持在目前车道上，会导致这 3 位行人死亡，但是乘客无碍；如果急转弯，会撞到护栏导致车内乘客死亡，但是这 3 位行人无碍（图 7-3）。

场景七：一辆高速行驶的无人驾驶汽车载乘一位乘客前往目的地。车道前方突然出现 3 位行人正在过马路，此时刹车已经来不及。如果保持在目前车道上，会导致这 3 位行人死亡，但是乘客无碍；如果急转弯避让，会撞到人行道上的另外一位路人，导致这位路人死亡。

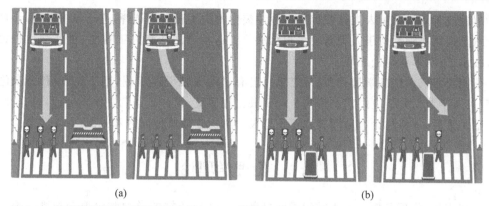

图 7-3　自动驾驶道德困境场景(来源：MIT 道德机器实验,https://www.moralmachine.net/)
(a) 场景六；(b) 场景七

无论无人驾驶汽车是否选择避让,车内的乘客均不会受到伤害(图7-3)。

上述场景分为两类。在一类场景中,不管怎么做出选择,车内乘客均不会受到伤害。在另一类场景中,在某种选择下车内乘客会受到伤害,甚至有致命的危险。后者场景更为复杂、尖锐。因为用户不会购买在某种情形下可能会主动牺牲用户的无人驾驶汽车,不管这种情形发生的概率有多低。

电车难题和自动驾驶伦理困境难题看起来很相似,但是存在本质差异。前者是一个理论问题,用来了解我们的道德决策偏好以及影响道德决策的因素和机理,参试者一般作为旁观者,决策如何拯救他人。而后者是关乎自身利益和生命安危的现实问题,是要不要在关键时刻保护自己的问题。每个人都可能是自动驾驶汽车车主和乘客、路人或骑士。个体利益诉求与集体利益或他人利益容易出现冲突。因此,自动驾驶汽车伦理困境问题更为复杂,更具现实意义。

7.1.3　自动驾驶车辆伦理学设计的可能进路

自动驾驶汽车要求预先植入碰撞算法以应对伤亡不可避免的伦理困境。《道德机器》两位作者 Wendell Wallach 和 Colin Allen 将人工道德智能体的道德算法设计分为两类方法："自上而下"和"自下而上"。类似的,可将目前试图解决自动驾驶车辆伦理难题的方法分为这两类。

"自上而下"方法包括基于系统化的伦理理论(见7.2节)或人类社会为自动驾驶汽车建立一套专门的伦理规范(见7.3节),从上到下地指导自动驾驶伦理设计。

"自下而上"方法是一种发展进路,可细分为两类。第一类方法是,采用实验伦理方法(Experimental Ethics),调查公众对自动驾驶汽车的道德偏好和对自动驾驶行为的道德判断,基于公众观点构建自动驾驶道德体系(见7.4节)。另外,可向智能机器输入公众的道德偏好信息,让机器自主习得什么是社会可接受的和不可接受的道德行为。第二类方法是,让自动驾驶汽车阅读大量人类驾驶员在事故冲突中的决策和行为选择，进行自主学习，让自动驾驶汽车道德决策类似于人类驾驶员道德决策。这种方法依赖人工智能、机器学习和大数据等技术，不在本章讨论之列。

下面介绍三种伦理学理论（见7.2节）、已有自动驾驶伦理规范（见7.3节）和公众伦理偏好（见7.4节），分析应用它们解决自动驾驶伦理困境、设计自动驾驶汽车碰撞算法所面临的挑战。最后，还将讨论自动驾驶汽车伦理设计所面临的其他问题和挑战（见7.4节）。

7.2 伦理学理论

一般来说，伦理是指一个人或组织在判断是非时所依据的道德和价值观准则。伦理学有多种理论体系。两种主要理论体系是结果论（Consequentialist）和非结果论（Non-consequentialist），或分别称为目的论（Teleology）和义务论/道义论（Deontology）。目的论和义务论的差异非常明显，前者认为人们应该基于行为的结果来决定行为。义务论则不考虑行为的后果，或者认为行为后果不是决策考量。每种理论下又有不同的道德理论。例如，目的论可分为伦理利己主义（Ethical Egoism）和功利主义（Utilitarianism）。此外，哲学家和伦理学家也关注美德伦理学（Virtue Ethics）在自动驾驶领域的可能应用，本章暂不涉及这一理论。本节将介绍这些理论的基本理念，分析它们在自动驾驶场景下的适用性。如下文所述，伦理理论的多元性加剧了达成伦理共识的难度。关于三种伦理学理论的理论解释部分主要来自于 Thiroux 和 Krasemann 所著的 *Ethics: Theory and Practice*。

7.2.1 伦理利己主义

伦理利己主义只考虑行为对个人带来的结果。伦理利己主义认为，人们的行为或决策应该为了自身利益。伦理利己主义不等同于自私自利，后者可能是完全违背自身利益的行为。例如，如果一个人总是自私自利，其他人可能会恨他，讨厌他，远离他，对于自身的利益无益，因此，伦理利己主义者会认为此时不自私可能更符合他的自身利益。甚至有时候，需要做出利他行为，才会获得更大的自身利益。伦理利己主义有多种分支，其中普遍型伦理利己主义得到利己主义者的最普遍认同。普遍型伦理利己主义主张，每个人都应该永远为他自己最大的自身利益而行动，不关心其他人的利益，除非其他人的利益符合他的自身利益。这种理论并非仅仅说明我应该做什么，而是指出每个人应当永远为其自身利益而行动，而且最好的道德观是要每个人都为其自身利益而行动。普遍型伦理利己主义有着明显的好处。首先，人们了解怎么符合自己的利益比了解怎么符合别人利益要容易得多。其次，鼓励个人自由和责任心。利己主义者只需要考虑到自身利益，对自己的行为承担责任。一个人无须依赖于其他任何人，只需要追求自身利益，也让别人追求利益即可。然而，它的缺点也非常明显：当个体间自身利益发生冲突时，它不能提供任何真正符合每一个人最大利益的解决方法。现实中，人与人之间的自身利益相互冲突，需要调解，这就意味着每个人的自身利益只能部分地得到满足。所以,利己主义有时被认为是一种不切实际的道德理论。

7.2.2 功利主义

功利主义的名称来源于"功利"(Utility)一词,意思为"有利"和"有益"。"功利"是对快乐和福祉的度量。功利主义者主张,道德最终是为了最大化世界上"功利"总量。他们强调,每一个人所采取的行为或所遵循的道德规则应该为每一个相关者带来最大的好处或幸福或者最小的弊处,想要把道德建立在一个客观的基础上。代表人物包括:杰里米·边沁(Jeremy Bentham)和约翰·斯图尔特·密尔(John Stuart Mill)。功利主义分为两种:行为功利主义和规则功利主义。

行为功利主义本质上认为,人人都应该使自己的行为为受其影响的每一个人(或最大多数人)都带来最大量的大于坏处的好处。在行为功利主义者看来,只有根据其在特定情景下能否为每个人带来大于坏处的最大好处才能判断其是否道德。针对行为功利主义的批评意见包括:难以确定给别人带来的后果;在每种情景下,需要重新计算好处与坏处,这在操作层面不可行;没有特定规则或者指南可遵循、可指导年轻人或无经验者。对于采用行为功利主义的 AMA 来说,计算需求会非常繁重,难以判断不同行为对每一个人的后果,因此难以得出对每一个人都有利的行为选择。

规则功利主义规避了行为功利主义的部分问题,强调每个人都始终应当确定和遵循会给一切相关者(或多数人)带来最大好处的规则。它不需要重新计算给每一个人可能带来的结果,还提供了可用来对无经验者进行道德教育的一套规则。规则功利主义者认为完全可能建立适用于所有人和情景的规则,基于经验和推理,尝试建立一系列可能给人类带来最大好处的规则。针对规则功利主义的批评包括:难以确定给别人带来的结果;现实中极难制定囊括一切情景、绝无例外情况的规则。此外,行为功利主义和规则功利主义均面临的问题是,它们运用成本收益分析(即本利分析),测定个人的社会价值(即把个人当作无生命的"产品"),通过目的证明手段的正当性,可能会为了多数人的好处,给少数人带来不道德、不公平的后果。

7.2.3 义务论

义务论(即道义论)认为行为的正当性取决于行为本身是否符合伦理规范。虽然说义务论表面上不考虑行为后果,但是许多义务论规则是为了避免坏的结果,因此会潜在考虑行为后果。义务论有多种理论,可分为行为义务论和规则义务论。直觉主义是一种典型的行为义务论,其基本观点是:道德决策是以"直觉主义"为基础的,即任何特定情景下的善与恶,取决于人们所感知(直觉)到的是善或恶。这是高度的个人主义理论。行为义务论和直觉主义面临很多批评,包括:很难定义直觉;难以客观评价直觉;我们个人所直觉到的善恶在道德上无法判断其正当性。

规则义务论者认为,作为道德唯一基础的规则是存在或可能存在的,而结果无关紧要。

遵循这些规则就是道德的。规则义务论有多种理论,如神诫论、康德义务论、罗尔斯的最大化最小值原则。它们的主要区别是确定规则的方法不同。

神诫论(Divine Command Theory),以有高于不完美人类世界或自然世界之纯粹俗事的东西为基础(如神)。它是以向人类传达道德上应该做的和不应该做之事的全能的超自然存在物为基础的。人们只有服从想象中由神向他们颁布的命令,他们的行为才是正义的,人才是善良的,而不管结果如何。神诫论受到很多批评。例如,缺乏某种超自然存在物的理性基础(即不能证明"神"存在的合理性),也不能证明这种超自然存在物的支持足以令所讨论的道德体系合理、有用。作为一个案例,基于圣经十诫(如"不可杀人"和"尊敬父母"),有学者讨论了自动驾驶"电车困境"的伦理算法。神诫论在自动驾驶场景的适用性很窄。此处仅略作提及,下文不再讨论。

康德义务论(Kant's Duty Ethics)是指以责任和义务为行为依据的理论。它衡量一个行为正确与否的标准取决于这个行为的动机、行为本身的性质,以及这个行为的动机本身是否是善的、行为本身是否遵循了某个伦理准则。善良意志(Good Will)、绝对命令(Categorical Imperative)、实践命令(Practical Imperative)是康德义务论的重要内容。除了善良意志,其他任何东西都不是善的。某行为动机只有出于责任和义务才是道德的,若以各种偏好作为行为动机,那就是不道德的。康德把"意志"定义为:按照道德规则、律法或原则行事而不关心利益或结果的人的独特能力。绝对命令的基本表述是:如果某一行为不能被所有人所奉行,则这一行为就是不道德的。这一条又被称为普遍化原则,认为一个人的任何一个行为都必须遵守一条人人共同遵守的道德规则,或者只有当人人愿意依此准则行事,才令此准则称为普遍规律。实践命令指的是:任何人都不应该被视为或用作达到别人目的的手段,每一个人本身就是独特的目的。

约翰·罗尔斯(John Rawls)是康德哲学最负盛名的发扬者,认为道德原则和判断是用来促成自私的个体参与合作的,促使博弈双方达到"帕累托最优",即没有任何一方能够在不损害其他各方收益的情况下提高收益。罗尔斯认为在原始状态下,存在"无知之幕"(即:在"原初状态"下,各方对自己的特殊信息都一无所知),理性人就会遵循"最大化最小值"原则(Maxmin)进行道德决策,倾向选择能够使得最小收益最大化的决策方案。Leben 援引罗尔斯《正义论》"最大化最小值"原则,为自动驾驶汽车设计了一套罗尔斯算法,用来分配各方的健康和生存。这一原则的有效性被国内学者质疑,认为计算相关方在不同决策中的健康状况和生存概率有违关于"无知之幕"的设定。

此外,阿西莫夫三定律就是义务论的一个著名的例子。类似的,有学者提出自动驾驶汽车三定律:①自动驾驶汽车绝对不能碰撞行人或骑行者;②自动驾驶汽车不应碰撞其他汽车,除非避免这种碰撞与第一定律冲突;③自动驾驶汽车不能碰撞环境中其他物体,除非避免这种碰撞与第一或与第二定律冲突。这三条定律有一定启发性,简单直接,但是不能处理复杂场景。例如,在图 7-2 所示的"隧道难题"中,按照第一定律,自动驾驶汽车可能为了避免碰撞行人,而导致车内人员受到伤害;第二定律中的"其他汽车"没有明确是否包含车内无人的自动驾驶汽车；第三定律中的"其他物体"所指广泛。因此，上述定律只是提供一些概念性指导，不能为自动驾驶汽车伦理设计提供现实可操作的伦理规范。事实上，阿西莫夫三定律只是小说情节内容，就像道德哲学，几乎不能给出可实践的、具体的指导意见。但是，阿西莫夫三定律提出一个有益想法，即 AMA 行为应遵守不同的标准，而非人类通常的道德准则，这意味着可能需要建立自动驾驶车辆需要遵循的特殊道德准则。

7.2.4 分析和应用示例

前面已经介绍三类伦理学理论：伦理利己主义、功利主义、义务论。目前，还没有任何自动驾驶汽车伦理设计是遵循其中一个伦理学理论，只是在学术研究或者公共舆论中讨论它们的可行性和在道德困境中应用它们时自动驾驶汽车可能采取的决策选择。以场景六和场景七为例（图 7-3），说明采用伦理利己主义、功利主义、康德义务论进行伦理设计时所面临的冲突。康德义务论是自动驾驶车辆文献中主要讨论的义务论，因此以康德义务论作为义务论的理论代表。在场景六，自动驾驶汽车需要做出两个选择：左转，会牺牲车主；直行，会牺牲三位行人。在场景七，自动驾驶汽车需要做出两个选择：左转，会牺牲左车道上一位行人；直行，会牺牲三位行人。分析结果如表 7-1 所示。在场景六，伦理利己主义和康德义务论支持直行，保护车主。在场景七，伦理利己主义和功利主义支持左转，保护直行车道上 3 位行人。根据这一示例可知，不同理论存在显著冲突。后面再进一步分析各个理论指导自动驾驶汽车伦理设计的可能性和挑战。

表 7-1 依从不同伦理学理论时自动驾驶汽车应做的决策选择

伦理学理论		伦理利己主义	功利主义	康德义务论
基本假设		需要保护自身利益	最大化社会收益、最小化社会损失	行为的正当性取决于行为本身是否符合伦理规范；根据实践命令，人本身不是目的
场景六	分析	左转导致车主的牺牲，这是不允许的	左转比直行所造成的损失小	车主购买或乘坐自动驾驶汽车，自动驾驶汽车保护车主的行为才是正当的
	结论	应直行	应左转	应直行
场景七	分析	撞死一人比撞死三人，车主利益受损更小	左转比直行所造成的损失小	不允许把左车道无辜者当作拯救 3 个人的工具或手段
	结论	应左转	应左转	应直行

根据伦理利己主义，自动驾驶汽车要不计一切成本保护它的乘客或者将乘客安全置于他人安全之上，从乘客角度出发这是种"自私"主义。对于利己主义车主来说，如果自动驾驶汽车采取这种自私型碰撞算法，他们才有更高的意愿购买和使用这种类型车辆。自我保护是人的本能反应，是为自己行为进行辩护的可以接受的理由。但是，设想一下，在一个事故中，车内乘客仅有 1% 的生存概率，而路人有 99% 的生存概率，汽车还是否应该优先考虑乘

客的生命安危？利己主义目前是我们社会并不提倡的道德准则。利己主义者认为自己的生命高于他人，如果碰撞算法采取这种原则，则违背社会平等的思想。现有交通法规设计就体现了对弱势道路使用者（如行人和骑行者）的倾斜。制造商面临的困境是，如果在销售自动驾驶汽车时强调自动驾驶汽车的首要目的是不计一切保护车内人员，则挑战了现有道德观念和社会秩序，会受到社会的强烈谴责和抵制。因此，目前没有一个制造商明确声称他们将会采取这种设计。例如，某著名制造商就采取模糊的说法："我们的自动驾驶汽车会保证所有人的安全"。可以判断，伦理利己主义并不会是自动驾驶汽车伦理设计的主要指导理论。

对于康德义务论，在讨论自动驾驶伦理时，目前主要考虑实践命令这一条。这一观点与功利主义截然相反。例如，在讨论"电车难题"时（见图7-3所示的场景七），如果根据功利主义观点，那么一个无辜者可以当作拯救3个人的工具或手段；但是根据康德的实践命令，不允许把那一个无辜者当作拯救3个人的工具或手段。在具体应用康德义务论时，存在很多问题。比如，根据康德"绝对命令"，存在人人愿意遵守的准则，这在自动驾驶情景下不现实。例如，车主和行人所认可的准则是不一样的。

目前，功利主义似乎是最有希望被应用于机器系统中的结果论理论，似乎更具有现实的可行性，将不同决策下按照相关个体生存概率、权重等因素所得的生命数值加总后进行对比，择取最大值。按照功利主义思想，伦理选择成为一道可计算的、客观的数学题。有研究尝试提出基于功利主义的碰撞算法设计伦理框架。考虑到这种伦理理论目前在学术界有很大市场，更加需要突出强调功利主义的现实困境和风险：

（1）功利主义只考虑集体利益，可能与人类对正义、公平、权利的直觉相背离，会引发"算法歧视"。根据功利主义，在7.1节场景四中，佩戴头盔的骑士可能成为碰撞的目标，这显然对遵守交通安全规范的骑士不公平。在本章开篇所展示的"电车困境"中，根据功利主义的主张，电车驾驶员需要操作电车变更车道，这会拯救原来车道上的5个人，但是会撞死另外一位无辜者。对于这位无辜者来说，电车驾驶员行为是不道德的。根本性原因是，不管是行为功利主义还是规则功利主义，它们支持成本收益分析的正当性，即结果证明手段的正当性。成本收益分析需要测量每一个人的社会价值，把人当作一个"产品"看待，这种衡量行为本身是危险的，可能会造成不公平和不道德现象（如社会价值大的人被重点关照）。

（2）碰撞所带来的伤害可能无法计算。功利主义对伤害的计算缺乏可操作标准，比如碰撞对于不同人的伤害是不同的，如果将每个人视为相同的个体进行计算，则与现实不符。

（3）功利主义会让社会公众和消费者心理上不舒服。碰撞算法会对人类或其他生命体的生命价值进行量化比较，每个个体是自动驾驶系统眼中的数字。

（4）功利主义要求避免多数人的生命受到威胁，甚至必要时可牺牲车内人员，这会引起车主和乘客的反感和抵制。

（5）存在与现有法律冲突的风险。法律认为人是具有权利和责任的自由个体，最大化社会收益并不能证明伤害个体的正当性。有学者通过对当前与事故处理相关的法律法规的分析后认为，功利主义原则无法作为自动驾驶汽车碰撞算法的依据，碰撞算法应以义务论为基础。法律是道德伦理的底线,二者紧密关联。进行自动驾驶伦理设定时,不能突破法律底线。

7.2.5 小结

理论上,通过自上而下、理论驱动的进路来对自动驾驶伦理设计可能是一个可行方式。但是很明显,这一进路存在很大局限和不确定性。

首先,技术上难以实现。根据这一进路,机器需要做的就是计算它的行为是否符合相关伦理规则和规范。虽然机器运算能力有了大幅提升,但是将伦理规则和规范转化为可接受的碰撞算法的前景很不明朗。不管是义务论还是结果论,都需要一个机器能够采集和比较所有的对于充分应用理论而必要的信息,即处于上帝视角的、全知的、仁慈的机器。从计算视角来说,目前技术达不到这一点,或者永远达不到这一点。

其次,如表 7-1 所示,理论多元性导致伦理准则之间出现冲突,面临选择困难症。从另外一个角度来说,伦理学理论多元性是由于没有一种理论能够解决自动驾驶所有道德问题。但是反过来说,在自动驾驶情景下,考虑多元的伦理学理论反而是一件应该要做的事情。因为,任何一种依仗于一种伦理学理论所设计的碰撞算法都可能产生反直觉的决策。一种伦理学理论无法包容多样性的道德直觉。伦理学理论追求简化、抽象化,而自动驾驶所面临的复杂性不是单一伦理学理论能够解决和穷尽的。因此,需要在规则中加入例外情况。当例外很多时,所建立的伦理规则将不再服从原来的伦理学理论。伦理原则是场景化的,取决于具体场景。这一点也说明高度抽象化的伦理学理论可能无法解决自动驾驶场景中的具体问题。

为此,有学者建议不要诉诸伦理学理论,而是建议采取批判性反思(Critical Reflection)来讨论碰撞算法。伯纳德·威廉斯(Bernard Williams)认为,批判性反思的目的不是消除冲突,而是希望"在每一个问题上都寻求尽可能多的共同理解,利用所有的伦理资源,只要它们对反思和讨论这个问题有某种意义并能够调动起某种忠诚"。因此,要尽可能地从多元伦理学理论中发掘可用伦理资源,而不需要管它是属于哪一种理论。

综上所述,依赖于单一伦理学理论解决自动驾驶汽车所可能遇到的复杂场景是不现实的,目前从技术角度上也无法实现任何一种主流伦理学理论。我们不应该依赖一个或者多个伦理学理论建立自动驾驶汽车伦理规则。伦理学理论应起到启发式作用,提供信息给相关专家做判断。

7.3 伦理学规范

7.3.1 德国自动化和网联化驾驶伦理导则

德国是自动驾驶立法的先行者。2017 年 6 月德国联邦议院率先颁布《道路交通法第八修正案》。该修正案规定,自动驾驶汽车应满足六个要求,例如:在任何情况下驾驶员都可以手动取代或关闭自动驾驶系统并接管车辆;自动驾驶系统应可以识别出需要驾驶员手动操控的情形,并在移交接管前向驾驶员做出足够的提示。这个修正案明确规定,如果在人为驾驶的情况下发生事故,驾驶人承担事故责任;如果是自动驾驶系统引发事故,将由汽车制造商承担事故责任。

同月,德国公布世界上第一个,也是目前唯一一个针对自动驾驶的伦理导则"German Ethics Commission on Automated and Connected Driving"《自动化和网联化驾驶伦理导则》,共形成20条伦理导则,由德国联邦交通与数字基础设施部下设的伦理委员会(以下简称"委员会")起草。Christoph Luetge 参与制定该导则,提供关于该导则出台的更多信息(例如委员会成员的分歧程度)。结合所提供的导则出台背景信息,对其翻译、结构和说明如下:

1. 介绍

伦理导则 1。部分及完全自动化的交通系统,其首要目标是提高所有道路使用者的安全。另一个目的是提高出行便利性和进一步实现其他可能收益。技术发展遵循个人自治原则,这意味着个人享有自我负责的行动自由。

"自治原则"是法律确认民事主体自由地基于其意志去进行民事活动的基本准则。"自治原则"在第一个导则中就明确提出一个技术伦理的中心原则。后面导则所涉及的技术强制力和技术约束不能侵犯个体自治原则。自动驾驶技术的首要目标是提升所有道路使用者的安全。

2. 自动驾驶的伦理收益

伦理导则 2。对人的保护优先于其他所有利益考量。其目的是降低伤害水平,直到可完全避免为止。只有自动驾驶系统有望比人工驾驶带来更少伤害,即实现风险的正面平衡时,自动驾驶系统准入许可才是正当的。

道义论很可能不允许计算行为的后果,因为道义论表面上不关注行为的后果。但是这条导则允许平衡风险,支持降低危害和带来净收益的伦理选择。委员会专家认可自动驾驶会带来一定伦理收益(如可能大幅提高残疾人出行能力)。

伦理导则 3。自动化和网联化系统在公共道路环境的引入和许可,其安全保障责任由公共部门承担。因此,驾驶系统需要有官方批准及监管。其主导纲领是避免发生事故,但是如果风险从根本上得到降低,那么技术层面上无法避免的残余风险与引入自动驾驶并不相悖。

该导则强调官方授权和批准的重要性,不能将这一决策权力完全留给制造商。此外,说明自动驾驶汽车发生事故在伦理上是可接受的。

伦理导则 4。个体对自身所做出的决策负责是社会以个体为中心的一种表达,他们享有个体发展的权利,也有受保护的需求。因此,政府和政治治理的所有决策,都应致力于促进个体的自由发展和对人的保护。在一个自由社会中,法律对技术的规定应该实现如下目标:在一般发展秩序下个人自由决定权的最大化与他人自由和安全之间取得平衡。

伦理导则的中心是"个人发展"和"自由社会",二者不能受到技术发展的损害。

3. 不可避免的两难困境

伦理导则 5。自动化和网联化技术应在实际可行的范围内,最大限度地避免事故的发生。根据目前的技术水平,必须在一开始就要完全避免出现危急形势。这包含进退两难的情况,即自动驾驶汽车不可回避地要在两个无法调和的负面后果中选择一个。为实现这一目标,需要全方位的技术应用,并对其不断完善。例如,将技术的应用范围限制在可控的交通环境中、采用车辆传感器及制动辅助、向处于危险中的群体发出信号指示,以及通过智能交通基础设施实现危险预防。研发与监管的目标是使交通安全得到显著提升,从车辆的设计及编程开始,就要使车辆以保守的和预期的方式行驶,对弱势道路使用者带来尽可能小的风险。

导则 5 到后续导则 9 用来处理发生不可避免事故的两难困境。伦理委员会内部对这些导则的争论最激烈。相对来说,导则 5 问题不大。在自动驾驶和电车困境文献中,重点是关注在不可避免的事故中应该如何做。但是很少关注一个事实是,自动驾驶汽车会比人类驾驶员更有能力防止这种两难困境的发生。自动驾驶汽车不能解决"电车难题",而是要从技术上防止此类问题的发生。

伦理导则 6。如果能使损害降低,那么强制引入更高级别的自动驾驶系统(尤其是当其能够自动防碰撞),在社会及伦理层面都是适宜的。然而,如果受到技术强制力(Technological Imperatives)的影响,那么以法律条文形式命令使用全自动交通系统或在实际中不可避免要使用该系统,在伦理上是有问题的。

技术强制力认为新技术是不可回避且必要的,而且因为社会福利的考虑,新技术必须被发展和接受。虽然导则 2 和本导则第一句话强调高度自动驾驶是必要的,甚至可能要强制使用,但是引入更高级别的自动驾驶系统可能在未来存在其他风险:至少完全自动驾驶不应该被强制使用,因为这会把大众弱化为实现目标的手段(基于康德视角)。委员会对此内容有一些争论,因为他们认为:相对高度自动驾驶而言,完全自动驾驶很可能是伦理上有问题的,就算它会进一步降低交通事故。然而,委员会最终还是采用这条规则,并且做出警告,需要对这条导则进一步反思(reflection)。

伦理导则 7。在采取所有技术手段都无法避免的危险状况下,保护人类生命高于其他受法律保护的利益。因此,在技术可行性的框架范围内,必须对系统进行编程,使其在冲突中接受对动物或财产的损害,来避免人身伤害。

人的生命安全优于其他利益(如财产和动物生命)。然而需要特别注意高级动物,因为保护高级动物成为法律一部分。目前没有考虑动物的优先级。例如,未来自动驾驶汽车能够区分高级动物和路上障碍,或者能够区分高级动物的不同族类或者稀缺程度,那么该如何选择?

伦理导则 8。在两难境地中做出何种决策（如在不同生命间权衡），取决于具体实际情况（包括受影响主体做出不可预知的行为）。因此，无法将这些决策明确地标准化，也不可能将其写成在伦理上无争议的程序。技术系统的设计必须避免事故发生。然而，在对事故后果进行综合评价或直觉评价时，系统不能通过标准化的形式，替代或优先于一位能够用伦理意识做正确判断的、负责任的驾驶员所做出的决定。尽管人类驾驶员可能在紧急情况下做出不合法的行为（如为拯救一个或几个人的性命，撞死了一个人），但他不一定是有罪的。这种回顾性的、基于特殊实例的法律判决，并不能简单地将其笼统抽象为事前评估（Ex Ante Appraisals），也就不能被转化为相应的程序。因此，与其他事情相比，更需要一个独立公共部门机构（如自动驾驶系统事故联邦调查局，自动网联交通安全联邦办公室）来系统处理经验总结。

考虑到如下情景，一位人类驾驶员面临二选一决策：撞向路边玩耍的儿童或者撞向悬崖（这会牺牲驾驶员本人）。这个决策是个人的、直觉的决策，也可能在长期哲学讨论中是"正确"的。但是，就算如此，不应该由程序做出故意牺牲特定生命的决策。自动驾驶汽车不能解决"电车难题"，而是要从技术上防止此类问题的发生。

伦理导则 9。当事故难以避免时，严禁将人群特征（如年龄、性别、身体及精神状况等）作为评判标准。同时，禁止相互抵消受害者。减少伤亡人数的一般性编程可能是合理的。交通风险产生过程中的参与者不能牺牲无关人员。（禁止相互抵消受害者，即在紧急情况下，不同人生命的价值不能被量化比较，也就是说，"撞一个人去救更多的人"这种做法是不被允许的。每一个个体都是"神圣不可侵犯"的，个体不应该承担为他人牺牲的义务，即便这是拯救其他人的唯一方式。——译注）

自动驾驶汽车要同等对待所有道路使用者，不能有任何歧视，不能接受"撞一个救五个"的行为。这条导则备受争议，并未得到委员会全体成员的认可。争议点在于，要求避免机器或者程序根据个人特征来选择牺牲目标，但是仍然允许编程人员根据降低总体伤亡人数的目标（以任何形式）去编写程序。考虑到不同目标对象（targets）可能有不同的受伤或死亡概率，在这条导则指引下，目标还可能被区别对待。此外，根据此规则，如果浪费降低总体损失的机会，这可能是不道德的。

在一些情况下允许"抵消受害者"（当然存在很大争议）。例如，恐怖主义者劫持一架飞机，作为武器，则允许击落此架飞机。在这种很明确的情况下，飞机上其他人就被牺牲。但是在驾驶条件下，一切未知。无法提前精确预判到不同决策的后果，无法判断哪些决策能够降低所有相关方的总体风险。因此，这条导则应该被作为通用导则。

"不允许伤害无关人员"意味着"无条件保护驾驶员或乘客"不是在任何情况下都适用。但是，也不能将驾驶员或乘客置于最后考虑。

4. 责任承担

伦理导则 10。在自动化和网联化驾驶系统中，原先由人承担的责任，转移到技术系统制造商和运营商，以及基础设施、政策和法律的决策机构。法律责任制度和它们在法庭日常决策的具象必须充分考虑到这一转变。

伦理导则 11。因启用自动驾驶系统所产生的伤害责任,与其他产品责任适用同样的原则。因此,制造商或运营商在技术可行、合理的范围内,有义务不断优化其系统,并对已交付的系统进行监督及改进。

导则 10 和导则 11 比前面涉及两难困境导则的现实意义更大(两难困境的发生概率极低)。导则 10 和导则 11 改变事故责任分配,将责任前提到制造商、运营商,或者决策机构。可以明确的是,如果驾驶员或者车主不能完全控制车辆,也没有要求他们控制车辆,则他们不能为车辆行为负责,只有制造商或者运营商负责。这些导则无疑会对保险等议题产生重大影响。

5. 信息公开

伦理导则 12。公众有权充分了解新技术及其部署。具体来说,应该以尽可能透明的形式整理出自动驾驶车辆部署和编程准则,并向公众传播,同时由专业的独立机构对其进行审查。

委员会认为自动驾驶各种议题的信息公开是必要的,可以由一个或多个合适的机构完成此项任务。监视信息公开的机构不一定是国家机构,还可以是非政府组织(NGO,例如消费者组织)。

6. 网联汽车

伦理导则 13。在数字化交通基础设施的背景下,未来对所有机动车实行如铁路及航空运输一样的完全网联化和集中化控制——目前还无法预估这一做法的可能性与意义。但如果无法完全消除对道路使用者全面监控与车辆操纵的风险,在数字化交通基础设施背景下所有机动车辆的完全网联化和集中化控制在伦理上是有问题的。

网联汽车场景下的全面监控很可能在伦理上是有问题的,尽管这条导则没有明确说明如何避免全面监控。目前来说,全面监控还不是最紧急的问题,但是值得我们注意。

伦理导则 14。自动驾驶在以下情况才是合理的:可想象的威胁,尤其是 IT 系统的操纵和固有系统缺陷,不会长期损害人们对道路交通的信任。

委员会(包括公众)非常关注网络攻击的安全问题。虽然这个导则是清晰的,但是如何实现,还需要做大量工作。

7. 数据保护

伦理导则 15。被许可的商业模式,如果利用自动化和网联化驾驶所产生的、对车辆控制具有重要意义或无足轻重的数据,则要服从于道路使用者的自治权及数据主权。应当由汽车所有者和使用者决定能否传输与使用他们的车辆数据。这种数据公开自愿性应以存在多种可选谨慎方案和实用性为前提。应该在早期就采取措施抵制如下现实规范力量,如广泛存在于通过搜索引擎或社交网络运营商访问数据的现实力量。

在大数据时代,数据保护和数据主权备受关注。此导则规定,数据主权和使用由车辆所有者或使用者决定。基准线是:数据属于用户或者车主。他们可以自愿地允许他们的数据被公司使用。然而,需要警惕某些公司可能会通过搜索引擎、社交网络或者其他类似方式采集数据,用于获得商业上的竞争优势,必须考虑通过设计保护隐私。而且提升舒适性并不能证明隐私缺失或者忽视数据主权的合理性。

8. 人机界面

伦理导则 16。必须明确区分:某时刻是正在工作的无人驾驶系统,还是由拥有接管系统权限的驾驶员承担责任。在非无人驾驶系统的情况下,必须将人机界面设计为:在任何时刻,界面是明确规定的,并明确区分哪一方拥有什么样的职责,尤其是车辆控制职责。应当记录和存储对职责(以及相应责任)的分配,如时间和访问安排。这一点尤其适用于人与系统之间的接管程序。考虑到车辆和数字化技术逐渐突破国境,接管程序和相应的记录(日志)应该要有国际标准,以便保证日志或记录义务的兼容性。

首先,这条导则明确规定,人类驾驶员可以在任何时候主动地接管系统,进行手动驾驶。这可能产生一些争议,因为它可能产生额外风险。但是,委员会认为,做出一些"非理性"决策是"人"之所以为"人"的一部分。

其次,人机界面问题不能被低估。接管程序必须是清晰明确的、容易的。人机界面必须时刻说明谁在负责,必须很好地保存接管的数据。类似于飞机,自动驾驶汽车需要安装"黑匣子"。委员会希望能够建立接管的国际标准。

伦理导则 17。在高度自动驾驶车辆中,软件及技术的设计必须从根本上消除突然将控制权交予驾驶员的需求(即紧急情况)。为了实现高效、可靠、安全的人机交流,避免过重的负担,系统必须更好地适应人的交流行为,而不是反过来去要求人类提高他们适应机器的能力。

不能要求驾驶员马上接管,需要给予一定时间来接管。在接管方面,是机器来适应人,而不是要求人来适应机器。

9. 学习系统

伦理导则 18。如果能够在一定程度上提高安全性,那么在伦理上是可以允许使用在车辆行驶过程中自我学习的学习型系统以及其与中央场景数据库的链接的。只有在满足车辆控制相关功能的安全要求、同时不违反本文相关导则的前提下,才能允许投入使用自学习系统。为了建立合适的通用标准(包括任何验收测试),建议将相关场景上传至中立机构处的中央场景库。

机器学习对自主驾驶来说极为重要。只有能够自学习的系统才能大幅提升交通安全。但这又是一个非常敏感的议题。因为自主学习系统可能进化得超出程序的控制或设想。因此,一方面,在满足安全的前提下,这条导则允许自主学习;另一方面要求中立机构建立自学习(包括场景和可接受度)方面的标准。

伦理导则 19。在紧急情况下,车辆必须自主(即没有人工辅助下)进入"安全状态"。必须协调统一,尤其是对安全状态的定义或接管程序。

如果自动驾驶系统脱离,但是驾驶员不愿意或者不能手动接管,则车辆必须能够进入安全状态。目前对"安全状态"有不同的概念和说法,因此必须协调统一什么是"安全状态"。是停在道路中间,还是自行行驶到路边后再停下?

10. 驾驶员教育

伦理导则 20。自动系统的合理使用,应成为人们通识数字教育的一部分。在驾驶培训中,应通过适当方式教会驾驶员如何合理地使用自动驾驶系统,并对其进行测试。

需要教会人类如何使用自动驾驶系统。

7.3.2 分析与总结

目前还不确定上述导则对自动驾驶设计、立法和监管的影响。伦理导则 5~导则 9 涉及自动驾驶碰撞算法设计,但是很明显,无法指导碰撞算法设计。委员会内部对这部分导则争议最大。从这方面来说,建立明确的、社会可接受的自动驾驶汽车伦理规则和碰撞算法设计,目前是非常困难。

7.4 公众伦理偏好

自动驾驶汽车是一种大宗消费品。它的伦理设定和碰撞算法需要获得社会公众和消费者认可。因此,确定社会公众和消费者的伦理偏好是非常重要的。到底采用哪种伦理设定,很大程度可能取决于社会公众和消费者的接受度。研究人员通常使用伦理实验来确定公众的道德偏好,确定公众更认可的道德决策选择。

7.4.1 伦理实验研究发现

目前有很多相关伦理实验研究,关注公众的道德偏好。伦理实验的基本范式是:假设自动驾驶汽车遇到上文所述的伦理困境,请参试者选择此时自动驾驶汽车应当做出的决策;或者直接给出自动驾驶汽车的选择,请参试者对自动驾驶汽车的决策选择进行评价。最著名自动驾驶伦理实验的是 MIT 道德机器实验(Moral Machine)。图 7-4 所展示的自动驾驶道德困境场景就来自于 MIT 道德机器实验,参试者要决策保行人还是车主。在其他场景中,参试者需要决策保一位行人还是多位行人,或者保大人还是小孩等。

Bonnefon 等发现,大多数美国参试者支持自动驾驶的功利型决策(即最小化伤亡人数)。参试者认为,自动驾驶汽车不应当以牺牲一名乘客为代价来挽救一名行人,而牺牲一名乘客来挽救更多行人的性命则是道德的。但是,参试者希望别人购买功利型自动驾驶汽车,他们自己购买自私型自动驾驶汽车(即采用利己主义)。随后,Awad 等扩大参试者来源,从全球 233 个国家和地区的数百万人中,以 10 种语言收集了 4000 万个关于自动驾驶道德困境中的选择,报告了三种高强度的、全球性的道德偏好,即相对于动物,人们更希望保护人类的生命;相对于更少的生命,更希望保护更多的生命;相对于老年人,更希望保护年轻人的生命。在大多数伦理实验中,参试者倾向支持功利主义。

在伦理实验中,主要关注两种主义的竞争,即功利主义和利己主义。如果处于上帝视角(即第三者),更多希望保护行人而不是乘客。例如,Awad 等发现一种偏好是人们更愿意拯救行人而不是自动驾驶车内乘客。根据利己主义,人们都有自我保护的倾向。因此,可以预测乘客希望自动驾驶汽车保护乘客,行人希望自动驾驶汽车保护行人。研究报道了这种明显的"自我保护倾向"。

但是,在其他研究中,在涉及牺牲乘客或行人的道德困境中,仍然有相当比例的乘客参试者还是愿意牺牲乘客以保存更多的道路使用者,即呈现"自我牺牲的倾向"。Bergmann 等发现,在手动驾驶情况下,超过 50% 参试者同意牺牲自己来挽救两个或更多的其他人,这种"自我牺牲的倾向"可能是功利主义态度的结果。基于 MIT 道德实验研究范式(图 7-4),Frank 等发现无论站在哪个立场角度(乘客、行人或第三者观察员)、在哪种决策模式下(审慎决策,即决策时间足够;直觉决策,即决策时间有限,需要快速决策),低于 50% 的乘客参试者选择牺牲行人而不是乘客,呈现高强度的"自我牺牲的倾向"(见他们的研究 1 和研究 2,如图 7-4 所示)。他们在研究 3 中测试了"2 对 1"困境(在两名乘客和一位行人中做出选择)下的参试者偏好。如果参试者持有功利主义偏好,则他们会选择牺牲这位行人。结果发现:在审慎决策模式下,研究 3 的功利主义倾向是大于研究 2 的;在直觉决策模式下,无论是哪个立场的参试者,低于 50% 参试者愿意牺牲行人(此时行人是无辜的),持有强烈的道义论倾向。

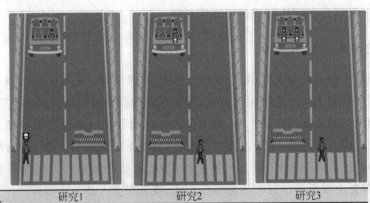

立场	研究1		研究2		研究3	
	直觉决策	审慎决策	直觉决策	审慎决策	直觉决策	审慎决策
行人	17.5	28.7	17.0	24.2	4.3	60.0
乘客	23.1	42.2	22.0	41.3	28.8	50.0
第三者	23.8	38.1	22.4	29.1	26.4	42.2

图 7-4 Frank 等研究中的研究 1、研究 2 和研究 3 困境场景
表格中数字代表愿意牺牲行人的参试者比例

7.4.2 分析与总结

前面伦理实验研究说明,目前大部分参试者希望自动驾驶汽车做出功利主义选择。既然如此,那能否把这一偏好作为自动驾驶汽车伦理设定的强制标准?从目前来看,这是不现实的。下面分别从公众偏好、消费者偏好、已有道德规范和法律法规要求四个角度说明,以功利主义来编程自动驾驶算法可能是不现实的。

(1) 公众偏好受多种因素影响,主观性强,完全用公众偏好作为伦理设定标准是不可行的。公众道德偏好取决于立场和角度。车主、行人、第三者有不同的立场和偏好。很明显,车主和行人希望自动驾驶汽车尽可能保护自己。公众偏好不稳定,容易受到场景因素影响。例如,对于同一个道德场景,当参试者在实验中的决策时间足够多时,参试者倾向采用功利性决策;当决策时间不够时,参试者倾向采用道义论决策。因此,不稳定的公众偏好不宜直接作为决策制定和伦理规则制定的标准。

(2) 功利型自动驾驶汽车会牺牲其消费者和用户的权益。因此,消费者可能不会购买、用户可能不会乘坐一个关键时刻可能主动牺牲他们自身的自动驾驶汽车(尽管这种可能性极低)。这就产生一个新的社会困境:人们希望他人购买功利型自动驾驶汽车,但是他们自己更愿意乘坐能够优先保护车主的利己型自动驾驶汽车。

(3) 根据德国《德国自动化和网联化驾驶伦理导则》伦理导则 9,不同人生命的价值不能被量化比较,也就是说,"撞一个人去救更多的人"这种做法是不被允许的。自动驾驶汽车不能为了多数人而牺牲少数人。每一个个体都是"神圣不可侵犯"的,个体不应该承担为他人牺牲的义务,即便这是拯救其他人的唯一方式。

(4) 从现行法律法规来看,人是具有权利与责任的自由主体,最大限度地发挥社会效用并不能证明对与人相关的法律领域进行有害干预是合理的,换句话说,最小化社会损失或者最大化社会效益并不能损害对个人权利与尊严的正当保护。Nick Belay 认为,立法机关应确定所有自动驾驶汽车必须以乘客的利益为重,而不是任何其他行为。

7.5 其他困境和挑战

下面通过问答的形式,讨论自动驾驶车辆伦理学设计存在的其他困境和挑战。

1. 自动驾驶汽车是道德主体吗?

这是一个非常难以回答的问题。有学者认为要回答这个问题,需要先考虑如下问题。首先,需要确定自动驾驶汽车是否具备某种道德决策能力,即道德能动性(Moral Agency)?它们的行为是否受某种道德规范约束?具备道德能动性是成为道德主体的前提。其次,自动驾驶汽车的道德主体是否与人类的道德主体相同?自动驾驶汽车与人类驾驶员的能力存在明显差异。如果考虑自动驾驶汽车的特殊能力(如自动驾驶汽车具有高得多的计算能力),是否可以推出不同的道德要求?是否需要人类的道德准则来要求自动驾驶?机器道德准则可能需要区别于人类道德准则。有学者认为,考虑到自动驾驶汽车的能力差异,我们应该暂且停止对自动驾驶汽车道德属性的讨论,专注于提升自动驾驶能力,设计和制造"好"的自动驾驶汽车。"好"的自动驾驶汽车:安全性要更高(如 Liu 等发现,公众希望无人驾驶汽车安全性是人类驾驶员的 4~5 倍),所作所为是道德的(不违背人类的道德常识,或者至少不做出与人类最低限度的道德认知相违背的道德决策)。

2. 自动驾驶汽车是法律责任主体吗?

与问题 1 相关的问题是,就算自动驾驶汽车是道德主体,它们也不是法律责任主体。如果把责任放在它身上,容易出现责任鸿沟(Responsibility Gap),容易出现"有组织的不负责任"现象。那谁来承担法律责任?目前主要有两种观点。有学者认为应该让自动驾驶汽车车主和使用者承担更多责任,这有益于降低制造商的负担,加快技术进步,也能消除自动驾驶汽车事故责任评估问题。他们把自动驾驶汽车类比于宠物狗,认为关于狗的所有权与责任法律规定为监管自动驾驶汽车提供良好的参考,依据过失侵权法要求所有者和使用者承担责任。然而多数研究者持相反观点,认为随着自动驾驶汽车自主性的增加,责任会前移到制造商和经销商,可依据产品责任法要求他们对自动驾驶汽车缺陷负责。这一观点又会引发新的问题。如果自动驾驶汽车是受规则驱动的,我们自然而然可以要求制定规则的制造商对自动驾驶汽车缺陷负责。如果自动驾驶汽车是受人工智能和深度学习驱动(这种场景正在发生),制造者很难控制自动驾驶汽车的自主学习和自我进化,它们的制造商还需要承担责任吗?有研究者总结到,目前法学界对法律责任认定存在大量争议,有一点是肯定的:自动驾驶汽车可能会成为道德主体,可能具备做出道德决策的能力(本质上是代替人类集体或者使用者做出道德决策),但是一旦出事故,它们本身根本不构成法律责任主体。

3. 要求自动驾驶汽车完美解决"电车难题"或"隧道难题"合理吗?

人为要求自动驾驶汽车合乎某种道德地处理伦理困境,本身是一种苛责。如果人类自身无法给"电车难题"或"隧道难题"唯一准确的答案,那为什么要求人类设计和制造的自动驾驶汽车能够回答这些问题?自动驾驶汽车可能未来在技术能力上远超人类驾驶员,但是技术能力并不等同于解决道德困境的能力。当然,如果认为自动驾驶汽车无法解决道德困境,就贬低和放弃先进汽车技术,这种行为本身可能是不道德的。

4. "电车难题"或"隧道难题"思想实验是否有助于建立自动驾驶伦理规范?

就这一问题,目前有很多争论。首先,自动驾驶设计者和制造者认为自动驾驶伦理问题属于无稽之谈,认为这与目前自动驾驶技术研发和工程实现毫不相干。甚至,他们认为讨论自动驾驶伦理会妨碍自动驾驶技术的发展,因此,讨论自动驾驶伦理问题本身就是伦理上有问题的。所以,目前很少有相关汽车制造商或科技公司声称他们投入了大量人力、财力等解决自动驾驶伦理问题。其次,"电车难题"或"隧道难题"涉及"你死我活""生死对立"这种极端例子。讨论"生命"并不意味着在自动驾驶碰撞算法中"生命"是唯一相关的价值。拯救更多生命的碰撞算法可能不适合普通事故情形。因此,有研究者认为应该更关注更为普遍的伦理场景(如行人与自动驾驶汽车交互、人类驾驶员与机器人驾驶员交互之间的礼节问题)。

5. 自动驾驶汽车的道德决策由谁决定？

可能存在四类决策者：制造者、使用者、集体/组织和其他机器。下面简要分析这四类决策者进行决策时所面临的困难。

(1) 由制造者决定。制造者是具备汽车制造专业知识的人，包括设计师、工程师、科学家等。很多人反对将汽车制造专业知识作为设计自动驾驶汽车伦理规范的前提条件，因为汽车制造专业知识和伦理专业知识是两码事。有人担心，制造者对伦理问题本身没有足够的理解，缺乏足够的伦理理论和知识来构建在伦理推理和决策方面与人类相媲美的道德机器。目前自动驾驶还处于技术初级阶段，主要还是先由制造者来决定自动驾驶汽车的碰撞算法。

(2) 由使用者决定，这与下一个问题所讲的个性化伦理设定相关。

(3) 由集体/组织决定。自动驾驶伦理问题是一个社会问题，因此多数人会认为，应该由集体或组织决定，如政府机构、行业协会或公众意见。由集体或组织决定的缺点是：延缓技术进步；侵犯个人选择或私人生活。

(4) 由其他机器决定。如果前面三类决策者还不能做出合理决策，可能需要诉诸于其他机器。未来，说不定智能机器能够制造出比人类更好的道德主体，这时候需要限制人类的干预。

6. 是否政府应该强制要求为自动驾驶车辆统一设定某种算法？

是否像强制使用安全带那样，政府强制要求为自动驾驶车辆统一设定某种算法？即，伦理设定是强制的(Mandatory Ethics Setting, MES)，还是个性化的(Personal Ethics Setting, PES)？这个问题在前面讨论过，这里进行进一步分析。该问题的分歧点是集体强制设定还是个人自由选择。MES可能会造成偏见和歧视，对个体选择权的侵犯，会导致消费者不愿意使用；PES将个体置于决定他人生死的局面，这是PES面临的最大威胁。有研究者旗帜鲜明地支持某种设定。首先，PES受到多方批评。在PES情况下，自动驾驶汽车用户可以自主选择功利型或者利己型碰撞算法。理论上，大家都应该使用功利主义算法，这样的话，总体社会伤害最小、收益最大。但是出于"自我保护倾向"，用户会在自己车辆上配置利己型算法，希望别人车辆上也配置功利主义算法。最终结果是，所有车辆上都配置利己型算法，可能导致自动驾驶汽车所能发挥的社会效用大大下降，即产生"囚徒困境"。研究者认为，要规避"囚徒困境"，就不能由用户自主选择碰撞算法。个人诉求和集体利益的冲突往往引发很多道德问题，在这种难以调和的冲突下，Gogoll和Müller认为政府要介入其中，要求制造商服从新的行业标准，即最大化安全、最小化伤害。Lin对个性化或可调节的伦理设定提出尖锐的批评，主要理由有两点：PES可能造成更多道德问题。人们的财富状况、社会地位、肤色和宗教信仰等都可能成为个体设置道德算法的参数，会对乘客或驾驶员造成不公正对待；PES可能对使用者造成沉重的负担。在PES情况下，事故责任可能由使用者来承担。

　　另外,也有研究者反对政府强制推行某种碰撞算法,认为这会造成严重后果。Bonnefon 等认为,政府不宜强制推行功利主义算法,这可能会导致事与愿违的结果。例如,如果政府规定制造商只设计、制造和销售功利主义车辆,则消费者不愿意购买功利主义车辆。如果因为自动驾驶车辆可能在安全性上高于传统汽车,就强制推行功利主义自动驾驶车辆,这会降低消费者购买意愿和自动驾驶车辆的普及,反而影响通过自动驾驶车辆安全效益的成功实现。因此,Bonnefon 等认为,在设计碰撞算法时,既要考虑算法的正当性,也要确保能被消费者所接受,不能打击消费者购买的积极性。鉴于此,研究者认为不宜强制推行功利主义算法,提议用非强制性措施来鼓励购买者和使用者选择功利主义算法,提出一些大胆的鼓励措施,例如:"让自愿选择这种算法的车主得到某种荣誉(比如独特的号牌标识、在用户监控界面上的独特标识等),以表示社会对他们的尊重;或者让这些车主享受更高的通行特权,在智能交通系统中,使他们的车可以比利己主义汽车更快地到达目的地;或者是更高的停车权限等"。有研究者提出一种有趣的个人设定,提议自动驾驶汽车有一个伦理旋钮(Ethical Knob),可连续旋动:左侧挡位为"利他"(Altruist),即尽可能保护他人;中间挡位为"不偏不倚"(Impartial),即赋予驾乘人员或其他人以同等的权重,然后依据功利主义原则决策;右边挡位为"利己"(Egoist),即尽可能自保。采用这种设定,要充分信任自动驾驶汽车和制造商按照驾乘人员自己的意图行事。

参 考 文 献

[1] LIU P, YANG R, XU Z. How Safe is Safe Enough for Self-Driving Vehicles? [J]. Risk Analysis, 2019,39(2):315-325.

[2] FOOT P. The Problem of Abortion and the Doctrine of Double Effect[J]. Oxford Review,1967,5:5-15.

[3] MILLAR J. An Ethics Evaluation Tool for Automating Ethical Decision-Making in Robots and Self-Driving Cars[J]. Applied Artificial Intelligence,2016,30(8):787-809.

[4] GOGOLL J, MÜLLER J F. Autonomous Cars: in Favor of A Mandatory Ethics Setting[J]. Science and Engineering Ethics,2017,23(3):681-700.

[5] COCA-VILA I. Self-Driving Cars in Dilemmatic Situations: An Approach Based on the Theory of Justification in Criminal Law[J]. Criminal Law and Philosophy,2018,12(1):59-82.

[6] GOODALL N J. Ethical Decision Making During Automated Vehicle Crashes[J]. Transportation Research Record,2014,2424:58-65.

[7] WALLACH W, ALLEN C. Moral machines: Teaching Robots Right from Wrong[M]. Oxford, UK: Oxford University Press,2009.

[8] THIROUX J P, KRASEMANN K W. Ethics: Theory and Practice [M]. 11th ed. Boston: Pearson,2011.

[9] RAUTENBACH G, KEET C M. Toward Equipping Artificial Moral Agents with Multiple Ethical

Theories[EB/OL].[2020-03-02].https://arxiv.org/abs/2003.00935.
[10] 约翰·罗尔斯.正义论[M].北京:中国社会科学出版社,2009.
[11] LEBEN D. A Rawlsian Algorithm for Autonomous Vehicles[J]. Ethics and Information Technology,2017,19(2):107-115.
[12] 余露.自动驾驶汽车的罗尔斯式算法——"最大化最小值"原则能否作为"电车难题"的道德决策原则[J].哲学动态,2019,10:100-107.
[13] GERDES J C,THORNTON S M. Implementable Ethics for Autonomous Vehicles[C]//In:Maurer M,Gerdes J,Lenz B,Winner H. (eds). Autonomous Driving. Berlin,Heidelberg:Springer,2016,5:87-102.
[14] BONNEFON J F,SHARIFF A,RAHWAN I. The Social Dilemma of Autonomous Vehicles[J]. Science,2016,352(6293):1573-1576.
[15] 和鸿鹏.无人驾驶汽车的伦理困境、成因及对策分析[J].自然辩证法研究,2017,33(11):58-62.
[16] 王珀.无人驾驶与算法伦理:一种后果主义的算法设计伦理框架[J].自然辩证法研究,2018,34(10):70-75.
[17] WILLIAMS B. Ethics and the Limits of Philosophy[M]. London:Routledge,2011.
[18] 余露.自动驾驶汽车的事故算法及其限度[J].自然辩证法通信,2019,41(1):15-20.
[19] LUETGE C. The German Ethics Code for Automated and Connected Driving[J]. Philosophy & Technology,2017,30(4):547-558.
[20] AWAD E,DSOUZA S,KIM R,et al. The moral machine experiment[J]. Nature,2018,563(7729):59-64.
[21] KALLIOINEN N,PERSHINA M,ZEISER J,et al. Moral Judgements on the Actions of Self-Driving Cars and Human Drivers in Dilemma Situations from Different Perspectives[J]. Frontiers in Psychology,2019,10:2415.
[22] FRANK D A,CHRYSOCHOU P,MITKIDIS P,et al. Human Decision-Making Biases in the Moral Dilemmas of Autonomous Vehicles[J]. Scientific Reports,2019,9(1):1-19.
[23] BERGMANN L T,SCHLICHT L,MEIXNER C,et al. Autonomous Vehicles Require Socio-Political Acceptance—An Empirical and Philosophical Perspective on the Problem of Moral Decision Making [J]. Frontiers in Behavioral Neuroscience,2018,12:31.
[24] FAULHABER A K,DITTMER A,BLIND F,et al. Human Decisions in Moral Dilemmas Are Largely Described by Utilitarianism:Virtual Car Driving Study Provides Guidelines for Autonomous Driving Vehicles[J]. Science and Engineering Ethics,2019,25(2):399-418.
[25] BELAY N. Robot Ethics and Self-Driving Cars:How Ethical Determinations in Software Will Require A New Legal Framework[J]. Journal of the Legal Profession,2015,40(1):119-130.
[26] 林建武.能力差异与责任差异:论无人驾驶汽车作为道德主体的可能性[J].云南社会科学,2018,4:15-20.
[27] LIU P,WANG L,VINCENT C. Self-Driving Vehicles Against Human Drivers:Equal Safety is Far from Enough[J]. Journal of Experimental Psychology:Applied,2020,In Press.
[28] DUFFY S H,HOPKINS J P. Sit,Stay,Drive:The Future of Autonomous Car Liability[J]. Science and Technology Law Review,2013,16(3):453-480.
[29] 杜严勇.机器人伦理中的道德责任问题研究[J].科学学研究,2017,35(11):1608-1613.
[30] HIMMELREICH J. Never Mind the Trolley:The Ethics of Autonomous Vehicles in Mundane

Situations[J]. Ethical Theory and Moral Practice,2018,21(3): 669-684.

[31] MARTIN D. Who Should Decide How Machines Make Morally Laden Decisions? [J]. Science and Engineering Ethics,2017,23(4): 951-967.

[32] 孙保学.自动驾驶汽车事故的道德算法由谁来决定[J].伦理学研究,2018,2: 97-101.

[33] LIN P. Here's Terrible Idea: Robot Cars with Adjustable Ethics Settings[EB/OL]. [2014-08-18]. Wired. https://www.wired.com/2014/08/heres-a-terrible-idea-robot-cars-with-adjustableethics-settings/.

[34] CONTISSA G, LAGIOIA F, SARTOR G. The Ethical Knob: Ethically-customisable automated vehicles and the law[J]. Artificial Intelligence and Law,2017,25(3): 365-378.

第8章 智能车辆人机系统安全性

本章亮点:
- 智能网联车辆多维度风险挑战：新型全方位交通风险与未知事故形态。
- 未来车辆纵深安全防护体系：单车与多车协同环境下全方位安全保护网。
- 安全需求导向实现技术突破：芯片、5G通信、云控平台实现技术升级。
- 智能车辆人机系统安全性设计：人-车-路-网-云的协同一体化。

引　言

智能网联车辆是复杂性极强、系统性极广、协同性极密的新一代运载工具，综合考虑道路交通系统的复杂性、道路交通使用者的多样化以及交通系统发展的不平衡性，智能网联车辆可能面临复杂的道路交通状况、瞬时突发的交通风险、数据信息的传输即时性及感知、决策与控制的操作可靠性等一系列现实问题，而新型智能网联车辆引发的交通事故风险及形态都对人机关系提出了严格的要求。本章将聚焦于智能网联车辆所经历的人机接管、人机共驾、人机共存、人机一体等不同人机关系发展过程，涉及智能网联车辆感知、决策及控制安全性、人机交互安全性、信息通信安全性、时空安全性等面临的多维度安全性问题，从安全需求出发探讨未来交通系统中存在的人-车-路-网-云等之间的新型人机关系，进而保障智能网联车辆的行驶安全、功能安全以及交通安全，从而促进人机关系之间高度安全、高度协同、高度舒适等具体发展目标。

8.1 多维度安全性的提出

8.1.1 智能车辆的风险因素

随着新一轮科技革命不断发展，芯片算法迭代、控制平台升级、云控通信互联使得汽车向智能化、网联化方向不断发展，智能网联汽车成为汽车产业发展的重要战略方向。同时，复杂的道路交通状况、瞬时突发的交通风险、数据信息的传输即时性及感知、决策与控制的操作可靠性等一系列现实问题对智能网联汽车安全性提出了严格的要求,相比于低智能等级车辆,未来智能网联车辆的安全性能面临着多维度、全方位且不可预测的挑战。车型智能安全化的不断发展提升了道路交通安全也改变着道路交通系统,由此引发的交通事故风险及形态都在随之变化。研究交通安全和事故预防必须及时关注车型的发展动态,进而把握事故形态的发展变化。如当前各大汽车公司积极研发以自动驾驶车辆为代表的智能车辆,少量原型车已在道路系统中测试运行。预计在不远的将来,智能车辆将全方位融入道路交通系统。此外,未来的车辆向着智能化、网联化和电动化的方向发展。然而,由于各个因素发展之间的不平衡,导致各种技术状况和智能级别的车辆共存,结合我国交通人-车-路因素原本的复杂性,交通事故的形态可能会更加复杂。

近年来,众多智能化车辆在测试验证过程中暴露了众多问题,其安全性和可靠性引发了极大的关注。对于感知、决策及控制安全性,2016 年 2 月,谷歌自动驾驶车辆引发了它的第一起事故,当它变线时与一辆巴士相撞,当时车速低并未造成人员伤亡,同年,在京港澳高速路特斯拉 AutoPilot 驾驶辅助系统失效导致车辆发生追尾碰撞事故;2018 年 Uber 自动驾驶测试车辆由于感知失效造成了行人死亡交通事故。对于人机交互安全性,特斯拉车主在 AutoPilot 模式下照看宠物狗发生追尾警车事故,Waymo 自动驾驶车安全员错误干预造成车辆碰撞,福特 Argo AI 自动驾驶致乘客受伤。对于信息通信安全性,克莱斯勒"自由光"曾被黑客入侵 CAN 总线网络系统,并向其发动机及底盘系统发送错误指令使其翻车至斜坡下;同时,日产汽车曾被黑客入侵远程控制空调开关以及暖气系统,还被窃取了包括 GPS 坐标信息等的驾驶记录。对于时空安全性,特斯拉 Model S 处于自动驾驶模式时追尾碰撞了非智能等级的静止消防车辆,不同智能级别的车辆安全性也是智能网联车辆在全面普及过程中遇到的现实问题。不同新型碰撞事故形态使智能网联车辆更加需要多维度安全功能进行可靠性保障,具体风险挑战及对应安全要求如表 8-1 所示。智能化、自动化是先进汽车研发的主要方向,由此使得交通事故的风险和形态随之发生变化。根据我国交通事故形态的发展规律及当前已发生的自动驾驶车辆事故特征,综合考虑各种人、车、路的因素,预测不远的将来可能出现的新的交通事故形态。在未来的道路交通系统中,新的交通现象比如多种自动驾驶车辆与有人驾驶车辆共存、人机共驾、智能交通系统的信息安全问题,以及依然存在的偶然机械故障、环境干扰和天气影响等,都可能成为事故诱因。其中,人的因素依然重要,弱势道路使用者是自动驾驶车辆的重点避撞对象。未来事故的发生依然将是人、机、环境因素综合作用的结果。

智能网联车辆是复杂性极强、系统性极广、协同性极密的新一代运载工具,由于智能网联车辆定义了卓越的安全性能目标,公众对其行驶安全有极其严苛的要求,未来的自动驾驶技术可以降低由于驾驶员人为失误引起的事故风险。然而,考虑道路交通系统的复杂性、道路交通使用者的多样化以及交通系统发展的不平衡性,未来的智能交通系统和自动驾驶车辆仍然难以避免碰撞事故。而"无人驾驶"标志着不再需要由人类驾驶员驾驶和操控车辆,未来随着无人车的逐渐普及,更多的"人的驾驶技能"会日益退化,由此对无人自动驾驶的安全性提出了更高的要求：其应该具有应对和妥善处理各种突发交通冲突的能力。因此，智能网联车辆的安全性需经过大量的仿真分析及实测验证才能通过产业化认可，通过梳理分析并总结智能网联车辆在未来交通场景中所具备的安全性能要求，方可加速实现智能网联车辆的应用。

表 8-1 智能网联车辆多维度典型风险挑战及安全对策

安全性分类	风 险 挑 战	安 全 对 策
感知安全性	感知失效或失误 感知数据噪声多 极端天气干扰	多源传感器信息融合 提升感知传感器技术标准 抗外界干扰能力强
决策安全性	多源信息存在垃圾数据 决策算法误差 算法反复处理时间久	高速提取高质量数据 强人工智能算法训练 高性能算力并行处理芯片
控制安全性	控制响应时间慢 多控制机构系统紊乱	提升控制机构技术标准 一体化功能底盘集成
人机交互安全性	车内人机交互 （交互控制权、座椅布局及多乘姿） 车外人机交互（弱势道路使用者）	优化匹配车内人机系统 人机共驾达到并行耦合 提高车身碰撞相容性 研发行人保护系统
信息通信安全性	车载传感器安全威胁 车-外部设备通信安全风险 网络传输安全风险 云端系统安全风险 病毒黑客攻击	车端安全防护体系 云端安全防护体系 网络边界防护体系 通信数据交可信机制 法律措施监管
时空安全性	新型的交通时空场景风险 突发的外界环境干扰 不同智能等级的车辆交互 不可控的道德伦理困局	加强虚拟仿真测试 强化实际场景验证 出台管理标准保障 构建伦理安全规则

8.1.2 多维度安全性的概念

基于对智能网联车辆感知、决策及控制安全性、人机交互安全性、信息通信安全性、时空安全性等面临的多维度安全性问题进行分析，明确未来交通场景中可控及不可控风险，通过功能优化、技术提升、系统集成等全方位角度降低或消除有人驾驶行为的事故风险概率，从而保障智能网联车辆的行驶安全、功能安全以及交通安全。此外，还有一系列智能网联车辆安全性问题有待深入探讨，具体如下所述。整体智能网联车辆多维度保障形成全方位安全保护网，如图 8-1 所示。

图 8-1 智能网联车辆多维度全方位安全保障

8.2 智能车辆功能安全性

智能网联车辆保证安全可靠的必要基础在于能够精准地感知环境、高速地决策判断以及无误地操纵控制；此外，智能网联车辆还要感知车辆状态与车辆周围环境信息并上传至路侧控制单元与区域数据交互中心，同时车辆控制器根据接收到的指令控制车辆平稳运行。任何一个基础环节发生失误都可能牵一发而动全身，使智能网联车辆无法顺利执行驾驶任务，单车功能的失效可能会进一步导致多车协同交通系统的紊乱。而目前智能网联车辆的智能化大多数是弱人工智能，只能简单地模拟感知、决策及控制功能，在简单封闭环境下进行驾驶操作，而真正的车辆智能化应表现为强人工智能，甚至是超级智能，可以模拟人类思考达到全脑仿真的目的，不断地根据实时交通场景进行深度强化学习，对可能突发的交通风险进行迅速决策、敏捷决策以及创新决策。因此，保障智能网联车辆单车感知、决策、控制以及多车协同、车路协同、车云协同等智能化功能的安全性具有十分重要的意义，具体功能实现流程如图 8-2 所示。

8.2.1 感知安全性

智能网联车辆感知是理解及辨析交通场景的重要途径，精准感知是保障智能网联车辆安全行驶的首要条件，也为后续车辆决策及控制提供依据。目前，主要通过摄像头机器视觉技术、激光雷达与毫米波雷达技术、高精度地图、车路协同技术及车联网通信技术等对交通环境进行感知，或者采取多种设备信号集成的手段强化感知，智能网联车辆通过自主式智能与网联式智能的互补，可以借助网联系统的优势在时间和空间维度上更全面地掌握行驶环境的信息。在实际感知工作过程中，不同感知传感器特点不同，既有性能优势也有场景局限

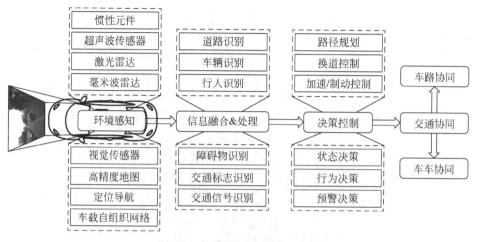

图 8-2 智能车辆功能实现流程

性,摄像头机器视觉技术能够感知场景内具体运动物体及姿态,但受光照影响较大,在强光及夜间并不能有效感知,受到天气与环境的影响较大,并且容易受到干扰物体的影响出现误判,无法准确识别行人以及特殊性形状的障碍物;毫米波雷达能够有效感知高精度距离信息,抗干扰能力优于其他传感器,但目标识别难度较大、识别距离有限;激光雷达方向性强、响应时间快,能够提供三维场景具体信息,但成本较高,且受天气干扰大;高精度地图配合高精度的卫星定位系统能够实现恶劣环境下的位置感知,北斗系统配合地面基站设施可以实现车辆在道路行驶过程中的厘米乃至毫米级的定位精度,能够实现恶劣环境下的位置感知,但无法保证实时交通环境的动态性,无法及时应对突发事件,上述感知传感器的识别精度与效率成为智能网联车辆安全维度的首要解决问题。车路协同技术及车联网通信技术结合上述各种传感器的信号,利用车联网感知融合,实现对复杂道路交通环境下的动态检测与全息感知,可以较好地弥补上述传感器的缺陷,但是目前车路协同技术及车联网通信技术仍处于发展阶段。感知系统作为智能网联车辆的"眼睛",是智能网联车辆驾驶安全重要部分。同时,任何传感器作为硬件平台不可能一直不出现故障,也不可能一直保持性能最优,故障的发生及性能的下降会使安全可靠性随之下降;此外,在极端恶劣天气状况下漫天的雪会带来"幻影障碍"、磅礴的雨会带来"视线模糊"、浓厚的雾会带来"视野遮蔽",对多源传感器信息融合提取高质量有价值数据显得尤为重要。其中,不同感知技术如下所述,其感知功能示意如图 8-3 所示。

1. 摄像头机器视觉技术

在智能网联车辆的行驶过程中,摄像头作为视觉影像处理系统的输入。目前 ADAS(高级驾驶辅助系统)的主要功能是通过摄像头实现的,如表 8-2 所示。车载摄像头主要包括内置摄像头、后视摄像头、前视摄像头、侧视摄像头、环视摄像头等。其主要应用于倒车影像(后视)和 360°全景(环视),高端汽车的各种辅助设备配备的摄像头可多达 8 个,用于辅助驾

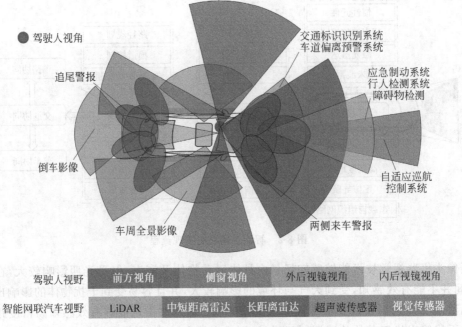

图 8-3　智能车辆安全感知功能示意

驶员泊车或触发紧急刹车。当摄像头成功取代侧视镜时,汽车上的摄像头数量将达到 12 个,而随着无人驾驶技术的发展,L3 级以上智能驾驶车型对摄像头的需求将增加。相对于车载激光雷达等传感器,车载摄像头更加低廉,单车多摄像头逐渐成为智能驾驶的趋势,特斯拉 Autopilot 2.0 的硬件系统中就包含 8 个车载摄像头。

表 8-2　智能驾驶中摄像头实现的功能

ADAS 功能	摄像头位置	功能介绍
车道偏离预警(LDW)	前视	摄像头检测到车辆即将偏离车道线时发出警报
盲点监测(BSD)	侧视	利用侧视摄像头将后视镜盲区的影像显示在驾驶舱内
泊车辅助(PA)	后视	利用后视摄像头将车尾影像显示在驾驶舱内
全景泊车(SVP)	前视、侧视、后视	利用图像拼接技术将摄像头采集的影像组合成周边全景图
驾驶员检测(DM)	内置	利用内置摄像头检测驾驶员是否疲劳、闭眼等
行人碰撞预警(PCW)	前视	前视摄像头检测到标记前方行人可能发生碰撞时发出警报
车道保持辅助(LKA)	前视	前视摄像头检测到车辆即将偏离车道线时通知控制中心发出指示,纠正行驶方向
交通标志识别(TSR)	前视、侧视	利用前视、侧视摄像头识别前方和两侧的交通标志

2. 毫米波雷达技术

毫米波雷达,是工作在毫米波波段(Millimeter Wave)的雷达,通常是指 30~300GHz

(波长为 1~10mm)频段。车载毫米波雷达是目前唯一全天时、全天候的车载雷达传感器,是目前实现自动驾驶的传感器方案中的标配。车载毫米波雷达通过天线向外发射毫米波,接收目标反射信号,经后方处理后快速准确地获取汽车车身周围的物理环境信息(如汽车与其他物体之间的相对距离、相对速度、角度、运动方向等),然后根据所探知的物体信息进行目标追踪和识别分类,进而结合车身动态信息进行数据融合,最终通过中央处理单元进行智能处理。经合理决策后,以声、光及触觉等多种方式告知或警告驾驶员,或及时对汽车做出主动干预,从而保证驾驶过程的安全性和舒适性,减少事故发生概率。

3. 激光雷达技术

区别于其他雷达,激光雷达使用的是激光,而传统意义上的雷达用的是超声波(毫米波雷达是电磁波),其原理是根据激光遇到障碍物后的折返时间,计算目标与自己的相对距离。激光光束可以准确测量视场中物体轮廓边沿与设备间的相对距离,这些轮廓信息组成点云并绘制出 3D 环境地图,精度可达到厘米级别,从而提高测量精度。激光雷达一般由发射模块、接收模块、扫描模块和控制模块四大部分构成。根据激光线束数量的多少将激光雷达分为 2D、2.5D、3D 激光雷达。激光雷达的最大优势在于使用环境限制较小,即不管在白天或是夜晚都能正常使用。对于标准车载雷达及毫米波雷达,当其所发射的电磁波在传播路径上遇到尺寸比波长小的物体时,将会发生衍射现象,即波的大部分能流绕过物体继续向前方传播,反射回来可供雷达接收的能量则很小。因此,无法探测大量存在的小型目标,而用于雷达系统的激光波长一般只有微米的量级,因而它能够探测非常微小的目标,测量精度也远远高于毫米波雷达及其他车载标准雷达。

4. 高精度地图技术

高精度地图,即精度更高、数据维度更多的电子地图,精度更高体现在精确到厘米级别,数据维度更多体现在其包括了除道路信息之外的其他与交通相关的周围静态信息。高精度地图是结合车载导航地图与 ADAS 地图形成的,高精度地图将大量的行车辅助信息存储为结构化数据,信息可以分为两类:①道路数据,比如车道线的位置、类型、宽度、坡度和曲率等车道信息;②车道周边的固定对象信息,比如交通标志、交通信号灯等信息、车道限高、下水道口、障碍物及其他道路细节,还包括高架物体、防护栏及数目、道路边缘类型、路边地标等基础设施信息。依据结构化数据,自动驾驶系统可以通过比对车载的 GPS、IMU、LiDAR 或摄像头的数据精确确认自己当前的位置。相较于传统的传感器,高精地图超视距的特点是可以对整体的道路流量、交通事件、路况进行预判,可以作为感知层的安全冗余,通过提前采集,能够把这些作为先验信息传给自动驾驶车辆做决策。

此外,车辆感知与驾驶人感知存在差异,智能网联车辆能够通过传感器获取驾驶人视野盲区的物体信息,而驾驶人能够更准确地判断交通场景,车辆感知与驾驶人感知应为互补关系,通过车辆感知与驾驶人感知的交互,可以大大提高环境感知的准确性,建设车辆与人之间的感知信息交互通道,对于提高车辆感知安全性有十分重要的作用。因此,对多源传感器感知与驾驶人感知如何进行数据级、信号级、目标级等信息融合,如何减少甚至不再出现误检及漏检、如何保留交通环境中有效信息、如何确定交通环境信息优先级传输顺序以及如何将多源目标信息传递至决策判断模块、如何采用多类相同传感器增加故障容错度等都是亟待解决的重要安全性问题。同时,多个传感器数据融合过程中的数据同步、计算量大、占用内存大、功耗大等问题对智能网联汽车的驾驶性能与安全性也有很大影响,车辆实时感知数据将是海量级别,需要对传感器获取的数据进行甄别、降维,才能够有效提取目标信息,进而可以快速识别危险场景,这些除了有鲁棒性的要求外,还有即时性、广泛性的要求,只有实现全气候、全时段、全方位的稳定感知功能,才能为后续智能网联车辆功能实现提供高质量数据,除了对数据处理算法提出了苛刻的要求,还要进一步提高数据处理芯片的算力,达到毫秒级的处理速度。

8.2.2 决策安全性

对交通环境信息进行有效感知后还需高速稳定的决策判断,包括对路径规划、运动规划以及行为状态规划,这一环节对智能网联车辆提出了更高的要求,同样也存在很多潜在亟待解决的安全问题,如图 8-4 所示。其中,影响决策可靠性的关键因素在于决策算法在交通场景中的应用可行性,人为设定交通场景决策规则表虽然经过验证,但仅仅局限于有限的交通场景,要实现对多种复杂交通场景的决策,需要融合多种车载传感器信息与车联网信息,在环境感知数据基础上建立车辆行驶的虚拟空间环境模型,在底层规划行车轨迹并将其转化为智能网联汽车车辆动力学控制参数,实现数据驱动汽车。同时要求设计者完全掌握各种驾驶场景、驾驶模式及对应的车辆控制算法,但仍可能存在各种针对未知场景的决策隐患,并不能完全覆盖复杂多变的随机交通场景;神经网络与深度学习可自学习复杂环境工况的决策措施,即先通过大量数据对决策模块进行训练,利用深度学习或增强学习等直接输出车

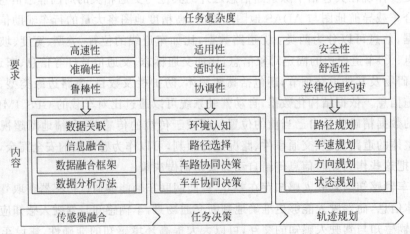

图 8-4 智能车辆决策安全具体要求

辆的动力学控制参数。这种方式具有自学习的特征,随着车辆的使用,车辆的决策能力会不断得到优化提升。但此类自适应算法仅能够对一些相似性场景进行运算,且实际计算过程耗时较长、耗费计算资源较多;另外,算法内部机理仍不明确,网络结构映射关系透明性差,在出现事故和问题后往往难以发现事故在决策层面的原因,还无法准确调校降低并消除失误率,运算结果稳定性不足。而智能网联车辆需要运算能力超高的芯片处理器平台,对于算法的更新过程会根据芯片硬件平台持续升级迭代;而对于训练好的人工智能算法需要高质量的感知数据进行决策运算处理,且必须保证一次性成功,反复运算造成响应时间延迟会导致不可控事故的发生,并且每一代决策算法都难以适配下一代交通环境运行形态。

1. 传感器融合

传感信息融合是将多个传感器的输出信息统一在车辆坐标系下,建立具有时间标记的数据关联和融合,以保证场景数据信息的连贯性和适用性。使用多传感器对周围环境进行检测,利用数据融合,可以充分准确地描述目标物体的特征,并且减少二义性,提高智能驾驶汽车决策的准确性与鲁棒性。数据融合技术包括对融合单元的理解以及对融合架构的设计两个方面。融合单元是指每一次数据处理到输出给决策层的整个部分,而融合架构则是进行数据融合的框架与模式;一个数据融合架构至少需要包括负责采集外部信息的感知框架,即传感器管理框架,以及负责数据处理的模型管理框架。其中,模型管理具体涉及数据匹配、数据关联、融合决策等部分。数据融合具体技术中包括数据转换、数据关联、融合计算等,常用数据分析方法包括加权平均、卡尔曼滤波、贝叶斯估计、统计决策理论、证据理论、熵理论、模糊推理、神经网络及产生式规则等。

2. 任务决策

任务决策作为智能驾驶的智能核心部分,接收传感感知融合信息,通过智能算法学习外界场景信息,从全局的角度规划具体行驶任务,从而实现智能车辆拟人化控制融入整个交通流。这一过程涉及大量优质算法的使用,是目前智能驾驶过程的难点。智能驾驶中任务规划描述了道路、车道与行驶三级任务,在道路级进行全局的任务规划,在车道级根据周边交通状况规划运动轨迹,行驶级根据前后车进行运动智能控制。交通流的复杂度借助信息传递影响规划任务的复杂程度,进而决定智能驾驶动作。不断实时地监督车辆运动状态和周围环境信息,当探测到当前道路阻塞时,要求重新规划任务,并做分解调整。

3. 轨迹规划

轨迹规划是根据局部环境信息、上层决策任务和车身实时位姿信息,在满足一定的运动学约束下,为提升智能汽车安全、高效和舒适性能,规划决断出局部空间和时间内车辆期望的运动轨迹,包括行驶轨迹、速度、方向和状态等,并将规划输出的期望车速以及可行驶轨迹等信息输入下层车辆控制执行系统。轨迹规划层应能对任务决策层产生的各种任务分解做出合理规划。规划结果的安全性、舒适性是衡量运动规划层性能的重要指标。

智能网联车辆决策的另一重要任务是判别风险场景下采取何种避险策略。尽管通过感知层能够获得行驶环境的信息,但车辆难以像人一样准确地识别风险场景与非风险场景,比如车辆识别行人过街意图的识别算法的准确度难以和驾驶人判断的准确度相提并论,而采取哪种驾驶策略以避免潜在的危险发生,是目前难以解决的问题。过于保守的决策方案会导致行驶效率低,乘坐体验差,而激进的决策方案无可避免地使行驶风险大大提高,这两种决策方案之间还需要对不同的场景采取不同的决策规则。此外,对于决策规划算法还必须满足安全性伦理约束条件,在驾驶人驾驶过程中,车辆不参与任何决策任务,安全责任划分清晰,但智能网联车辆在遇到事故不可避免时优先保障乘员还是驾驶前方的弱势道路使用者,决策约束性条件越多,车辆动力学的决策优化方案难度越大,且部分参数的振荡性较大,微小的变化可能对数值算法带来无解或突变的可能性,算法在应对不同场景时的鲁棒性,无法满足智能网联车辆实时性、可靠性要求。同时,针对多种传感器数据冲突,必须要有一个很好的深度融合解决机制,否则就会提升事故发生概率。因此,实现智能网联汽车智能驾驶的前提是实现整车层面上的协同控制最优化。决策系统作为控制的核心技术,必须具备协同控制技术、多目标优化技术、自主决策技术以及紧急决策技术,在决策层面上如何排列交通环境潜在危险等级信息、如何最优化统筹交通环境中各要素、在感知信息不准确的情况下如何做到预判条件下的准确决策、在遇到决策算法无法执行条件下如何保障行车安全、如何对多源信息高速无误融合处理、计算机芯片是否能够匹配大量数据并行处理等一系列问题还需通过芯片硬件平台及算法软件平台的共同支撑,从而为智能网联车辆执行机构提供准确的控制命令,保障决策命令的高速传输。

8.2.3 控制安全性

精准感知、高速决策还需智能网联车辆控制元件可靠执行,目前常见的执行控制系统包括自动紧急制动系统(AEB)、自适应巡航系统(ACC)、车道保持系统(LKS)等,具体技术要求如图 8-5 所示,但对于任何一种执行系统目前均未实现瞬时响应正确执行,毫秒之差的控制延迟可能会造成不同的交通风险。对 AEB 系统通常是以毫米波雷达对前方道路环境进行检测,判别危险情景,结合本车传感器的车辆行驶状态信息进行决策,通过 ESC 执行制动指令,ESC 需对车轮同时增压且系统响应延迟时间要求控制在 250ms 内,对 ESC 增压能力提出了较高的挑战;此外,AEB 系统中 ESC 工作频次也远远大于常规 ESC 功能,制动稳定性直接关乎车辆安全运行状态,AEB 系统与 ABS 系统的深度耦合对制动稳定性也至关重要。此外,ACC 系统不能安全执行的影响因素众多,包括后方车辆的不文明加塞、前方行人的突然闯入、弯道巡航速度控制、提速控制过于灵敏等因素,这些因素对 ACC 系统控制稳定性提出了更高的要求,也导致 ACC 系统存在一定的安全隐患。LKS 系统作为一种提高驾驶安全性与舒适性的辅助驾驶系统,在技术上还存在不同附着系数路面的转向力矩精准计算、车辆定位与车道中心线偏差控制、步进电机输出转向力矩控制等事关安全运行算法的问题亟待解决,LKS 系统控制与驾驶人控制之间相互协调以及交接的问题也仍是需要解决的安全问题之一。智能网联车辆行驶过程中,感知与决策模块完成后,控制模块会按照规

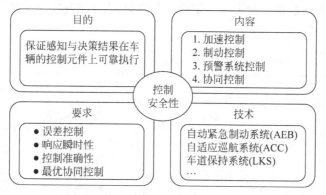

图 8-5 控制安全性具体技术要求

划好的路线去执行,目前主要存在基于 PID 与 MPC 的两种控制方式,PID 控制是控制学中很常见的方式,如电机控制,根据当前的误差(汽车预期的位置和实际的位置之差)来进行调节;MPC 控制(Model Predictive Control),即基于模型的控制方法,通过模型描述汽车的运动轨迹,MPC 通过调整转向盘、制动器控制车辆按照预定行驶轨迹行驶。

此外,针对不同交通应用场景还有 DYC、EBA、ASR 等高级辅助驾驶系统,如何对不同 ADAS 系统功能进行最优协同控制是很大的挑战,如果再结合 V2X 网联通信及 ITS 智能交通系统等多源信息的数据传输安全问题,保障安全性功能的技术要求也呈几何数量级提升。因此,如何协同优化驱动、制动、转向、悬架等不同执行器之间的控制响应、如何对不同控制功能的优先级进行排序、如何将不同 ADAS 系统功能集成于一体化底盘系统、如何在未来电气化转型中保证智能化与网联化功能安全性以及电路网络架构控制的安全稳定性等安全问题都值得深入探索研究。只有构建完整协同的控制执行机构才能快速响应决策命令,从而实时控制智能网联车辆运行状态。

综上所述,智能化与网联化为车辆的发展赋予了极大的动能,也为乘客的行驶安全提供了进一步的保证,但任何一种功能的完善都需不断地仿真测试、实测验证,单一功能技术的完善并不能保证智能网联车辆整体功能实现高效协同,也无法适应驾驶过程中各种复杂场景,只有感知、决策及控制功能构成动态协作安全矩阵,才能有效保障智能网联车辆的运行安全性。

8.3　智能车辆人机交互安全性

智能网联车辆的应用进一步解放了人手操作及降低人脑工作负荷,大大降低了驾驶的技术门槛,提高了驾驶的舒适度,使得驾驶舱进一步转变为移动的休闲、娱乐以及办公空间,残疾人等驾驶困难群体也能充分享有独自出行的机会。因此,新的驾驶体验出现将带来一系列的理念变革,比如个性化的人车交互、人车驾驶控制权分配、自由化的座椅布局以及多样化的乘姿状态的出现,都可能带来一定的安全隐患,人机交互安全控制优劣势对比分析如图 8-6 所示。

驾驶方式	视野	感知	决策	控制
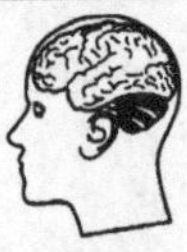 驾驶人	优势:视野灵活;可视距离远、观察信息准确。 劣势:受内部与外部因素影响严重;存在盲区。	优势:感知准确:对外环境的情况判断准确。 劣势:感知好坏与驾驶经验相关;对盲区感知能力差。	优势:决策适应性高,对决策结果负责。 劣势:决策的正确性往往与驾驶经验有关;决策的即时性差、用时长。	优势:控制管路简单;与驾驶人风格协调。 劣势:行驶状态切换速度慢;应急控制慢;控制准确度不高;控制的即时性差。
 智能车辆	优势:无盲区;远距离;多源信号融合。 劣势:存在出现失效与错误信号的可能;当外部环境状况复杂时,信息不准确。	优势:能掌握视野盲区情况,进行感知;感知速度快。 劣势:感知准确度难以提高;无法适应复杂多变场景的感知。	优势:决策速度快、决策正确性较高。 劣势:决策的正确性与采用的算法准则有关;决策者不对决策结果负责。	优势:控制准确、即时性好、应急反应快。 劣势:要考虑适应驾驶人风格;要考虑到乘员的乘坐舒适性;存在失效的可能。
 人机共驾	优势:可以综合驾驶人与智能车辆在各方面的优势,弥补各方的劣势,在各个方面都具有极高的安全性。 存在的问题:①机驾到人驾的控制权切换过程中,驾驶人能否有效对当前驾驶状态进行认知和评估,进而接管车辆操作,并最终规避风险?②如何对控制权切换过程进行合理的绩效评价、选择恰当的切换请求时机,以及对人机交互的有效性进行优化?			

图 8-6 人机交互安全控制优劣势对比分析

在半自动驾驶与全自动驾驶过渡阶段,仍然需要驾驶人参与到驾驶任务当中,人机共驾人机并行控制,双方操控输入具有冗余和博弈特征。但随着车辆的智能化程度越高、功能越完善,乘员对车辆的信任也与之俱增,而对车辆控制的注意力也会随之分散,驾驶人可能过分依赖智能网联车辆功能,导致丧失驾驶过程的安全警惕意识,在遇到交通风险时无法及时意识到场景风险并采取接管控制,将使得事故的严重性进一步提高。而对于控制权的交接与分配,其影响因素众多繁杂,需考虑到驾驶人的风险感知时间、接管驾驶时间、接管响应准确度、接管决策与执行等因素,这对智能网联车辆行驶安全起着重要作用。控制层的互补问题也是人机交互安全问题中的关键,涉及驾驶人意图识别、周车轨迹预测、深入融合决策等,良好的人机交互必须确保智能网联汽车系统能够基于对用户的多维度监测,通过对以往数据和实时情景数据的分析,预测用户的驾驶行为,控制权会根据驾驶情景的需要,在人和智能网联汽车之间快速转换,实现汽车控制权的安全接管与移交,同时保持用户的舒适感与掌控感,提升驾乘体验。其次,如何实现情景多样化的人机交互控制,根据情景的复杂性与驾驶人驾驶能力,在保证安全的前提下选择合适的切换时机与方式,也值得深入研究。所以,人机共驾操作要达到并行耦合、高效协同的安全标准,也对车辆智能化程度提出了更高的技术要求。

目前,智能驾驶仍处于人机共驾阶段,人机共驾是指非完全自动驾驶的条件下,驾驶人和智能汽车控制系统都可对自动驾驶汽车进行控制的阶段,意味着机器和驾驶人共同享有对汽车的决策和控制权。人机共驾环境下,动态驾驶任务由传统的连续过程转变为自动驾驶、手动驾驶交替变换的离散过程,目前存在如下两个关键问题:①由机驾到人驾的控制权切换过程中,驾驶人能否有效对当前驾驶状态进行认知和评估,进而接管车辆操作,并最终规避风险,是保证人机共驾行驶安全、降低自动驾驶事故率的关键;②如何对控制权切换过程进行合理的绩效评价、选择恰当的切换请求时机,以及对人机交互的有效性进行优化等,同样是人机共驾智能汽车发展过程中必须要解决的重要问题。目前人机交互特性主要表现于以下几个方面:

(1) 驾驶人的认知特性主要表现为注意力水平偏低、注视分散,并且在控制权切换之前没有充足的时间,驾驶人的信息获取有限,并导致对情景理解速度滞后。

(2) 驾驶负荷与传统手动驾驶相比存在较大差异,主要表现为负荷不足(自动系统工作时)和负荷过大(突然被要求接管驾驶时)两方面。机驾时,人被允许不对车外环境进行实时监测,脑力和认知负荷处在较低水平;而在突发或复杂情况下,当人突然被要求接管车辆控制时,脑力和认知负荷需求激增,从极低到极高程度跳跃的驾驶负荷特性对切换过程安全性有直接影响。

(3) 当控制权发生切换时,驾驶人的反应力是指驾驶人在接到系统发出的接管请求后,能及时恢复注视前方,并对车辆进行操作的能力。反应力主要通过多种反应时间(如从系统发出接管请求到驾驶人第一次注视前方或接触转向盘的时间)和接管时间(从系统发出接管请求到驾驶人操作转向盘或踏板实现手动驾驶的时间)来量化。驾驶人反应力特性目前还没有统一的标准,因为其影响因素是多样化的,不仅和接管事件类型有关,还与驾驶人所处的环境(道路类型、交通流密度、天气等)以及驾驶人状态(执行次任务、眼动行为等)密切相关。

人机交互主要功能部件如图 8-7 所示。

汽车座椅是车身附件,是人和汽车之间接触最多的部件,用于支撑乘员的重量、缓和由

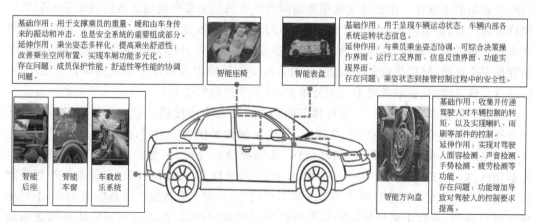

图 8-7 智能车辆人机交互主要功能部件

车身传来的振动和冲击,也是安全系统的重要组成部分。自由化的座椅布局中使乘姿状态多样化,在碰撞事故发生时多样化的乘姿会影响乘员的损伤风险和损伤程度,相比正向坐姿,背向坐姿、侧向坐姿以及躺卧坐姿在事故状态中人体损伤力学表现与其不一致,针对不同的座椅布置形式,安全气囊的设置也应有所不同。此外,触摸屏的设计与乘员乘姿关系紧密相连,其设计与乘姿息息相关,包括决策操作界面、运行工况界面、信息反馈界面、功能实现界面等,在遇到突发风险时乘员应快速做出应对,从乘姿状态到接管控制过程中的安全要求也值得关注。同时,对于智能驾驶舱对乘员的面容检测、声音检测、手势检测、触屏检测等准确性检测,可以快速响应乘员对交通环境的预判,从而加速在车辆不可控状态下的安全控制。此外,对于智能网联车辆还需关注车辆结构本身的安全性,不仅考虑车内人机交互性,还需重点考虑车外人机安全交互性,如何保证弱势道路使用者的安全性,如何保证不同质量车辆碰撞相容性及对方车辆的乘员安全,如何保证在人员集群出现时车辆在缓慢通行过程中与行人的交互。因此,提高车身碰撞相容性、优化车身外部结构、研发行人保护系统、自适应乘员约束保护系统等智能网联车辆被动安全系统、构建人机交互风险决策评价标准等措施对保障智能网联车辆安全是十分重要的。

因此,智能网联车辆在人车交互安全性过程中要协调好车内及车外人车关系、优化好人车交互功能以及匹配好人车交互界面,面向未来智能交通场景,以安全需求为导向对智能网联车辆人车交互框架进行搭建,在智能网联车辆的设计、制造、使用过程中坚持"以人为本"的安全理念,充分考虑乘员与行人的安全性保障。

8.4 智能车辆信息通信安全性

相比于传统汽车,智能网联汽车具有网联化的显著特征,其包括车内网、车载移动互联网及车际网等通信网络,为智能网联车辆提供更多信息传输渠道,因此智能网联车辆的信息安全性更加值得重视。相比传统汽车智能网联汽车的信息安全遭受攻击后所承受的后果与代价更为严重,甚至涉及生命财产的损失,如何应对信息安全风险、数据安全风险是智能网联车辆面对的新型挑战,具体包括车载传感器安全威胁、车-外部设备通信安全风险、车辆辅助软件安全风险、网络传输安全风险、云端系统安全风险以及病毒黑客攻击等;除此之外,防止行车信息泄露、窃取的要求也十分重要,其风险体系如图8-8所示。

随着软件逐渐定义汽车,智能网联车辆面对多层面多维度的信息安全风险。智能网联汽车从架构上可分为四个不同的功能区,其体系架构如图8-9所示,分别是基本控制功能区,如传感单元、底盘系统等;扩展功能区,如远程信息处理、信息娱乐管理、车体系统等;外部接口,如LTE-V、蓝牙、Wi-Fi等;以及手机、存储器、各种诊断仪表、云服务等外部功能区。每个功能区对于安全的定义和需求都不相同,需要定义合理规范的系统架构,将不同功能区进行隔离,并对不同区域间的信息流转进行严格的控制,包括接入身份认证和数据加密,保证信息安全传输,从而达到智能驾驶功能的高可用性、便利性和保护用户信息隐私的

第 8 章 智能车辆人机系统安全性 239

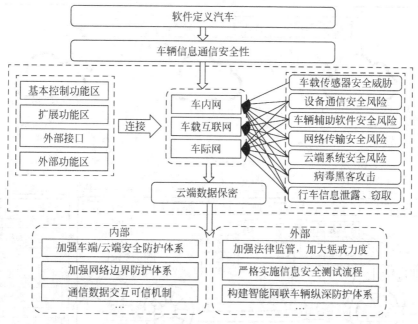

图 8-8 智能车辆信息通信风险体系

目的。由于智能网联车辆集成了通信、控制、决策、感知等技术，整体技术架构复杂，涉及跨学科交叉，要实现全方位的信息安全保障带给了技术人员史无前例的技术挑战。对于车载传感器安全威胁，在道路环境中伪造障碍物干扰影响车载传感器正确判断，或通过发送频率和周期不等信号，干扰车载传感器的感知，进而影响车辆运动状态。对于车辆与外部设备通信的信息安全，智能网联车主要通过车载终端 T-BOX 来实现，T-BOX 与车辆 CAN 总线交互，可深度读取 CAN 总线数据，通过传输网络将数据传到云服务器，正是其在车联网系统中扮演强大且关键的角色，T-BOX 的信息安全也面临各种各样的危险，如逆向工程、窃听数据、篡改通信数据等。对于车辆辅助软件的安全风险，如 APP 操控车辆、充电协同（V2G）等外部设备对车辆频繁接入，APP 应用程序中可能被安装嵌入垃圾代码影响执行效率，信息保护不利导致出行信息泄露；充电协同（V2G）被入侵篡改充电电压、充电费用等，同时车联网架构中包含了大量的系统通信组件，攻击者可通过这些组件的系统漏洞发起攻击或在此类组件固件升级过程中植入恶意代码。对于网络传输安全风险，车联网系统由车辆与云平台、人、路侧单元设施等多个组件共同组成 V2X 网络，其中又包括 Wi-Fi、移动通信网、DSRC 等无线通信方式。由于此类无线通信方式本身存在的网络安全问题，因此 V2X 网络也继承了上述无线网络所面临的安全问题，如传输安全、身份认证和网络入侵等。目前车联网以 5G 技术为发展趋势，而 5G 技术网络协议是开放通用的，相比于封闭专用网络的安全风险更加增大，不法分子通过篡改协议伪造身份向智能网联车辆发送错误指令，而车载控制器局域网络（CAN 总线）作为车辆控制网络所采用明文通信机制，不加密不认证，其通信矩阵容

图 8-9 智能车辆信息通信体系架构

易被攻击者破解,因此攻击者可以轻易伪造 CAN 总线报文,从而影响车辆状态,更易被操控。对于云端系统安全风险,云平台为智能网联车辆提供了多种云服务,包括休闲娱乐、故障诊断、线路规划以及空中软件下载升级(OTA)等,云平台作为系统硬件与软件架构,可能会面对云端数据破解访问并恶意篡改,正常的数据读取被非法访问等,此外,智能网联汽车中含有多种类型存储空间,其中保存了车辆或车主的多种敏感数据,此类数据容易被攻击者非法收集,导致用户的隐私泄露,云端数据关乎车辆的出行隐私,要做好数据防泄露、窃取的保障工作。对于病毒黑客攻击等挑战,Elon Musk 表示阻止黑客入侵 Tesla 是安全保障的首要任务,其中,DDos 攻击、伪造攻击以及远程攻击通过远程操纵使智能网联车辆失去控制;特洛伊木马病毒程序、逻辑炸弹、蠕虫感染以及加密隐匿机制可能会导致计算机程序运行崩溃,智能化与网联化功能失效或混乱,智能网联车辆的信息挟持也是人们目前所顾虑的潜在风险之一。

此外,云平台数据安全威胁也是智能网联汽车面临的重大考验,云平台作为车联网中重要的组成部分,面临多种安全威胁,并且将云计算平台的安全问题引入车联网中。其作为数据中心和服务中心,本身容易遭受传统的网络攻击,导致数据泄露等问题。信息安全风险伴随着数据安全风险的发生,未来智能网联车辆的要求响应时延不超过5ms,可靠性要达到99.999%,而每辆车每秒就会产生数据量达到1GB以上,庞大的数据量带来的安全风险急剧增加,不仅应甄别有效数据和垃圾数据,而且还要重点防范数据窃取篡改、数据远程干扰、数据恶意繁殖、数据隐私泄露等数据安全风险。此外,芯片硬件平台无法支撑复杂的运算,信息传输时延被干扰导致响应指令无法实现实时动态输出,从而造成行车安全风险。智能网联车辆面临的信息安全问题具有形式多样、分布广泛且隐蔽的特点,要做到系统层面上的全方位信息安全防护,就必须在硬件与软件上共同构建起信息保护防火墙。另外,智能网联汽车的车内传感器网络的传感器、控制器、执行器等众多节点根据通信协议协同工作,但通信过程中可能存在攻击者恶意采集传感器信息,收集行车相关数据,或者根据车内传感器的特点,通过干扰传感器设备的通信危及行车安全。

因此,为了保障智能网联车辆信息通信安全,一方面应加强车端安全防护体系、云端安全防护体系、网络边界防护体系、通信数据交互可信机制等信息安全技术层面以及数据隐私防护、大数据安全存储等数据安全层面的安全防御保障;另一方面要加强法律监管,加大恶性破坏信息通信严惩力度,并严格实施信息安全测试流程等管理层面的安全防御保障,共同构建完整坚固的智能网联车辆纵深防御安全体系。此外,从企业和客户的角度,也要提高对智能网联车辆信息安全问题的保护意识,企业应重视从车辆设计、制造、售后保障到报废回收的整车生命流程的信息安全保障工作,提高安全设计理念,健全智能网联车辆信息安全防护的横纵向测试体系;客户层面应建立起对网络风险与信息漏洞带来的潜在危险的警惕意识,养成良好的使用习惯,减少出现车辆数据泄露及软硬件漏洞的可能。

8.5 智能车辆时空安全性

未来交通时空生态系统也会随着智能网联车辆的大规模应用而更新变化,新型的交通时空场景风险、突发的外界环境干扰、不同智能等级的车辆交互安全性以及不可控的道德伦理困局都可能造成新的安全隐患,其时空安全问题如图8-10所示。因此,强化智能网联车辆行驶安全势场,达到既能满足人们出行需求,适应不同的车辆应用场景,又能降低交通出行风险概率,保障智能网联车辆在任意交通空间、任意出行时间的安全性是智能网联车辆最重要的安全防线。

随着未来出行方式的改变,人们的出行习惯与需求将大大改变,智能网联车辆必须要满足不同地域、区位的人们的使用要求。而我国具有幅员辽阔的地理环境,地理因素对智能网联车辆的影响是不可忽视的问题,不同崎岖陡峭的山路环境、不同气候的地域环境、不同严重程度的天气环境对智能网联车辆的动力学性能要求不同,功能安全要求也不同,要保证在不同地理条件下的安全行驶,需对车辆结构设计与场景识别等方面进行全面优化。正常的道路行驶环境中也会面临这一些突发事件带来的挑战,比如,在不同隧道、桥梁的特定场景

图 8-10 智能车辆时空安全问题

环境下的智能网联车辆功能是否与常规道路交通环境下功能保持一致；在道路施工、事故处理以及交通堵塞等场景下，智能网联车辆能否准确识别并采取正确的控制策略。适应本地交通时空生态的智能网联车辆是否在跨地理区域、跨通信环境条件下依然能保障功能安全还有待考证，智能网联车辆是否能有效面对不同时空的风险因素叠加耦合。此外，在智能网联车辆实际运行测试环境中，不同等级的智能网联车辆与非智能网联车辆之间的冲突交互性、完全无人驾驶与人机共驾之间的交互性使得本来已经复杂的交通时空环境变得更加复杂，不同的感知、决策及控制能力对车辆的安全操控水平存在一定差异，考虑到不同代际的智能网联车辆之间的兼容性与互通性，应考虑如何实现车-车通信、云端调度的问题。在智能网联车辆遇到事故风险时，如何快速将事故状态上传至应急管理平台并利用网联系统进行事故紧急救援，如何通过云端调度控制事故现场的交通流防止产生交通堵塞，尽可能缩短救援时间保障人身健康安全。对于未来无人驾驶的智能网联车辆还应面对"电车难题""隧道难题"等涉及伦理道德的场景安全问题。人类驾驶是通过驾驶经验、驾驶技能以及道德品质去决定不同伦理道德场景下的驾驶行为，而智能网联车辆只能依靠计算机程序进行超级运算来权衡决策最优化处理，其不具有拟人化情感和道德约束，在法理与公理的层面上难以进行事故责任划分。所以，提前构建符合伦理规则及道德价值的场景风险决策规则以及设定相应的法律法规，从制造、售后以及使用的环节中都要实行严格的标准规范，以避免智能网联车辆陷入道德伦理安全困境中。同时，智能网联车辆的时空运行会产生大量隐私数据，包括家庭住址、出行线路、出行目的等信息，一系列的出行信息会提炼出行规律，从而绘制形成用户出行画像，这样可以提高用户出行服务的体验，为用户提供个性化的出行服务，但也带来了用户隐私泄露的风险，有价值的隐私数据泄露会对乘客生命或财产安全带来威胁。要做好此类隐私信息保障需要车辆制造企业、车辆运用企业和消费者自身都树立起信息安保意识。

智能网联车辆功能会随着硬件技术升级以及软件算法优化而不断强化功能安全，但对于实际交通时空环境中的地理环境、天气环境、道路环境仍处于不可消除的影响因素，只有通过不断的仿真测试、实车测试强化智能网联车辆对不同的场景适应性。因此，为了适应我国复杂的、多岔口的路线以及多障碍的路况,降低自动驾驶汽车在道路上发生的安全隐患问题,需要对智能驾驶汽车进行严苛的路况及道路测试,检验道路状况的适应程度及进行相关先进技术的安全性能测试并建立对应的体系。同时,要构建不同的智能网联测试环境场景库,兼顾融合单车智能行驶与多车网联协同之间时空安全性,并开放自然交通环境的测试许可,采集真实驾驶场景的行驶表现,发现并找到现存问题,不断总结并提取可能出现的安全漏洞,从而保障智能网联车辆在任意道路时空范围的安全运行。

8.6 安全性与其他性能的平衡

智能网联车辆的安全性与动力性、经济性、舒适性以及出行便捷性之间是相互作用、相互依赖的关系,其关系如图 8-11 所示。尽管安全性是制约智能网联车辆发展的主要因素,但智能网联车辆发展所要解决的问题不单是安全地上路行驶,同时还要满足使用者的出行需求,解决传统车辆固有问题。因此,实现安全性与其他性能综合协调平衡是智能网联车辆亟待解决的研究重点与难点。同时,智能网联车辆与其他交通出行方式的竞争也不断进行,必须使智能网联车辆从个性化、私密化、便捷化等出行角度发展与其他方式进行差异竞争。

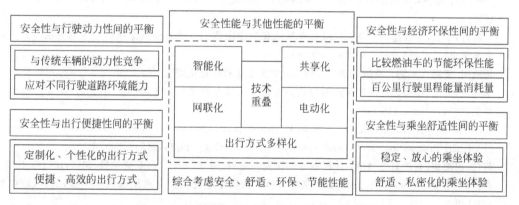

图 8-11 智能车辆安全性与其他性能的平衡关系

在汽车"新四化"发展趋势当中,智能化、网联化、电动化、共享化之间具有密不可分的关系。从能源角度来看,电动车取代燃油车的趋势愈发显著,未来 10 年很可能进一步限制燃油车上路,新能源汽车的保有量将超越燃油车,通过智能网联的加持,新能源汽车的能量利用效率将得到显著的提高,因此,智能化的新能源汽车将从环保性上大大超越传统车辆,但新能源汽车的电池安全问题也将带来挑战;在出行方式上,智能网联汽车可以使得共享出行更加高效,但共享出行将带来一系列的交通管理难题。

由于未来交通系统中存在人-车-路-网-云等各种随机性因素,智能网联车辆面对着不可控且不可预测的风险挑战,因此,智能网联车辆的场景应用化安全问题值得关注。如伦理问题,虽然技术的进步无法从根本上解决无人驾驶技术所涉及的伦理和道德问题,但是汽车故障率的降低和乘员安全保障能力的提高可以大大降低事故率和处理难度,可以减轻一般性交通事故的损害程度,减少复杂大型交通事故的发生,对于一些难以定责、难以直接处理的疑难事故可以进行专案处理,使得无人驾驶的伦理道德问题不再成为突出问题。

智能网联汽车是一个复杂的系统,除感知、决策、控制技术,还包括人机交互、通信、平台、信息安全、环境保护等技术,未来智能网联汽车一定会综合考虑安全、舒适、节能与环保4个基本功能,结合深度学习等人工智能手段,成为城市智能交通系统的重要环节。此外,还需一系列法律法规、行业标准、质量管理及认证准则作为智能网联车辆的安全配套保障,明确事故责任认定,从而提升智能网联车辆多维度安全性。

参 考 文 献

[1] 李克强.中国智能网联汽车产业化过程中的挑战及发展对策[J].机器人产业,2019(6):54-57.
[2] 袁泉,高岩,裘晨璐.基于人-机-环境因素的未来交通事故风险研究[J].系统仿真学报,2019,31(3):566-574.
[3] YUAN Q,XU X,XU M,et al. The Role of Striking and Struck Vehicles in Side Crashes Between Vehicles: Bayesian Bivariate Probit Analysis in China[J]. Accident Analysis & Prevention,2020,134:105324.
[4] 王新竹,李骏,李红建,等.基于三维激光雷达和深度图像的自动驾驶汽车障碍物检测方法[J].吉林大学学报(工学版),2016,46(2):360-365.
[5] 杨殿阁.智能汽车需要突破的诸多方向[J].中国工业和信息化,2018(6):20-26.
[6] 李升波,关阳,侯廉,等.深度神经网络的关键技术及其在自动驾驶领域的应用[J].汽车安全与节能学报,2019,10(2):119-145.
[7] LI S,LI K,RAJAMANI R,et al. Model Predictive Multi-Objective Vehicular Adaptive Cruise Control[J]. IEEE Transactions on Control Systems and Technology,2011,19(3):556-566.
[8] 何仁,冯海鹏.自动紧急制动(AEB)技术的研究与进展[J].汽车安全与节能学报,2019,10(1):1-15.
[9] 秦严严,王昊,王炜,等.自适应巡航控制车辆跟驰模型综述[J].交通运输工程学报,2017,17(3):121-130.
[10] 李克强,戴一凡,李升波,等.智能网联汽车(ICV)技术的发展现状及趋势[J].汽车安全与节能学报,2017,8(1):1-14.
[11] YUAN Q,CHEN H. Factor Comparison of Passenger-Vehicle to Vulnerable Road User Crashes in Beijing,China[J]. International Journal of Crashworthiness,2017,22(3):260-270.
[12] 袁泉.汽车人机工程学[M].北京:清华大学出版社,2018.
[13] 赵世佳,徐可,薛晓卿,等.智能网联汽车信息安全管理的实施对策[J].中国工程科学,2019,21(3):108-113.
[14] KAVIANPOUR A,ANDERSON M C. An Overview of Wireless Network Security[C]//2017 IEEE 4th International Conference on Cyber Security and Cloud Computing (CS Cloud). IEEE,2017:306-309.

[15] 钱志鸿,田春生,郭银景,等.智能网联交通系统的关键技术与发展[J].电子与信息学报,2020,42(1):2-19.

[16] QIN T, YUAN Q, LU W, et al. The Dilemma Generated by Automated Driving Considered from Ethical Aspect [C]//18th International Conference on Man-Machine-Environment System Engineering (MMESE). Tsinghua University, Beijing, 2018, 527: 703-710.

第9章 智能车辆事故分析

本章亮点：
- 智能车辆事故因素分析："人-机-环境"因素重新洗牌。
- 智能车辆风险场景设计：事故风险场景构建有助于测试投入的数量级下降。
- 智能车辆事故调查与处理：事故视频、EDR 技术等辅助智能车事故调查与处理。

引　言

智能车辆应用之初，在未来很长一段时间内，道路交通系统势必处于人为驾驶车辆和自动驾驶车辆混行的状态。在该时期，与智能车辆相关的法律法规和设施建设仍不完善，将导致大量的与智能车相关的事故发生。如何调查、分析、审理这类事故，并利用这类事故数据进一步改善智能车的行车安全性，将成为道路交通安全及车辆工程等领域的一个研究重点。本章详解了"人-机-环境"因素在智能车事故中的新角色，然后从场景分类、风险因素提取、场景构建、虚拟场景搭建等方面解释了用于智能车测试的风险场景设计构建方法，最后构建了适用于智能车的事故调查分析方法，并从法律角度给出了智能车事故处理的建议。

9.1　智能车辆事故概述

21 世纪以来，随着计算机水平和通信技术的进步，车辆智能化也取得了巨大成就。智能车辆从根本上改变了传统的"人-车-路"闭环控制方式，其将不稳定的驾驶员从该闭环系统中剔除出去，从而大大提升了道路使用效率并改善了道路交通安全性。然而，当前智能车辆较低的自动化水平导致各种技术状况和自动驾驶等级的车辆共存，使得道路交通系统更加复杂，智能车辆不可避免与现有的"人-车-路"系统发生冲突。与此同时，各国关于智能车辆的法律法规仍不健全，由此导致的各种社会问题也日益凸显。目前，已发生的智能车辆事故列举于表 9-1。

表 9-1　智能车辆事故列举

时间	公司	车　型	碰撞类型	事　故　成　因	人机环因素
2016.02	百度	雷克萨斯 RX450h	并行被蹭	测试行驶过程检测到障碍物，向左并线过程中判定左后方公交车会让行，最后发生碰撞	机的因素
2016.09	百度	雷克萨斯 RX450h	通过路口发生侧碰	测试车正常通过路口，货车因闯红灯，径直撞上了测试车的侧面	—
2016.05	特斯拉	Model S	侧面碰撞白色挂车	传感器在强光照射下未识别白色挂车，驾驶员未按指导要求操作	机＋人＋环的因素
2016.05	特斯拉	Model S	追尾静止货车	驾驶员未按指导要求操作	人的因素
2016.07	特斯拉	Model X	与护栏相撞后反弹侧翻	Autopilot 系统对于非高速路况存在适应性不足的可能	机的因素
2016.08	特斯拉	Model S	正面一侧追尾故障车	未对占有半条车道的障碍物及时反应	机的因素
2016.08	特斯拉	Model S	连续多次正面碰撞护栏	传感器未能识别高速公路上的弯道，驾驶员未按指导要求操作	机＋人的因素

9.2　智能车辆事故因素分析

9.2.1　智能车辆事故特征

在人为驾驶车辆和自动驾驶车辆混行阶段，道路交通愈发复杂，仍处于发展阶段的智能车辆不可避免与现有的人-车-路系统发生冲突。基于人-机-环境系统工程的思想，可预见未来智能车辆事故将有三大特征：

(1) 机的因素为主，人的因素为辅。基于人工智能技术，智能车辆依靠信息感知模块（雷达、摄像头、V2X 设备等）、信息处理模块（深度学习等）及执行模块实现自主决策和自主运行，人类驾驶者让出驾驶操作权。然而在智能车辆的发展过程中，技术是逐渐完善的，其间难免存在某种程度上的技术局限性，因而容易造成因技术问题导致的碰撞事故。如由于目前智能识别技术的缺陷，特斯拉于 2016 年 5 月在佛罗里达州发生了侧面碰撞白色挂车的事故；由于智能决策的局限性，谷歌公司的智能车辆于 2016 年 2 月在加利福尼亚州测试过程中因误判后方公交车的驾驶意图而发生并线刮擦事故。此外，模式混淆，即在尝试激活或意外接替自动驾驶期间的意外系统响应可能使人类驾驶员不清楚车辆的当前状态，也可能引发智能车辆碰撞事故。同时，在智能网联时代，信息安全变得极为重要。智能交通系统信息传递的安全性,以及系统本身的可靠性都对智能交通系统的安全状况有着重要影响。计算机信息和通信系统可能受到外界(如黑客)的攻击,以及系统本身的小概率差错等突发状况,可能会引发不同程度的系统紊乱,使得人-车-路三者之间的交互作用出错。

(2) 人的因素倾向于未按指导要求操作车辆。在非自动驾驶向完全自动驾驶的过渡阶段,现有的智能车辆离不开人类驾驶者的辅助操作,人类驾驶者的辅助操作可以弥补当前自动驾驶技术存在的缺陷。然而人机之间在操纵车辆转换前应该留有合理的时间,否则容易造成因人类驾驶者介入不及时或未介入而导致的碰撞事故。如特斯拉于2016年5月在佛罗里达州发生的侧面碰撞白色挂车的事故涉及一段长时间的注意力分散(至少7s),而NHTSA的故障调查办公室发现在大部分事故中留给系统和驾驶员觉察/反应并采取措施的时间通常都更少(不到3s)。因此,人机之间的操作切换问题便成为当前智能车辆领域的研究热点。有研究表明,在大多数这类情况中,专注的驾驶员对环境有更好的把控,尤其是再加上经验丰富的驾驶员能够对其他驾驶员的行为做出准确预判。

(3) 环境的因素表现为制约智能系统的使用。在传统道路交通事故中,环境的因素主要影响道路使用者的信息获取及车辆的运行稳定性。未来的智能车辆仍无法摆脱环境因素的影响,如在强降雪天气,道路因积雪或结冰导致反射特性发生变化,影响激光雷达的效果,从而影响三维地图的构建,也就导致了智能车辆不能按照预定路线行驶。另外,智能车辆也需要视觉传感器对车道线及道路标志等信息进行识别,从而实现障碍避让并按法规行驶。在强降雪天气,车道线和道路标志会被大雪局部覆盖,而车辆及道路两侧的建筑则会因为冰雪覆盖而难以识别。此外,当前智能车辆自动化水平较低,往往只能应对特定的交通场景,如特斯拉的自动转向(Autosteer)仅用于有中心分割线和清晰车道标记的高速公路,但系统并不会阻止车辆在其他类型的道路上行驶。人类驾驶者负责决定当前交通环境是否适合激活该系统,系统则仅是根据当前车辆速度、道路类型及车流量等进行实时警告。若人类驾驶员枉顾自动驾驶系统的使用条件,则可能导致智能车辆发生碰撞事故。

9.2.2 智能车辆事故分析

智能车辆事故因素分析应主要包括:

(1) 事故场景。场景是智能车辆研发的基础,也是检测智能车辆安全性的具体单位。基于对真实事故场景的深度学习,获取具有事故机会的驾驶场景,采用加速仿真的方法和高精度轨迹数据,可获得测试投入的数量级下降,并可基于人工智能技术,提供自动驾驶的辅助决策关键场景库。

(2) 事故成因。相较于传统车辆事故成因分析,智能车辆事故成因分析应将关注点由人为过失分析转向系统失效分析。从信息感知、信息处理、决策执行三个层面全面分析车辆智能系统工作失效原因,如技术局限性导致的系统功能失效、外界(黑客)攻击导致的计算机信息和通信系统失效、机械故障等。

(3) 运动学响应。传统车辆事故分析多着重于碰撞后的事故结果,如碰撞动力学响应及损伤响应。而碰撞前的运动学响应则直观显示车辆智能系统所采取驾驶决策是否合理,因此在智能车辆事故分析中,碰撞前的运动学响应(如运动轨迹、智能车辆采取避撞措施的类型及节点等)应得到足够重视。

(4)损伤生物力学。为向驾乘人员提供更高的驾乘舒适性,智能车辆内饰(如座椅朝向等)与传统车辆相比有显著变化。因此,在智能车辆交通事故中,驾乘人员的损伤流行病学及损伤机理具有新的特征。

(5)被动安全技术。车辆智能化的发展,要求车辆被动安全技术也与时俱进。在传统车辆事故中,被动安全技术分析多着重于车辆耐撞性、安全气囊(帘)等。随着车辆智能化技术的发展,被动安全技术也应愈加智能,分析新型被动安全技术在智能车辆事故中的有效性并指导其改进应成为未来智能车辆事故分析的一个重要方向。

9.3 智能车辆风险场景设计

9.3.1 场景分类

基于德国 Pegasus、中汽研智能网联汽车测试等项目的研究成果,场景可分为功能场景、逻辑场景和具体场景三个层级。从功能场景到具体场景,内容不断细化,场景的数量也不断增加。场景分类体系如图 9-1 所示。

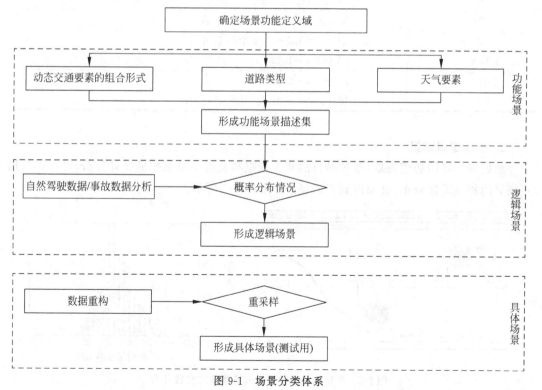

图 9-1 场景分类体系

1. 确定功能场景

用自然语言对场景进行描述,包括动态交通参与者(对主车有影响的周围交通参与者)、静态道路(道路类型、车道数量、车道宽度、路面情况、直道、弯道、坡道、对向车道分割方式、标志标识、特殊区域等)以及天气要素(晴天、雨雪雾、能见度、白天、夜晚、能见度等)三方面内容。对于不同的自动驾驶系统,其功能场景的制定需遵循不同的标准法规,如表 9-2 所示。

表 9-2 自动驾驶系统测试标准列举

系统名称	标准/规程
LDW	GB/T 26773、JT/T 883、ISO 17361—2007
LKA	EuroNCAP—2018、ISO 11270—2014
ELK	EuroNCAP—2018
TSR	EuroNCAP—2018
LCA	ISO 17387—2008
ISA	EuroNCAP—2018
FCW	GB/T 33577—2017、ISO 15623
AEB	JT/T 1242—2019
RCW	交通部 RCW 标准意见征求稿
ACC	GB/T 20608—2006、ISO 15622
HWA	i-VISTA—2020
TJP	i-VISTA—2020
APA	ISO 16787—2017、i-VISTA—2020

2. 形成逻辑场景

根据划分好的功能场景,通过对自然驾驶数据和交通事故数据的统计分析,可以得到描述场景的相关参数分布,进而得到逻辑场景。如图 9-2 所示。

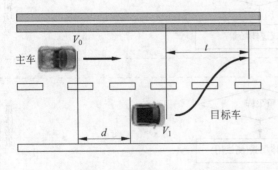
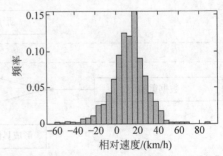

图 9-2 逻辑场景示例:切入场景及其参数分布

3. 形成具体场景

对逻辑场景中的参数进行重新采样,确定相应场景关键参数的取值,生成具体场景。如图 9-3 所示。

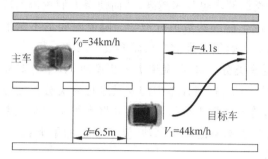 

图 9-3 具体场景示例:切入场景

9.3.2 事故风险因素提取

相较于庞大的自然驾驶数据,通过分析交通事故数据,构建事故风险场景,可获得测试场景数量级的下降。提取事故风险因素则是准确描述事故风险场景的基础。

事故风险因素提取即探究各类因素(如环境因素、交通参与者、车辆等)对事故严重程度的影响。

统计分析是事故风险因素提取的最基本手段,是基于深入的事故数据进行的。根据事故类别(如车-车及车-行人事故)、事故地区(例如:市区及郊区)、道路段(如直路及交汇处)等划分不同类别的事故数据,可完成合理的事故风险因素分析。

在事故风险因素分析模型中,事故成因(如驾驶员行为、车辆性能、交通控制要素、能见度条件等)从驾驶员、车辆、道路、环境等方面定义,而因变量则或是一个二元结果(如致命和非致命),或是一个多重结果(如致命、严重受伤、轻微受伤和非受伤)。具有多重结果的因变量也可以区分为有序结果(考虑到损伤严重程度的顺序)和名义结果(例如无序)。现有的事故风险因素分析模型大致可分为三类:二元结果模型、有序离散结果模型和无序多项式离散结果模型。为了实现具体的分析目标,需对原始分析模型进行有针对性的改变。

9.3.3 风险场景构建

基于静态的道路信息、动态的交通参与方以及环境信息,为了能够测试智能车辆的性能,还必须对获取的单值信息和时间序列参数信息进行统计分析,提取出能够再现道路交通环境中典型交通冲突的场景。

目前,常用的风险场景构建方法为聚类分析。聚类分析是一种基于"物以类聚"的基本原理来寻找样本或变量数据集之间内在相似特征的多元统计学分析方法。通常用于聚类分析的研究对象都会涉及大量的样本,要求能够在没有任何分类规则可供参考的前提下,能够按照各自的特殊性质来进行合理的分类,也就是说聚类分析是在无任何先验知识的前提下进行的。在古代的分类学中,由于受科学技术发展的限制,人们很少会利用数学分析工具对样本数据进行定量的分类,大部分是靠以往的经验公式或专业知识来进行分类分析,但是随着科学技术的不断进步,人们对于样本统计分类的要求也越来越高,从而使得人们意识到数学分析工具在分类学中起的重要作用,也就形成了后续的数值分类学。随着时间的不断推移,又有专家学者将多元统计学分析技术引入到了数值分类学中从而形成了聚类分析。

根据分类对象的不同,聚类分析分为 Q 型聚类分析和 R 型聚类分析两种,其中针对样本中的样品进行聚类分析的方法称为 Q 型聚类分析,针对样本中的变量进行聚类分析的方法称为 R 型聚类分析。根据聚类算法的不同,传统的聚类分析分为划分聚类算法即系统聚类算法、层次聚类算法、基于密度的聚类算法、基于网格的聚类算法、基于模型的聚类算法、基于模糊的聚类算法等。

9.3.4 虚拟风险场景搭建

虚拟场景构建的技术手段通常包括基于建模软件构建场景、基于已经完成的游戏搭建场景、基于增强现实方法来构建场景、基于高精地图生成场景等方式。

基于建模软件构建场景的方式是指根据需求,利用 3D 建模软件构建仿真模型,或者使用模型库中提供的现成模型,然后对准备齐全的仿真模型进行整合从而构建出预期的仿真场景。

基于已经完成的游戏搭建场景的方式是指依赖已经完成的游戏场景特征,比如 GTA 场景的复杂度、渲染真实度和高随机性,使用这个大型开放世界场景来测试自动驾驶系统。

基于增强现实方法构建场景的方式是指通过模拟交通流来增强现实世界图像,进而创建逼真的仿真图像和渲染。更具体地说,使用激光雷达和相机扫描街景。根据获得的轨迹数据,为汽车和行人生成看似合理的交通流,并将其合成到背景中。合成图像也可以基于不同视角和传感器模型(相机或激光雷达)进行再合成。生成的逼真图像添加完整注释,可用于从感知到规划的自动驾驶系统训练和测试。

基于高精地图生成场景的方式是指将来自斜扫点云、全景图、测绘矢量、卫星影像等多种真实非结构化测绘数据进行融合和结构化处理,并调用虚拟资源进行虚拟场景生成,让机器深度理解道路、交通等环境。具体实现过程是:①收集:点云、全景图、测绘矢量、卫星影像等真实非结构化测绘数据;②数据结构化:对真实测绘数据进行结构化,构建高精地图;③场景生成:以结构化数据为基础,根据不同语义,调用不同虚拟资源进行场景生成。相较于基于传统的建模软件构建场景方式,这是一种降低成本、节约时间的技术手段。

目前,基于计算机联合仿真,最常用的虚拟风险场景搭建框架如图 9-4 所示。其中,Carsim/Trucksim 软件负责车辆模型的构建,Prescan 软件负责道路环境及传感器模型的构建,MATLAB/Simulink 软件负责智能车辆决策系统的构建。

图 9-4　虚拟风险场景搭建框架

9.3.5　场景库构建方法

自动驾驶虚拟场景库即由满足某种测试需求的一系列自动驾驶测试场景构成的数据库。

自动驾驶虚拟场景库的构建一般包括以下几个步骤：

(1) 确定单个虚拟场景的数据存储方式与标准。

目前，国际通用数据格式包括 OpenScenario 等，也有相关企业正积极开发符合自动驾驶场景特点的其他数据格式。

(2) 构建单个自动驾驶测试虚拟场景。

静态场景构建：基于采集的传感器、高精地图等信息，根据数据存储标准转化为静态场景数据，中间可能涉及采用专业软件探面、探线、提取矢量化结果，实现分层分类和实体化、存储几何属性等工作。

动态场景构建：基于采集的交通传感器、路况等信息，根据数据存储标准转化为动态场景数据，中间可能涉及对传感器数据进行分析，将其转化为结构化轨迹与属性数据，基于基础案例数据泛化生成多个动态场景等工作。

基于数据标准将静态和动态场景整合为虚拟场景的数据格式，并存储该场景的关键信息，例如数据采集的时间地点，静态场景类型（城市交叉口、高速收费站等），动态场景类型（通畅、拥堵、闯红灯、违规变道等）。

(3) 构建自动驾驶虚拟场景库。

虚拟场景选取：根据测试需求，总结所需的静态场景和动态场景特征，在采集的虚拟场景中根据特征标签选取适当场景作为场景库的组成部分。

场景入库：将选取的虚拟场景存储到数据库中，以与测试需求高度相关的特征标签作为数据库检索项，便于场景快速检索与提取。

9.3.6　商用场景库

1. 中国汽车技术研究中心有限公司数据资源中心场景库

中国汽车技术研究中心有限公司数据资源中心将仿真场景划分为自然驾驶仿真场景、危险工况仿真场景、标准法规仿真场景、参数重组仿真场景四类。

1) 自然驾驶仿真场景——充分测试场景

自然驾驶仿真场景来源于采集的驾驶场景数据库以及企业的道路测试场景。自然驾驶仿真场景能够很好地体现测试的随机性、复杂性及典型性区域特点。目前，数据中心已采集

32万km的自然驾驶场景数据,经过成熟的场景划分方法生成了上千种典型测试用例。

2) 危险工况仿真场景——必要测试场景

危险工况仿真场景主要涵盖恶劣天气环境、复杂道路交通以及典型交通事故三大类仿真场景。从大量自然驾驶场景数据库中,通过对场景进行参数化统计分析,提炼出不同影响因素下的危险工况测试用例,其中包括天气光线、地理地形、交通拥堵、路面结构、特殊障碍物等因素引起的易发性危险场景案例。

3) 标准法规仿真场景——基础测试场景

标准法规测试场景是自动驾驶功能在研发和认证阶段需要满足的基本场景,数据中心已基于ISO、NHTSA、ENCAP、CNCAP等多项标准、评价规程构建了20余种标准仿真测试场景,支持AEB、ACC、LKA、APA等多种自动驾驶功能的仿真验证,同时贯通了标准场景的自动化测试流程。

4) 参数重组仿真场景——补充测试场景

参数重组仿真场景旨在将已有仿真场景进行参数化设置并完成仿真场景的随机生成或自动重组,进而补充大量未知工况的测试场景,有效覆盖自动驾驶功能测试盲区。

2. 百度Apollo场景库

百度Apollo仿真场景分为Worldsim和Logsim。Worldsim是由人为预设的障碍物行为和交通灯状态构成的场景,可以简单高效地测试自动驾驶车辆,但缺乏真实交通环境中复杂的情况;Logsim是由路测数据提取的场景,提供复杂多变的障碍物行为和交通状况,使场景充满不确定性。场景库示例如图9-5所示。

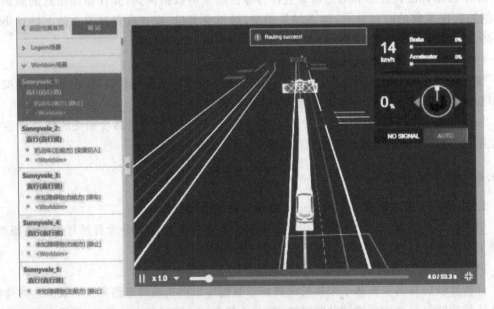

图9-5 百度Apollo场景库示例

目前提供约 200 个场景,包括:
(1) 基于不同的路型,包括十字路口、调头、直行、三叉路口、弯道。
(2) 基于不同的障碍物类型,包括行人、机动车、非机动车及其他。
(3) 基于不同的道路规划,包括直行、调头、变道、左转、右转、并道。
(4) 基于不同的红绿灯信号,包括红灯、黄灯、绿灯。

3. 51VR 51 Sim-One 场景库

51VR 仿真平台案例库支持来自真实采集的危险工况和人工编辑的标准案例。目前提供的场景包括:
(1) 基于不同的路型,包括直道、十字路口、弯道、调头、环岛、人行横道等。
(2) 基于不同的障碍物类型,包括行人、机动车、非机动车、静态物体等。
(3) 基于不同的道路规划,包括直行、突然插入、变道、转弯、并道、超车、靠边停车等。
(4) 基于不同的红绿灯信号、限速牌、停车牌等。

场景库示例如图 9-6 所示。

图 9-6　51 Sim-One 场景库示例

9.4　智能车辆事故调查与处理

9.4.1　调查内容

交通事故调查是一项多学科交叉的工作,从道路交通系统的各个层次收集了大量与事故相关的变量。深入的交通事故数据有助于改善道路设计、车辆安全、医疗服务、交通管理等方面。

传统道路交通系统是由人-车-道路-环境等要素构成的复杂动态系统,其中各个要素又自成子系统并相互作用。随着智能化、网联化技术的发展,车辆智能系统扮演着越来越重要的决策角色,智能网联系统也频繁参与着信息交互,因此,目前的道路交通系统更加复杂,如图 9-7 所示。

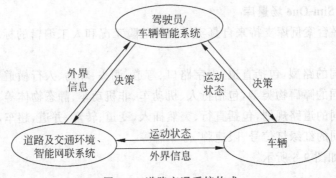

图 9-7 道路交通系统构成

Haddon 理论常被用于分析事故原因及相应的预防对策,其指出道路交通事故是因各个子系统自身出现问题或相互间作用失调而导致的。基于 Haddon 分析模型,在道路交通事故调查中,整个交通事故过程被分为碰撞前、碰撞中和碰撞后三个阶段。

智能车辆事故调查基于但又异于传统车辆事故调查,其不仅关注人类驾驶者,更应该关注智能车辆自身。基于传统车辆事故调查体系,智能车辆事故调查框架如图 9-8 所示。

智能车辆事故调查内容以事故进程分段说明,碰撞前阶段分为两个区间:①正常行驶与危险检测之间的区间,主要包括人类驾驶者的基本情况和驾驶状态(如年龄、性别、情绪、饮酒、分心、疲劳等)及道路规划与控制情况(如道路类型、交通管控、环境条件等);②危险检测与事故发生之间的时间间隔,主要包括人类驾驶者及智能车辆的判断(如估计其他交通参与者的行为等)、人类驾驶者及智能车辆的决策(如人类驾驶者是否决定介入驾驶、如何刹车和转向)及人机间的操作切换进行状况。碰撞阶段是指碰撞发生到最终停止的时间间隔,主要包括初始碰撞参数(如碰撞速度和参与者之间的接触位置)、人类驾驶者及智能车辆的决策(如制动和转向)、人类的碰撞反应(如行人在碰撞过程中的运动)及智能车辆的机械响应(如转向/制动机构是否准确响应)。碰撞后阶段是指交通事故的事后处理阶段,主要包括事故后果(如参与者的最终位置、车辆损坏信息、人员受伤信息及紧急救援和医疗状况)。

深度事故调查有助于研究者建立更科学完善的"4E"交通安全干预手段和改善措施,即工程(Engineering)、教育(Education)、执法(Enforcement)和急救(Emergency)。工程是指基于工程设计手段的事故预防及改善。教育主要指以学校和社会为主的驾驶技能与交通安全意识培训。执法是由交通管理部门依据相关法律法规对交通行为进行监督和管理。急救则包括救护运输服务以及紧急医疗救治等。

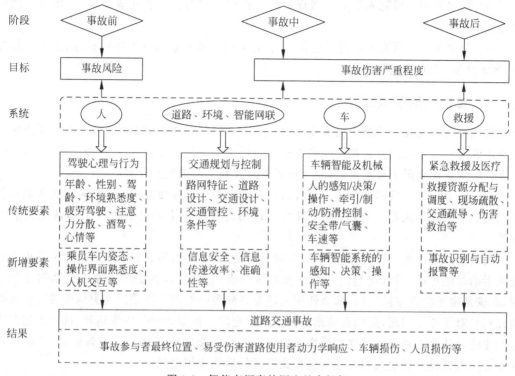

图 9-8 智能车辆事故调查基本框架

9.4.2 调查方式

不同于传统事故调查,智能车辆事故调查应更关注碰撞前智能车辆能否正确工作以及人机交互能否正常进行。无人机航拍和事故视频对于获取智能车辆在碰撞前的运行轨迹、所处风险场景等至关重要,事件数据记录仪(EDR)则有助于获取智能车辆在碰撞过程中的工作状态。利用更丰富的调查手段有助于调查者获取深入的智能车辆事故成因,精确打击当前智能车辆缺陷,准确完成智能车辆事故责任认定。同时,当前技术水平下,智能车辆对行驶场景要求较为苛刻,而中国幅员辽阔,城市发展水平参差不齐,因此对智能车辆事故的调查应形成地域性,准确获得智能车辆在不同风险场景中的表现性能。基于传统事故调查的经验规律,智能车辆事故调查方式可分为四步:

(1)数据基础。远程协助交警完成事故现场数据采集,在传统事故现场调查的基础上,侧重调查碰撞前人类驾驶者的驾驶心理/行为及智能车辆的工作状态。

(2)数据完善。研究人员携专业设备赴事故现场及停车场回勘,主要工作为无人机航拍以获取事故现场详细环境信息、EDR 数据提取以获取深入准确的智能车辆工作状况以及测量车损状况。

(3) 数据处理。研究人员基于调查结果可视化、形象化、数据化事故信息,如等比例事故过程草图绘制等。

(4) 数据统管。研究人员将可视化、数据化后的事故信息录入专用数据库,以备事故分析、车辆开发、交通管理等使用。

9.4.3 智能车辆事故处理

传统机动车间发生道路交通事故采用"过错原则"认定责任,机动车与其他易受伤害道路使用者之间发生碰撞也有相应解决办法。而智能车辆发生事故后,由于涉及多方主体,各方主体间的责任界限不够明确,可能导致受害人权利无法得到充分救济。

作为传统整车研发和生产的领航者,目前,美国和德国等西方国家已针对智能车辆新技术制定了相关法律规范。不过,美德双方对自动驾驶状态下的事故责任主体认定是有区别的。

美国立法者认为,机动车交通事故主要原因是驾驶人,因为交通事故多数情况是由人类驾驶者的过错造成,所以应当由人类驾驶者承担责任。然而,智能车辆处于自动驾驶状态时,车辆是由系统自主操控的,那么使用人还是驾驶者吗?发生事故后人类驾驶者还要承担责任吗?对于这个问题,美国有些州的答案是肯定的。例如,加州、内华达州、佛罗里达州等地的立法者认为主动开启自动驾驶模式的车内人员即是智能车辆的真正驾驶者,驾驶人选择了自动驾驶模式就应当对自动驾驶模式造成的后果承担责任。

德国对智能车辆事故的责任认定则更加倚重驾驶数据,其要求所有智能车辆必须安装类似"黑匣子"的装置,以记录自动驾驶系统运行、要求人类驾驶者介入操控和人类驾驶者驾驶等不同阶段的详细情况。以此查明若事故发生在人类驾驶者驾驶阶段,相关责任则归人类驾驶者所有;若发生在自动驾驶系统运行过程中(由于系统失灵等原因酿成事故),则由智能车辆制造商承担责任。

我国《中华人民共和国道路交通安全法实施条例》《道路交通事故处理程序规定》《道路交通事故处理工作范》对传统道路交通事故已有相应的规定。然而,就智能车辆交通事故而言,我国仍未建立起完善的智能车辆损害赔偿责任体系,相关法律法规也不健全,归责和责任主体的划分以及承担赔偿费用等许多问题也尚不明确。这主要是因为中国的民事主体有两类,即自然人和法人,并且规定只有具备民事行为能力的自然人或法人才能对外承担民事责任,而智能车辆不属于以上两种民事主体中的任一种,所以并不能成为责任主体。

参 考 文 献

[1] 袁泉,高岩,裘晨璐.基于人-机-环境因素的未来交通事故风险研究[J].系统仿真学报,2019,31(3):566-574.

[2] 中国汽车工程研究院股份有限公司.自动驾驶测试场景库构建方法[R].重庆:中国汽车工程研究院

股份有限公司,2019.

[3] SAVOLAINEN P T,MANNERING F L,LORD D,et al. The Statistical Analysis of Highway Crash-Injury Severities: A Review and Assessment of Methodological Alternatives[J]. Accident Analysis & Prevention,2011,43(5):1666-1676.

[4] 当家移动绿色互联网技术集体有限公司. 自动驾驶仿真技术研究报告[R]. 北京:当家移动绿色互联网技术集体有限公司,2019.

[5] HADDON J R W. The Changing Approach to the Epidemiology, Prevention, and Amelioration of Trauma: the Transition to Approaches Etiologically rather than Descriptively Based[J]. American Journal of Public Health and the Nations Health,1968,58(8):1431-1438.

[6] 《中国公路学报》编辑部. 中国交通工程学术研究综述2016[J]. 中国公路学报,2016,29(6):1-161.

[7] WIKIPEDIA. Self-Driving Cars Legalized States in USA [EB/OL]. [2017-10-29]. https://en.wikipedia.org/wiki/File:Self_Driving_Cars_Legalized_States_in_USA.png.

[8] 科技部. 德国首部自动驾驶汽车法案出台[EB/OL]. (2017-07-27)[2017-10-24]. http://www.most.gov.cn/gnwkjdt/201707/t20170727_134283.htm.

[9] 潘福全,王铮,海涛,等. 无人驾驶汽车事故成因分析与责任划分[J]. 交通科技与经济,2018,20(6):6-10,28.

[10] 袁媛. 我国无人驾驶汽车道路交通事故的法律思考[J]. 重庆邮电大学学报(社会科学版),2018,30(4):38-45.